KB059662

학생부
종합형
교과서

100인의 명문대 선배들이 알려주는

학생부 종합형 교과서

자기소개서
면접

손정호 외 유스쿨 100인 지음

상상아카데미

여러분들의 지금까지 노력이
빛날 그 날까지 함께

　수시 학생부 종합전형에서는 '처음부터 알았다면' 피할 수 있는, '잘 몰랐기에' 저지르는 실수가 결과에 큰 영향을 미치는 경우가 많습니다. 수능 시험 성적이 '더 열심히 하지 않아서' 낮은 것과는 사뭇 다릅니다. 수능과 내신 시험은 학교 선생님이나 EBS 및 사설 강의, 각종 참고서 등을 통해서 그 방법론을 충분히 습득할 수 있습니다. 하지만 수시 입시를 준비할 때에는 '우리가 언제, 무엇을, 왜 해야 하는지, 어떻게 하는 것인지?'와 같은 매 순간 생겨나는 수만 가지의 질문에 대해서 딱 맞는 답을 주는 사람이 아무도 없습니다.

　그래서 저희 또한 질문에 대한 답을 찾기 위해 많은 시간을 들여 정보를 찾아보는 과정에서 실수를 반복해야 했습니다. 물론, 이를 통해서 저희는 수시의 방법론을 배웠고, 성공적으로 학생부 종합전형으로 대학에 입학할 수 있었습니다.

　하지만 그 과정은 너무나도 고통스러웠으며, 실제로 과정에서의 여러 가지 실수로 만족스럽지 못한 결과를 받은 안타까운 친구들도 있었습니다. 또한, 경제적 · 지역적 여건이 충족된 친구들이 컨설턴트를 고용하여 실수를 피해가는 것을 보면서 남모를 분노를 느끼기도 했습니다. 사전에 방법을 알고 탄탄하게 학종을 준비한 학생들은 예상보다 높은 결과를 얻지만, 정작 아무것도 모르고 미리 준비하지 못한 학생들은 많은 것을 놓쳐 돌이킬 수 없는 결과를 받아들곤 합니다.

대학에 입학한 후 얼마 지나지 않아 우리가 느낀 안타까움, 분노가 후배들에게는 반복되지 않았으면 하는 마음을 가진 대학생들이 모였습니다. 그리고 여러 차례 논의를 통해서 기존 학생부 종합 전형에는 학생의 노력도 필요하지만, 어디서 태어났는지, 부모가 교육에 들이는 돈이 얼마인지, 교사와의 관계가 어떤지가 결과에 영향을 미친다는 현실 인식을 공유하게 되었습니다. 그렇기에 저희는 환경적으로 주어지는 것에 관계없이 누구나 노력만 하면 걸맞은 성과를 얻을 수 있는 입시를 만들기로 결심했습니다. 그리고 이는 유스쿨(yoU School)의 "누구나 꿈을 향한 길을 찾고, 걸을 수 있는 사회"라는 비전과도 이어지게 됩니다.

그리고 저희는 대학생 집단이 할 수 있는 것에 집중하였습니다. 큰 틀에서의 정책적 변화도 필요하지만, 당장 고통받고 있을 학생들을 어루만져주고 돕는 일이 매우 중요하다고 생각했기 때문입니다. 가장 먼저 약 100명의 학생들과 함께 온라인 100% 자기소개서 멘토링 '유스쿨링'을 진행하여 지역적 여건을 타파하려고 했습니다. 이어서 멘토링 수익금을 기반으로 2년간 총 6,733명의 학생들에게 무료로 자기소개서, 면접 가이드라인을 개발, 제공하여 경제적 여건을 타파하려고 했습니다.

하지만 두 가지 실천의 한계는 분명 존재했습니다. 유스쿨링은 높은 인건비 투입으로 서비스 가격이 저렴하지 않았으며, 무료 콘텐츠 제공 채널이 부족하여 콘텐츠의 질과 양을 충분히 제공하지 못했습니다. 이 때문에 유스쿨은 2년간 높은 수준의 합격 실적을 냈지만, 처음의 취지와는 다르게 그저 유능한 컨설턴트들의 모임이 되어 가고 있었습니다.

그 한계를 이겨내기 위해 유스쿨 구성원들이 모여 밤낮을 가리지 않고 고민한 결과, 학생들이 실용적으로 이용할 수 있는 학생부 종합전형 책을 만들어 전국에 배포하자는 결론을 내렸습니다. 그리고 그와 같은 저희의 생각을 크라우드 펀딩으로 담아내었으며 예상보다 3배 많은 투자를 받아서 책 개발을 시작하였습니다. 이후, 2년간 진행했던 자기소개서 유스쿨링의 약 100여 건의 멘토링 사례, 101명 합격자의 데이터를 셀 수 없이 분석하였고 그를 통해서 결국 〈학생부 종합형 교과서〉를 출판하게 되었습니다. 이렇게 유스쿨은 2017년 1월에 4명에서 시작하여, 2019년에는 101명의 대학생과 함께 자기소개서 멘토링 〈자기소개서 유스쿨링〉을 진행하여 〈학생부 종합형 교과서〉를 개발했습니다. 향후에도 저희는 우리 학생들이 당장 겪고 있는 아픔에 공감하고 그것을 해결해줄 수 있는 실질적인 솔루션을 제공하기 위해 최선을 다할 것입니다.

이 책은 유스쿨 멘토와 파트너들이 입시를 준비하면서 경험했던 수많은 성공과 실패의 사례를 바탕으로 만들어졌습니다. 이 책이 두려움을 안고 입시에 첫발을 내디딘 여러분들에게 든든한 조언자이자 큰 응원과 위로가 되어 나도 할 수 있다는 자신감과 위안을 얻을 수 있다면 좋겠습니다.

불안하고 예측할 수 없는 학생부 종합 전형에서 저희 유스쿨 멘토/파트너가 여러분들의 든든한 존재가 되어 여러분만의 경쟁력을 가질 수 있도록 도와드리겠습니다. 여러분들의 지금까지 노력이 빛날 그 날까지 함께 합격을 위한 길을 걸어가며 '합격증'이라는 선물을 꼭 받길 기원합니다.

2019년 7월
유스쿨

이 책을 읽는 방법

Step 01

오직 나만 이야기할 수 있는 인생의 최종적인 목표를 정의한다

Why

무수히 많은 경쟁자들 사이에서 '내'가 선발되기 위해서는 타인과 차별화되는 나만의 매력 포인트(강점)가 있어야 합니다. 하지만 아쉽게도 학생부 종합전형 관점에서 보면, 같은 학교·학과·전형을 지원하는 대다수 학생이 매우 비슷한 교과 성적과 비교과 활동 기록을 가지고 있습니다.

이 때문에 서로 비슷한 지원자들 사이에서 우위를 선점하기 위한 기회는 '자기소개서'와 '면접'에 있다고 할 수 있습니다. 따라서 그 두 가지 기회를 통해서 반드시 나의 매력 포인트를 보여주어야 합니다.

저희 유스쿨 멘토와 파트너*들은 '진로'에서ㅂ
다. 여기서 말하는 진로는 '최종 목표를 향해 달려

우리가 해외여행을 간다고 가정했을 때, 비행
모으는 것은 누구나 비슷할 것입니다. 하지만 슬

─────────
* 유스쿨 멘토는 회의 진행, 설문 구성 설계, 자료 조사 및
  필진이다. 유스쿨 파트너는 설문조사, 회의 참여, 자료 저
  에 참여한 서포터이다.

18 학생부 종합형 교과서

학생부 종합형 교과서

100인의 명문대 선배들이 직접 구축했던 다양한 학교, 다양한 학과의 모범 사례를 제시하여 자기소개서·면접의 올바른 구축 방법을 알려드립니다!

익힘책
자기소개서

자기소개서 1번

* 나의 최종 목표

* 나의 최종 목표를 정의하는 과정에서 떠오르는 생각을 자유롭게 적어 주세요.

350 학생부 종합형 교과서

학생부 종합형 익힘책

자기소개서·면접의 올바른 구축 방법을 알았다면, 이제 나만의 자기소개서와 면접을 설계할 수 있도록 도와드립니다!

What!	무엇을 해야 하는지 '할 일'을 제시합니다.
Step!	어떤 과정을 거쳐야 하는지 '단계'를 제시합니다.
Why!	이러한 단계를 왜 해야 하는지 '이유'를 설명합니다.
How?	어떻게 해야 하는지 '방법'을 알려줍니다.

이 책은 유스쿨 100인의 선배들이 수시를 준비하면서 경험한 방법들을 공통된 로드맵으로 정리하여 구성하였습니다. 그리고 이를 활용하기 위한 구체적인 방법론과 선배들의 모범 사례를 제시하였습니다. 이 책의 Step을 따라가다 보면, 자연스럽게 효율적이고 체계적인 나만의 자기소개서와 면접을 준비할 수 있을 것입니다.

또한, 이 책은 방법을 알려드리는 것에 그치지 않고, 〈학생부 종합형 익힘책〉을 부록으로 제공하여 직접 나만의 자기소개서와 면접을 구축할 수 있도록 도와주고 있습니다. 그리고 책에는 담기 어려운 유스쿨 선배들의 익힘책 활용 사례와 교과서 활용법 영상 강의를 유스쿨 홈페이지(youschool.co.kr)에서 제공하고 있습니다.

QR 코드

유스쿨 선배들의
교과서 & 익힘책
활용 영상 강의

학생부 종합형
익힘책 (PDF)

차 례

차례

Chapter 1
자기소개서

"자기소개서를 잘 쓰면 대학에 합격할 수 있을까?" 이에 대해서는, 학생부 종합 전형이 처음 만들어졌을 때부터 갑론을박이 끊이지 않았습니다. 그리고 유스쿨 멘토, 파트너들 또한 이에 대해서 의견이 통일되지 않았습니다.

하지만 자기소개서는 수시 입시에서 '마지막 최선'입니다. 학생들이 자기소개서를 열심히 작성하고 제대로 작성해야 하는 이유는 명확합니다. 3학년 여름방학에는 이미 생활기록부가 마감되고 자기소개서만이 유일하게 결과에 변화를 줄 수 있는 기회기 때문입니다.

What 1
'합격스러운' 자기소개서, 면접의 기반이 되는 향후 미래 설계

yoU School

학생부 종합전형은 학생의 학교생활을 종합적으로 평가하는 입시 전형입니다. 이러한 입시 전형에는 생활기록부, 내신, 자기소개서, 면접 등 다양한 절차들이 그 평가 방법으로 자리를 잡고 있으며, 이 과정에서 가장 공통으로 고려되어야 하는 것이 본인의 꿈을 이루기 위한 길 바로 '진로'입니다.

이번 장에서는 자신의 최종 목표로 향하는 길로서의 진로를 구체화하고, 그 길 속에서 '대학'이 어떤 역할을 하는지 파악할 것입니다. 만약 Step을 따라가다 자신의 희망 전공이나 희망 목표에 변화가 생겼다면 다시 이전 절차로 돌아가는 융통성도 필요합니다.

이러한 구체화·분석 과정을 통해서 여러분은 실제로 자신의 최종 목표와 대학 전공 사이의 연관성을 찾을 수 있게 되고, 이를 향후 자기소개서와 면접에 효과적으로 적용할 수 있게 됩니다.

오직 나만 이야기할 수 있는
인생의 최종적인 목표를 정의한다

Why

무수히 많은 경쟁자들 사이에서 '내'가 선발되기 위해서는 타인과 차별화되는 나만의 매력 포인트(강점)가 있어야 합니다. 하지만 아쉽게도 학생부 종합전형 관점에서 보면, 같은 학교·학과·전형을 지원하는 대다수 학생이 매우 비슷한 교과 성적과 비교과 활동 기록을 가지고 있습니다.

이 때문에 서로 비슷한 지원자들 사이에서 우위를 선점하기 위한 기회는 '자기소개서'와 '면접'에 있다고 할 수 있습니다. 따라서 그 두 가지 기회를 통해서 반드시 나의 매력 포인트를 보여주어야 합니다.

저희 유스쿨 멘토와 파트너*들은 '진로'에서부터 그것이 시작된다고 생각합니다. 여기서 말하는 진로는 '최종 목표를 향해 달려나가는 길'을 의미합니다.

우리가 해외여행을 간다고 가정했을 때, 비행기를 타고 가는 것과 여행 경비를 모으는 것은 누구나 비슷할 것입니다. 하지만 실제 여행의 목표가 무엇이냐에 따

---

* 유스쿨 멘토는 회의 진행, 설문 구성 설계, 자료 조사 및 분석을 통해 컨텐츠 개발을 주도한 집 필진이다. 유스쿨 파트너는 설문조사, 회의 참여, 자료 제공, 검토, 익힘책 사례 작성을 통해 집필 에 참여한 서포터이다.

라 행선지와 일정이 달라집니다.

마찬가지로 내가 대학을 가기로 했을 때, 나와 다른 지원자들의 교과 성적과 비교과 활동이 서로 비슷하게 보일 수밖에 없지만, 자신이 어떤 목표를 설정하느냐에 따라 향후 삶의 계획 및 방향성이 달라질 수 있습니다. 그리고 그 '다름'이 바로 나와 다른 지원자의 차별화된 매력 포인트입니다.

이번 Step 01에서는 먼저 최종 목표를 설정하겠습니다. 좋은 최종 목표를 설정한다면, 이것을 이루기 위해 준비해야 할 것, 고민해봐야 할 것, 우선순위로 두어야 할 것 모두가 타인과는 다른 나만의 특별한 결과물로 나올 것입니다.

앞서 말했던 것처럼 이것은 이후 자기소개서 작성과 면접 준비의 성공에 큰 영향을 줄 것입니다. 따라서 이 부분에 대해 아직 깊게 생각해본 것이 없다면, 아래의 How에서 충분한 시간을 두고 고민해보시기를 바랍니다.

익힘책 자기소개서 1번 참조

🖉 인생의 최종적인 목표가 무엇인지 알아본다

인생의 최종적인 목표란 '인생을 전반적으로 바라보았을 때, 내가 최종적으로 이루고자 하는 가치·꿈·이상'이라고 할 수 있습니다. 구체적으로 예시를 들어 설명해보겠습니다.

☹ Bad **Example 1** 특정한 방안이 없는 막연한 목표

"환경 문제 해결에 이바지하겠다."

위와 같은 목표에는 본인이 이루고 싶은 바가 드러나 있지만, 매우 막연하게 느껴집니다. 그것은 목표를 이루기 위한 특정한 방안이 없기 때문입니다.

환경 문제를 해결하기 위한 방안에는 정책 재개정, 사회적 기업 운영, 친환경 소

재 개발, NGO 활동 등 여러 가지가 있을 수 있습니다. 그리고 자신이 생각한 목표의 달성 방안에 따라 그 목표로 향하는 방향성도 다양해질 수 있습니다.

따라서 본인의 최종 목표를 이룰 수 있다고 생각하는 구체적인 방안을 생각해야합니다. 그렇지 않으면, 이후 단계별 목표로 세분화하거나 대학의 지원동기를 구체화하는 등의 차후 활동을 할 때 어려움을 겪을 수 있습니다.

😟 Bad Example 2 단기적인 목표

"임용고시에 합격하여 교사가 되겠다."

위의 목표에는 자신이 이루고 싶은 바와 함께 '임용고시'라는 방안이 구체적으로 드러나 있습니다. 하지만 임용고시에 합격한 이후에는 사라져버리는 목표이기 때문에 '인생의 최종적인 목표'라고 하기에는 지극히 단기적입니다.

이러한 목표는 최종 목표를 이루기 위한 중간 과정에 가깝다고 할 수 있습니다. '인생의 최종적인 목표'는 말 그대로 인생에서 '마지막'으로 이루고 싶은 것이기 때문에, 단기적인 성취에 구속되지 않는 것이 좋습니다. 물론 최종 목표로 단기적인 목표를 설정해도 되긴 하지만 학생부 종합전형의 특성상 서류 평가에서 장점을 얻기 어려울 수 있습니다. 이 점을 유의하고 최종 목표를 설정해야 합니다. 위의 목표와 유사한 것으로는 특정 기업에 취업하거나 특정 시험에 합격하는 것들을 내세우는 것도 단기적인 목표에 해당하니 유의하시기 바랍니다.

😟 Bad Example 3 누구나 말할 수 있는 흔한 목표

"세계적인 기업의 CEO가 되는 것"

돈, 권력, 명예에 대한 소유 욕구는 누구에게 조금씩 있을 수 있습니다. 그러므

로 돈을 많이 버는 것, 권력을 얻는 것, 명예롭게 사는 것 등의 목표는 대부분의 사람이 생각하고 이야기할 수 있는 목표입니다.

여기서 이야기하는 '최종 목표'는 누구나 이야기할 수 있는 목표가 아니라, 내 삶의 특성, 선호, 역량 등을 반영한 나만의 최종적인 인생 목표이어야 합니다. 충분히 남들과는 다른 19년의 인생 경험이 있음에도, 그것을 살리지 못하고 누구나 말할 수 있는 목표만을 내세운다면 수시 입시에서는 경쟁력을 얻을 수 없습니다.

또한, 이번 **Step 01**에서 설정한 목표를 통해 단계적으로 목표를 구체화하고 해당 목표와 대학 진학 간의 연관성을 도출해야 하는데, '누구나 가질 수 있는 흔한 목표'는 이러한 과정을 진행하는 데 어려움을 줄 수 있습니다.

😞 **Bad Example 4**　　개인적 가치에 집중된 목표

> **"아직 개발되지 않은 청정 지역을 찾아 부동산 상품 개발을 하는 것"**

청정 지역을 개발하면 개인은 큰돈을 벌 수 있지만, 청정 지역이 생태계, 인간 사회에 주는 긍정적 역할을 무력화할 수 있습니다. 즉, 위 목표는 지극히 개인적 가치에 집중된 목표라고 이야기할 수 있습니다.

이와 같은 목표는 '대입에서의 최종 목표'로서 좋은 경쟁력을 가질 수 없습니다. 한국에 있는 대부분의 대학에서 정의하는 인재상은 '공공의 이익'과 '사회적 가치'를 포함하고 있기 때문입니다.

우리가 정의해야 할 최종 목표는 개인에게만 치우치지 않고 사회 전반적으로 가치에 그 방향이 집중되면 좋습니다.

이제 좋은 예를 살펴보겠습니다.

> "에듀테크를 활용하여 학습자의 필요, 상황에 맞는
> 교육 코스를 제공하여, 학생들의 성장에 도움을 제공하는 것"

위 목표는 Bad Example 1, 3과 달리 자신이 이루고 싶은 바가 자신만의 특별한 방안과 함께 분명히 드러나 있습니다. '학생들의 성장에 도움을 제공하는 것'이 막연하다고 느껴질 수 있지만, 이를 이루기 위한 과정(에듀테크 활용)이 서술됨으로써 최종 목표를 어느 정도 구체화하였다고 볼 수 있습니다.

또한, Bad Example 2와 달리 시험과 같은 것에 국한되어 있지 않으므로 시기에 제한받지 않고 인생 전반에 걸쳐 끊임없이 추구할 수 있을 것입니다.

마지막으로 Bad Example 3은 단지 개인의 만족을 위한 목표에 머무르지만, 이에 비해 위 목표는 사회적으로 의미 있고 영향력 있는 목표이기도 합니다.

Good Example 2

> "환경 문제를 유발하는 건축 자재에 대한 해결책을 제시하는 것"

위 목표도 Bad Example 1과 달리 목표가 막연하지 않고 '환경 문제를 유발하는 건축 자재에 대한 해결책을 제시한다'는 구체적인 방안 또한 제시하고 있습니다. 그리고 Bad Example 2와 달리 단기적이지 않고, Bad Example 3처럼 누구나 말할 수 있는 흔한 목표도 아닙니다. 이제 '인생의 최종적인 목표'가 무엇인지 감이 오시나요?

✏️ 인생의 최종적인 목표를 설정한다

인생의 최종 목표는 굳이 직업과 같은 것에 제한받을 필요 없이 본인이 하고 싶은 것, 좋아하는 것, 가치, 이상향 등 많은 것들을 참고할 수 있습니다.

저희 멘토와 파트너들이 선정한 최종 목표를 설정하기 위해 고려해야 하는 항목들은 다음과 같습니다.

가치관 / 꿈 / 이상향 / 자신의 장점 / 적성 /
성향 / 좋아하는 것 / 추구하는 인간상 /
최종적으로 갖고 싶은 직업 / 희망 직업의 특성 /
과거에 자신이 가치 있고 보람 있다고 생각했던 활동 /
최선을 다했던 활동 / 과거 자신의 경험 /
흥미를 느끼는 학문 분야 / 개선하고 싶은 문제 · 이슈

인생의 최종 목표는 위의 요소들을 전반적으로 오랜 기간에 걸쳐 고민해야만 나옵니다. 다음 사례를 통해 여러 종류의 최종 목표와 그 목표가 도출되는 과정을 살펴보겠습니다.

Example 1

중앙대학교 교육학과 손정호 유스쿨 멘토의 사례

저의 목표는 '에듀테크를 활용하여 학습자의 필요, 상황에 맞는 교육 코스를 제공하여, 학생들의 성장에 도움을 제공하는 것'입니다.

저는 다른 학생보다 공부를 조금 늦게 시작하였습니다. 공부를 하고자 하는 의지는 누구보다 컸다고 자부할 수 있지만, 너무 늦게 시작하여 학교 수업을 전혀 들을 수 없었습니다.

그래서 낙오자가 발생할 수밖에 없는 오늘날 교육과정의 거대한 틀과 방식에 크고 작은 불만을 느끼게 되었습니다. 그리고 이러한 불만을 저만 느끼는 것이 아니라고 생각했습니다. 이에 현 상황을 개선하여 누구나 성장할 기회를 얻을 수 있는 사회를 만들고 싶다고 생각했고 위와 같은 목표를 설정했습니다.

Example 1의 최종 목표 사례는 자신의 늦은 공부 시작이라는 [과거 자신의 경험]으로부터 형성된 교육과정에 대한 불만이라는 [개선하고 싶은 문제]가 드러납니다.

그리고 이와 같은 경험과 인식에 '낙오자가 없는, 누구나 성장할 기회를 얻을 수 있는 사회'라는 [이상향]이 더해진 목표가 설정되었다고 볼 수 있습니다.

Example 2

경희대학교 건축공학과 신우진 멘토의 사례

저의 목표는 '환경 문제를 유발하는 건축 자재에 대한 해결책을 제시하는 것'입니다.

고등학교 시절 동아리 활동 중 환경 문제를 발생시키는 건축 자재가 많다는 것을 알게 되었습니다. 사람이 살아가는 데 꼭 필요한 의식주 중 '주'에 해당하는 건축분야에서 환경 문제가 발생한다는 것은 인간에게 치명적인 피해를 줄 수 있다는 것을 깨닫고 이를 해결하는 연구원이 되고 싶었습니다.

특히 건축 자재 속 '라돈'으로 인한 환경 문제를 해결해 보는 연구활동을 통해 건축자재에 대한 연구에 흥미와 자신감이 생겼습니다. 그래서 저는 위와 같은 목표를 설정했습니다.

Example 2의 최종 목표 사례는 고등학교 시절의 동아리 연구활동, 즉 [과거에 자신이 가치 있고 보람 있다고 생각했던 활동]과 건축자재로 인한 환경 문제라는 [개선하고 싶은 문제]에 연구원이라는 [최종적으로 갖고 싶은 직업]과 연구에 대한 흥미와 자신감이라는 [적성]이 더해진 것이라고 볼 수 있습니다.

최종 목표를 설정할 때 유의해야 할 점

최종 목표는 무언가 거창한 것에서 나오는 것이 아닙니다. 본인의 학교생활, 성향, 가치관 등 다양한 요소들을 전반적으로 고려하는 과정에서 나오게 됩니다.

최종 목표를 정의하는 데 도움이 될 만한 몇 가지 방법을 더 알려드리자면 유튜브나 TED*를 참고하여 명사들의 강연을 찾아보면서 영감을 얻어도 되고, 자신이 원하는 것을 성취하기 위해서 무엇을 해야 하는지 검색을 통해 자료를 찾는 방법도 있습니다.

폭넓은 방식으로 자신만의 자유로운 목표를 〈익힘책 자기소개서 1번〉에 구축하시기 바랍니다.

단, 어떠한 경우라도 절대 타인의 목표를 따라 하지 않길 바랍니다. 타인에 의존하여 최종 목표를 설정한 경우에는 이후의 구체화 과정에서 어려움을 겪을 수 있고, 본인 스스로 동기를 부여하거나 대학 진학의 필요성 및 정당성을 부여할 때 어려움을 겪을 수 있으므로 반드시 자신만의 최종 목표를 스스로 설정하기를 부탁드립니다.

최종 목표를 정의하기 위한 유스쿨 멘토 & 파트너의 TIP

최종 목표라는 것이 입시를 준비하면서, 또 앞으로 살아가면서 폭넓게 필요하긴 하지만 이를 당장 정의하기에는 어려움을 느낄 수 있습니다. 그러한 경우에는 대략적으로 간단히 작성하고 다음 단계로 넘어가는 것을 추천해 드립니다.

[Chapter 1 자기소개서]의 모든 과정을 따라서 자기소개서에 대해 고민을 하고 구체화하다 보면 자연스럽게 자신만의 목표가 뚜렷해지는 일도 있습니다. 그때 다시 구체적인 최종 목표를 설정하셔도 됩니다.

다시 한번 말씀드리지만, 여러분은 아직 고등학생이기 때문에, 진로를 정하지 못하는 것이 전혀 이상한 일이 아닙니다. 그저 이 단계에서는 여러분이 '인생 전반에 걸쳐 이루고 싶은 것'을 대략적으로라도 생각해보는 것을 추천해 드립니다.

---

* TED(Technology, Entertainment, Design): 미국의 비영리 재단에서 운영하는 강연회. 정기적으로 열리는 기술, 오락, 디자인 등과 관련된 강연회를 개최한다.

Step 02

최종 목표를 달성하기 위해 꼭 충족되어야 하는 단계별 목표를 파악한다

Why

저희가 2년 동안 자기소개서 멘토링을 진행한 학생들 중 높은 합격 성과를 보였던 학생들은 모두 비슷한 공통점이 있었습니다. 바로 "내가 왜 이 대학에 진학해야 하는지(지원동기)", "내가 이 대학을 어떻게 활용할 것인지(향후 계획)"를 일관성 있게 자기소개서와 면접에 표현하였다는 것입니다. 즉, 지원동기와 향후 계획이 명확했습니다.

이번 Step 02에서는 최종 목표 달성을 위한 과정을 구체화하여 자신의 미래 계획을 설계할 것입니다. 그리고 향후 Step에서는 지원동기와 향후 계획을 자연스럽게 연결하는 과정을 익힐 예정입니다.

또한, 지망하는 대학의 자기소개서 4번 문항에서 학업 또는 진로 계획을 묻는 경우에는 해당 Step 02에서 진행한 결과를 활용할 수 있습니다.

How

익힘책 자기소개서 2번 참조

✏️ 최종 목표를 달성하기 위해 꼭 충족되어야 하는 단계별 목표를 파악한다

최종 목표가 목적지라면, 단계별 목표는 목적지까지 가기 위해서 꼭 거쳐야 하

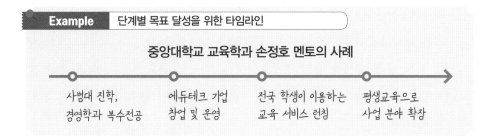

중앙대학교 교육학과 손정호 멘토의 사례

사범대 진학,
경영학과 복수전공

에듀테크 기업
창업 및 운영

전국 학생이 이용하는
교육 서비스 런칭

평생교육으로
사업 분야 확장

는 경유지입니다. 따라서 최종 목표를 달성하기 위해 꼭 필요한 단계별 목표를 도출해야 합니다.

첫 번째로는 앞서 예시로 나왔던 **'에듀테크를 활용하여 학습자의 필요, 상황에 맞는 교육 코스를 제공하여, 학생들의 성장에 도움을 제공하는 것'**이라는 최종 목표를 이루기 위해서 꼭 충족되어야 할 단계별 목표를 생각해보겠습니다.

우선 해당 목표를 달성하기 위해서 멘토는 교육과 경영에 관한 학문적 지식을 먼저 쌓아야 합니다. 교육에 대한 전반적인 지식을 알아야 하고, 그것을 비즈니스 모델로 구체화하는 역량이 필요하다고 판단하였기 때문입니다. 그래서 [사범대 진학, 경영학과 복수전공]을 1단계 목표로 도출하였고, 이를 기반으로 [에듀테크 기업 창업 및 운영]을 2단계 목표로 도출하였습니다.

3단계 목표는 교육 기업 운영을 통해서 학생들의 성장에 도움을 줄 수 있는 [전국 학생이 이용하는 교육 서비스를 런칭]하는 것이었습니다. 마지막으로 성인들도 역량의 강화와 성장에 관심을 가질 수 있도록 4단계 목표를 [평생교육으로 사업 분야 확장]로 결정하였습니다.

이처럼 단계별 목표를 구체화하면 최종 목표로 향하는 길을 좀 더 명확하게 할 수 있습니다.

✏️ 파악한 단계별 목표에 따라 해야 할 일의 타임라인을 작성한다

이제 〈익힘책 자기소개서 2번〉에 최종 목표 달성까지의 타임라인에 파악했던 단계별 목표를 순서대로 나열합니다. 타임라인에 단계별 목표를 나열한 후에는 단계별 목표를 달성하기 위해 해야 할 일들을 생각하며 표를 작성합니다. 타임라인에 따른 해야 할 일을 작성할 때는 생각보다 많은 정보가 필요합니다. 이를 위해 관련 대학의 홈페이지, 직업 정보 플랫폼, 관련 분야의 강연 등 다양한 자료를 참고할 수 있습니다.

Example   익힘책 자기소개서 1, 2번 모범 사례

중앙대학교 교육학과 손정호 멘토의 사례

✴ 나의 최종 목표

> 에듀테크를 활용하여 학습자의 필요, 상황에 맞는 교육 코스를 제공하여, 학생들의 성장에 도움을 제공하는 것

✴ 단계별 목표 달성을 위한 타임라인 작성

사범대 진학, 경영학과 복수전공	에듀테크 기업 창업 및 운영	전국 학생이 이용하는 교육 서비스 런칭	평생교육으로 사업 분야 확장

✴ 단계별 목표의 해야 할 일 구체화

단계별 목표 ①: 사범대 진학, 경영학과 복수전공

해야 할 일 1	전공을 결정한 상태이므로, 내가 지망할 수 있는 수준의 대학 중에서 내가 관심 있는 교육학 주제를 중점적으로 다루는 학교를 찾아본다.
해야 할 일 2	교육학과 관련 있는 사회탐구과목을 중점적으로 학습하고, 전공 관련 교내 활동에 참여하여 교과 관리와 비교과 관리를 마무리한다.
해야 할 일 3	자기소개서와 면접을 준비하고 원서를 접수하여 대학에 합격한다.
해야 할 일 4	교육학과에 진학한 후 교육학 관심 주제와 관련 있는 학회나 동아리 활동에 참여하여 교육학 세부전공으로 무엇을 결정할지 파악한다.
해야 할 일 5	경영학과 복수전공을 위해 요구되는 조건을 파악하고 이를 충족할 수 있도록 관리하여 적절한 시기에 복수전공을 지원한다.

해야 할 일 6	교육학과 경영학 사이에 교집합이 있는지 파악하고, 만약 있다면 그것을 내 강점으로 삼을 수 있도록 각종 관련 활동에 참여한다.

단계별 목표 ②: 에듀테크 기업 창업 및 운영

해야 할 일 1	교육 기업의 마케팅 직무에 합격할 수 있도록 교육과 마케팅 관련 대외활동, 인턴십을 참여하고 학점 관리에 힘쓴다.
해야 할 일 2	내가 생각하는 방향과 비슷한 비전을 가진 교육 관련 중견기업에 입사하여 교육산업 분야에 대해 파악하고, 업무 진행 방법을 배운다.
해야 할 일 3	회사에 다니면서 나중에 함께 일하고 싶은 사람들을 찾고, 적당한 시기에 다니던 회사를 퇴사하여 그 사람들과 함께 창업 아이템을 준비한다.
해야 할 일 4	창업 아이템을 가지고 정부창업지원 사업에 지원하여 초기 자본금을 확보하여 그 시기 할 수 있는 최선의 교육 서비스를 개발하고 런칭한다.

단계별 목표 ③: 전국 학생이 이용하는 교육 서비스 런칭

해야 할 일 1	초기 아이템이 성공하면 이를 기반으로 R&D를 진행하여 인공지능, 빅데이터 기술과 교육을 결합하여 더 좋은 품질의 서비스를 개발한다.
해야 할 일 2	교육 서비스는 '브랜드 신뢰도'가 무엇보다 중요하므로, 사회적 책임을 다함과 동시에 서비스의 양과 질을 관리하는 것을 우선 과제로 삼고 기업을 운영한다.
해야 할 일 3	초기에는 대입을 중심으로 서비스를 운영하지만 이를 기반으로 청소년 진로교육, 대학생 취업·창업 서비스로 확장한다.
해야 할 일 4	창업 아이템을 가지고 정부창업지원 사업에 지원하여 초기 자본금을 확보하고 그 시기 할 수 있는 최선의 교육 서비스를 개발하고 런칭한다.

단계별 목표 ④: 평생교육으로 사업 분야 확장

해야 할 일 1	시대에 따라 필요한 역량과 태도는 달라지므로 고정관념을 버리고 시대의 흐름을 수용할 수 있는 사람이 되도록 한다.
해야 할 일 2	시장성이 많이 부족하더라도 기업의 사회적 책임을 다한다는 차원에서 평생교육 분야로 사업을 확장한다. 이때 정부부처와 협력할 수 있다.

다만, 꼭 해야 할 일을 다 채울 필요는 없습니다. 지금 당장은 알고 있는 것이 많지 않기 때문에 지금보다 먼 단계의 목표일수록 작성하기 어려울 수 있기 때문입니다. 따라서 지금 완성한다고 생각하지 않고, 지금과 가장 가까운 단계의 목표를 최대한 채우려고 노력하고, 시기상 대학 졸업 이후의 단계별 목표는 해야 할 일을 1개 이상 작성하는 것을 목표로 하여 구체화하는 것이 좋습니다.

단계별 목표 도출을 위한 유스쿨 멘토 & 파트너의 TIP

사실 최종 목표를 정의하는 것은 상당히 어려운 과정이기 때문에 이에 따른 단계별 목표를 도출하는 과정 또한 쉽지 않을 수 있습니다.

단계별 목표는 그저 '할 수 있는 만큼'만 하면 됩니다. 그 이상 도출하지 못한다고 좌절하지 말고, 우선 할 수 있는 만큼만 하는 것이 핵심입니다. 만약 단계별 목표를 전혀 도출할 수 없을 것 같다면, 이 과정을 생략해도 됩니다. 단계별 목표가 도출되지 않았더라도 이후의 활동을 하나씩 진행하면서 자신의 진로를 차근차근 구체화할 수 있습니다.

Step 03

최종 목표 달성에서의 대학과 전공의 역할을 개괄적으로 파악한다

Why

　내가 지망하는 대학과 전공의 교육목표, 인재상, 졸업 후 진로 등의 기초 정보들을 미리 조사하는 과정은 자신이 설정한 최종 목표를 달성하기 위해 대학과 전공의 역할을 올바르게 이해하는 첫 번째 과정입니다.

　이 과정을 통해서 사회에 진출하는 대학 선배들이 어떤 일을 하고 어떤 직업을 가지는지 미리 파악한다면 자신이 가게 될 길을 쉽게 예상할 수 있을 것입니다. 그리고 평소에 전공에 대해 많은 고민을 했던 학생이라면 내가 가지고 있던 생각과 실제 현실이 얼마나 다른지를 확인하는 절차가 될 수 있습니다.

　실제 저희 유스쿨 집필진을 대상으로 설문 조사를 실시한 결과 "대학 입시를 준비하면서 대학과 전공의 교육목표, 졸업 후 진로에 대해 조사할 필요성이 있다고 생각하시나요?"라는 질문에 집필진의 94%가 "그렇다."라고 답변했습니다.

　그렇다면 왜 이러한 정보들을 미리 조사해야 할까요? 앞서 언급한 과정을 진행하면 자신의 최종 목표를 달성하는 데 대학이 어떤 역할을 하는지를 확실하게 알 수 있기 때문입니다. 이렇게 알게 된 정보를 바탕으로 어떤 대학교의 어떤 학과가 자신의 최종 목표를 이루는 데 가장 큰 도움을 줄 수 있을지 미리 파악할 수 있습니다.

따라서 이번 Step 03에서는 내가 지망하는 대학의 전공에 대한 기초 정보를 조사하여 최종 목표 달성을 위한 대학과 전공의 역할을 개괄적으로 파악해 보도록 하겠습니다.

How

익힘책 자기소개서 3번 참조

✏ 지원 희망 전공의 기초 정보를 조사한다

대부분의 대학은 학과별 홈페이지를 통해 개설 전공에 대한 기초적인 정보를 제공하고 있습니다. 다음 사례들을 참고하여 〈익힘책 자기소개서 3번〉에 자신이 조사한 전공의 교육목표 및 졸업 후 진로를 정리해보도록 합시다.

이번 Step 03의 목표는 자신의 최종 목표와 대학 및 전공의 관계를 개괄적으로 파악하는 것이므로 확실하게 해당 학과를 진학하고자 하는 것이 아니라면 적어도 2개 이상의 학과를 조사하는 것이 좋습니다.

더 쉬운 이해를 위해 신우진 멘토와 손정호 멘토의 사례를 통하여 자세한 조사 과정을 분석하겠습니다. 첫 번째로 경희대학교의 신우진 멘토는 경희대학교 건축공학과의 기초 정보를 조사하였습니다.

먼저 경희대학교 홈페이지 상단의 [교육] 카테고리에서 [대학]으로 이동한 후 [공과대학] → [건축공학과]를 선택하면 경희대학교 건축공학과의 홈페이지로 이동할 수 있습니다. 이렇게 접속한 경희대학교 건축공학과 홈페이지의 [학과소개]에서 학과의 교육목표와 졸업 후 진로 등을 확인할 수 있습니다. 혹은 처음부터 '경희대학교 건축공학과'를 포털 사이트에 검색하여 학과 홈페이지를 바로 찾아 접속하는 방법도 있습니다.

여기서 중요한 점은 '전공 기초 정보'를 조사하는 것이기 때문에 꼭 자신이 지망하는 대학의 학과를 조사하지 않아도 괜찮다는 것입니다. 대부분의 학과 정보는 학교별 차이가 크지 않으므로 여러 대학 홈페이지를 통해 자료를 조사해도 좋습니다.

그래서 중앙대학교 손정호 멘토는 서울대학교 교육학과의 정보를 찾았습니

다. 서울대학교 교육학과 홈페이지의 [학과소개] 페이지에서는 다음과 같은 전
공 기초 정보를 조사할 수 있었습니다.

Example 1

익힘책 자기소개서 3번 모범 사례

경희대학교 건축공학과 신우진 멘토의 사례

＊ 지원 희망 전공의 기초 정보 조사

대학 및 학과	경희대학교 건축공학과
교육 목표	국가와 지역사회, 나아가서는 세계인류를 위해 봉사할 수 있는 "지도적 건축전문가의 양성"을 목적으로 둔다. 교육 목표는 미래지향적 사고능력을 갖춘 건축공학인재, 첨단 지식을 갖춘 건축공학인재, 산업 발전을 선도할 수 있는 현장 중심의 건축공학인재가 있다.
졸업 후 진로	건축공학과에서 심화 과정을 이수하고 졸업한 학생들은 건설회사, 엔지니어링회사, 설계사무소(환경, 구조 및 설비분야), CM회사, 환경 및 설비 관련 회사, 또는 건축직 공무원에 취업할 수 있다. 또한, 전문가 수준의 지식습득, 연구자 또는 학자로서의 진출을 모색하기 위하여 대학원에 진학하여 학문을 계속할 수 있다.

Example 2

중앙대학교 교육학과 손정호 멘토의 사례

✻ 지원 희망 전공의 기초 정보 조사

대학 및 학과	서울대학교 교육학과
교육 목표	대한민국의 교육학 연구를 선도할 수 있는 예비 연구자들의 양성을 목적으로 한다. 이를 위해 교육학의 기초개념과 이론뿐만 아니라 최근 연구 동향과 각각의 연구 간의 관계를 파악함으로써 교육학의 전체적인 지형을 이해할 수 있는 능력을 기르는 데 목표를 둔다.
졸업 후 진로	교육학과 학부 졸업생들은 학과의 학구적인 분위기와 연구활동 전통을 이어받아 대체로 교육학과 대학원에 진학하고 있으며, 정부부처 공무원, 교사, 기업체 취직 등 광범위한 분야에서 활동하고 있다(2016년 기준).

✎ 최종 목표에 가장 도움이 될 대학과 전공이 무엇인지 고민한다

지금까지 진행했던 Step에서 우리는 최종 목표를 설정하고 최종 목표에 달성하기 위한 과정을 구체화했습니다. 그리고 우리가 진학을 희망하는 대학과 학과들이 어떤 교육목표로 학생들을 가르치고 졸업생들은 어떤 길을 걷고 있는지 파악했습니다.

이 과정에서 얻은 정보를 바탕으로 우리는 최종 목표를 달성하는 데 가장 적합한 대학과 전공을 어느 정도 확인했을 것입니다.

즉, 최종 목표를 달성하기 위한 단계별 목표에서 직업과 직종이 해당 전공의 '졸업 후 진로'에 언급이 되어 있거나, 교육목표에서 이야기하는 역량과 인재상이 실제 자신의 최종 목표 달성에 도움이 된다면 그것이 바로 자신에게 적합한 대학과 전공이 되는 것입니다.

하지만 조사한 대학과 전공 중에서 최종 목표에 적합한 것이 없을 수도 있습니다. 보통 이런 경우는 해당 목표를 이루기 위한 대학의 학위나 전공의 전문적인 지식이 필요 없는 최종 목표를 설정했을 때 발생할 수 있습니다. 이 경우 Step 01에서 최종 목표를 잘 설정하였다면 조금 더 많은 대학과 전공을 조사해야 합니다.

마지막으로 자신이 설정한 최종 목표나 단계별 목표가 비슷한 인물의 대학·전공을 참고하는 것도 좋은 방법이 될 수 있습니다.

대학에 가야 하는 이유를
여러 방면에서 탐색하고
종합하여 정리한다

Why

학생들에게 "왜 대학을 진학하고 싶은가?"를 솔직하게 물었을 때, 적지 않은 수의 학생들이 다음과 같은 답변을 하였습니다.

> "좋은 직장을 얻고 싶어요.", "돈을 많이 벌고 싶어요.",
>
> "대부분 대학을 가니까요.", "부모님이 가라고 해서요." … ….

정시에서는 수능 성적만 좋다면 특별한 이유 없이도 원하는 대학에 쉽게 합격할 수 있습니다. 하지만 학생부 종합전형은 자기소개서와 면접을 통해 자신이 대학에 가야 하는 이유를 확실하게 전달해야 합니다.

앞서 말씀드렸던 것처럼 동일 학교 · 학과 · 전형에 지원하는 학생들의 대부분은 교과 · 비교과 성적이 매우 유사합니다. 특히 대학에 지원할 수 있는 원서가 정시보다 3개 더 많은 전형*이기 때문에 더더욱 그 현상은 두드러집니다.

---

* 수시는 최대 6곳, 정시는 최대 3곳을 지원할 수 있다.

만약 여러분이 입학사정관이라면, 같은 조건의 학생 중에서 대학의 전공 학과에 꼭 와야 하는 이유를 잘 표현한 학생과 그렇지 않은 학생 중 한 명을 뽑아야 한다면 어떤 학생을 뽑을까요?

물론 전공 학과에 꼭 와야 하는 이유를 잘 표현하지 못했더라도 교과, 비교과 성적이 매우 월등하다면 학업 역량 등에서 좋은 평가를 받아 합격할 수도 있습니다. 하지만 전공 적합성과 발전 가능성을 조금 더 잘 표현한다면 그 학생은 자신이 원하는 대학에 조금 더 쉽게 합격할 수 있었을 것입니다.

그래서 우리는 대학과 전공의 개괄적인 정보를 조사하는 것뿐만 아니라 자신에게 구체적으로 도움을 줄 수 있는 것들을 더 조사해야 합니다. 그리고 이러한 것들이 자신의 최종 목표 달성에 어떻게 도움이 될 수 있는지를 분석할 것입니다. 이 과정을 통해 내가 가진 전공 적합성과 발전 가능성을 다른 지원자들과 차별화되게 잘 표현할 방법을 찾아낼 수 있습니다.

익힘책 자기소개서 4, 5번 참조

✎ 대학과 학과가 줄 수 있는 도움의 종류를 이해한다

대학은 고등학교(또는 이와 동등 이상의 학력)를 졸업하고 일정 학업능력을 습득한 학생들이 원하는 학문을 심도 있게 연구할 수 있도록 도와주는 공간입니다.

개인은 대학이라는 장에서 사람들을 만나고 관심 분야의 활동을 주도적으로 하면서 자신의 삶을 새롭게 개척할 수 있고, 이러한 과정들을 통해 학생은 자연스럽게 스스로 성장할 수 있습니다. 그뿐만 아니라 대학과 전공 학과는 학생들의 성장을 위해서 여러 방면에서 도움을 주고 있습니다.

대학과 학과에서 제공하는 도움들은 크게 4가지로, 다음과 같습니다.

1. 학과의 교육과정 내의 수업(교과목) / 커리큘럼
2. 학교·학과의 학회 및 동아리 활동
3. 학교·학과의 학생 대상 지원 프로그램
4. 학과 내 다중전공 및 세부전공 제도

위의 4가지 요소들은 주로 학교·학과 홈페이지의 공지사항이나 검색을 통해 찾아볼 수 있습니다. 특히, 학교 단위의 프로그램과 활동은 학교 홍보 책자나 입학처에서 제공하는 모집요강 책자에서 알려주는 경우가 많으니 학교 공식 자료를 살펴보는 것이 좋습니다.

Q1. 무엇을 배우고 어떤 현상이나 원리를 다루는가?
Q2. 학과의 인재상은 무엇이며 그 인재상과 자신이 부합한다고 생각하는가?
Q3. 학과 교육과정 중에서 가장 재미있어 보이는 교과목은 무엇인가?
Q4. 그 교과목이 무엇을 가르치는 것 같으며 왜 재미있어 보이는가?

이러한 질문에 스스로 답해봄으로써 전공에 대한 이해를 높일 수 있을 뿐 아니라 지망하는 전공 분야에 대해 심층적으로 공부하고 자신의 목표를 구체화할 수 있습니다.

또한, 구체적인 목표 설정은 학습 동기 형성에 긍정적인 영향을 줄 것입니다. 이제 대학의 지원과 도움이 왜 필요한지 어떻게 활용할 수 있을지 고민을 해보고 이것을 〈익힘책 자기소개서 4번〉에 정리해보도록 합시다.

🖊 학교·학과가 줄 수 있는 첫 번째 도움, 학과 교육 과정을 조사한다

지원 희망 전공의 기초정보를 조사할 때 그 정보가 우리에게 어떤 도움을 줄 수 있는지 파악해야 합니다.

학과의 교육과정은 모든 학과 홈페이지에 자세하게 나와 있습니다. 지망 학과의 홈페이지에 접속하여 학과 교육과정을 조사함으로써 학교·학과가 줄 수 있는 첫 번째 도움을 살펴봅시다.

Example   익힘책 자기소개서 4번 모범 사례

경희대학교 건축학과 신우진 멘토의 사례

＊학과 교육과정 중심 조사

경희 대학교   건축공 학과(학부)

관심 있는 교과목	건축공학개론
관심 있는 이유	건축공학과에 대한 폭넓은 이해와 개념을 바탕으로 전공에 접근하여 앞으로의 전공 학습에 발판을 만들 수 있을 것이다.
배우는 내용	건축공학의 전반적인 이해를 도모하고자 건축환경 및 설비, 건축구조, 건축시공 및 관리분야의 기초가 되는 개념, 이론과 지식을 체계적으로 다룬다.
최종 목표 달성에 어떤 도움을 주는가?	건축공학의 전반적인 이해를 도모하고자 건축환경 및 설비, 건축구조, 건축시공 및 관리분야의 기초가 되는 개념, 이론과 지식을 체계적으로 다룬다.

관심 있는 교과목	생태건축응용
관심 있는 이유	나의 최종 목표와 밀접한 세부전공 학습을 통해 건축이 인간과 어떤 관계에 놓여있는지 알고 싶다. 이를 통해 연구활동을 함에 있어 필요한 심도 있는 학문을 익힐 수 있을 것이다.
배우는 내용	건축환경요소를 디자인에 적용할 수 있는 응용기법과 자연친화형 건축환경계획 방법을 다룬다.
최종 목표 달성에 어떤 도움을 주는가?	이 수업을 통해 인간과 건축의 상호관계를 이해할 수 있고 그를 바탕으로 한 응용 분야도 접해볼 수 있을 것 같다. 더불어 응용 분야의 접근을 통하여 최종 목표인 연구활동에 많은 도움이 될 수 있을 것이다.

관심 있는 교과목	건축공학응용설계
관심 있는 이유	앞서 배운 건축공학적 지식을 바탕으로 관련 분야에 응용하는 방법을 배워 이후의 연구활동에 도움이 될 것이다.
배우는 내용	본 교과목은 앞에서 개설된 건설 관련 과목들을 종합하기 위한 과목으로 이미 학습한 내용을 바탕으로 그것들을 건설 실무에 적용하는 데 필요한 적응력을 키우는 것을 목적으로 한다. 앞서 개설되는 각종의 건설 관련 이론적 지식은 그것들이 건설 실무에 적용되어 가는 과정을 통해 건설 프로젝트 전반에 대한 종합적인 감각과 실무 적응력의 향상으로 발전할 수 있다.
최종 목표 달성에 어떤 도움을 주는가?	이 수업을 통해 인간과 건축의 상호관계를 이해할 수 있고 그를 바탕으로 한 응용 분야도 접해볼 수 있을 것 같다. 더불어 응용 분야의 접근을 통하여 최종 목표인 연구활동에 많은 도움이 될 수 있을 것이다.

🖊 대학과 학과가 줄 수 있는 두 번째 도움, 학교 · 학과 프로그램을 조사한다

지원 희망 전공의 기초 정보를 조사할 때 이 정보가 우리에게 어떤 도움을 줄 수 있는지 파악해야 합니다. 학교 · 학과 프로그램을 조사함으로써 학교 · 학과가 줄 수 있는 두 번째 도움을 살펴봅시다.

학교 · 학과 프로그램은 학과 홈페이지가 아닌 학교 홈페이지에 더 자세하게 기재된 경우가 많습니다. 학교 홈페이지에 접속한 후 [교육 · 학생지원 · 대학생활] 등의 카테고리에 들어가면 해당 학교 · 학과의 프로그램을 찾을 수 있습니다.

경희대학교 건축학과 신우진 멘토의 사례

✻ 학교 · 학과 프로그램 중심 조사

프로그램명	프로그램이 나의 최종 목표 달성에 주는 도움
현장 맞춤형 이공계 인재양성 자원사업	실전 문제 연구팀을 운영하여 현장 맞춤형 종합설계, 그중에서도 건축공학도에게 필요한 캡스톤 디자인 능력을 향상시킬 수 있다.
연구연수활동	연구활동의 실전 경험을 통해 미래의 연구원으로서 가져야 할 자질을 키울 수 있고, 다양한 연구연수를 경험해봄으로써 내가 하고 싶은 연구활동에 많은 영감을 받을 수 있을 것 같다.
학기별 단기현장실습	전공 관련 전문지식을 실전에서 활용 및 응용해봄으로써 실무 경험을 쌓을 수 있다. 이 실무 경험은 최종 목표인 연구활동을 할 때 매우 좋은 메리트가 될 수 있을 것이다.
건축공학과 학술세미나 동아리 CM연구회	전공과 관련한 여러 학술세미나를 통해 최종 목표에 많은 도움을 줄 수 있을 것이다. 또한, 전공과 관련한 연구 동향을 파악함으로써 이후의 연구활동에 큰 도움이 될 것이다.

🖋 대학과 학과가 줄 수 있는 세 번째 도움, 다중전공 및 세부전공을 조사한다

다음으로는 다중전공 및 세부전공을 조사함으로써 학교 · 학과가 줄 수 있는 세 번째 도움을 살펴보겠습니다.

먼저 다중전공은 학교 홈페이지에 접속한 후 [학사 안내] 카테고리의 [전공제도 (다중전공, 복수전공)]에서 확인할 수 있습니다. 세부전공은 학과 홈페이지에서 [학과소개]나 [학과 정보] 카테고리에서 찾을 수 있습니다.

다중전공 및 세부전공에 대한 유스쿨 멘토 & 파트너의 TIP !

다중전공은 자신의 전공 이외의 다른 전공을 다양한 방식으로 수료하는 것을 의미합니다. 다중전공제도에는 크게 '복수전공, 부전공, 연계전공' 등이 존재합니다.

복수전공이란 입학할 때 선택한 주전공과 함께 다른 학과의 전공을 동시에 공부하는 제도입니다. 복수전공에 필요한 학점과 자격요건을 갖췄을 경우 두 개의 학위를 취득할 수 있습니다.

부전공은 복수전공과 비슷하게 두 개의 전공 과정을 공부하지만 비교적 필수 이수해야 하는 학점 수가 적으며, 학위는 나오지 않고 다른 학과 수업을 부전공으로 이수했다는 기록만 졸업장과 졸업증명서에 기록됩니다.

연계(융합)전공은 둘 이상의 전공 분야가 교과과정을 공동으로 연계(융합)하여 하나의 전공 과정으로 운영하는 제도로, 수여하는 학위의 개수는 학교마다 차이가 있습니다.

다중전공제도 외에도 입학한 학부나 계열, 혹은 학과 내에서 세부적인 전공으로 나누어지는 경우가 있는데 이를 **세부전공**이라고 합니다.
예를 들면 공학 계열로 입학한 학생들이 전공기초과목을 이수한 후 신소재공학부, 기계공학부, 건설환경공학부 등으로 나누어져 전공을 결정하게 되는 것 등이 있습니다.

Example

익힘책 자기소개서 4번 모범 사례

경희대학교 건축학과 신우진 멘토의 사례

✳ 다중전공 및 세부전공 조사

– 해당 학교·학과(부) 진학 시에, 다중전공 수료를 희망하는가?

Yes □ / No ▣

– 해당 학과(부)에서는 세부전공을 운영하는가?

Yes ▣ / No □

관심 있는 다중·세부전공	세부전공 – 건축 재료
관심 있는 이유	건축 재료 분야는 건축공학 분야 중에서도 최근 주목받고 있는 분야이기도 하고 연구활동의 주요 소재가 건축 재료와 연관이 있으므로 세부전공을 건축 재료 학문으로 선택했다. 건축 재료에 대한 심도 있는 이해를 바탕으로 조금 더 수월한 연구활동을 할 수 있을 것이다.

다중전공 및 세부전공에 대한 유스쿨 멘토 & 파트너의 TIP 2

다중전공이나 세부전공은 필수가 아닙니다!

다중전공과 연계전공의 경우, 내가 이루고자 하는 인생의 최종 목표가 하나의 전공만으로는 달성하기 힘들 때 목표 달성을 위해 두 개 이상의 전공을 공부하는 것입니다. 그러므로 나의 최종 목표가 하나의 전공으로도 충분히 달성할 수 있다면 굳이 다중전공이나 연계전공에 대한 계획을 세울 필요는 없습니다.

또한, 세부전공은 학교 또는 학과마다 존재 여부가 다르고 세부전공이 존재하지 않는 전공도 있습니다. 이 때문에 자신이 관심 있는 학과에 세부전공이 존재하지 않는다면 굳이 세부전공까지 생각하지 않아도 됩니다.

🖋 조사한 전공이 적성과 흥미에 적합한지 생각한다

지금까지 우리는 대학과 전공에 대한 여러 가지 정보들을 찾아보고 최종 목표와의 연관성을 고민해보았습니다. 이제 부가적으로 어떤 전공이 자신의 적성과 흥미에 적합한지를 고민해보도록 하겠습니다. 이때 판단의 기준은 자신의 적성과 흥미 그리고 최종 목표 달성에 도움이 되는지 여부입니다.

먼저 해당 학과에서 배우게 될 학문이 적성과 흥미에 적합한지를 생각해야 합니다. 여기서 적성은 일반적인 또는 특수한 지식과 기술을 숙달할 수 있는 개인의 성공 가능성(잠재력)을 포괄적으로 의미합니다. 그리고 흥미는 해당 전공, 일, 학문에 큰 관심을 두고 계속 수행할 때 보람을 느끼는 것을 말합니다. 쉽게 이야기하자면 적성은 '내가 잘할 수 있는 것'이고 흥미는 '내가 좋아하는 것'입니다.

이를 중요하게 생각하지 않는다면 대학생활 동안 관심 없는 공부를 해야 하고 나아가 미래의 진로 또한 원하지 않는 방향으로 흘러갈 수도 있습니다. 따라서 해당 전공이 나에게 잘 맞는지 판단하는 것은 매우 기본적이면서 중요한 사항입니다.

고등학교 생활에는 적성을 판단할 때 자신이 어떤 분야에서 재능을 보이는지, 상을 받는 등의 성과를 냈는지, 어떤 과목의 성적을 잘 받았는지 등으로 자신의 적성을 판단할 수 있었습니다. 흥미는 단순한 관심이나 좋아하는 감정으로도 충분히 파악할 수 있으므로 평소에 자신이 어떤 분야에 많이 관심을 가지고 생각하는지 정리한다면 쉽게 알 수 있을 것입니다.

✏️ 해당 대학과 전공을 선택해야 하는 이유를 정의하고 순위를 부여한다

위의 여러 과정을 통해서 최종 목표에 대학과 전공이 나에게 얼마나 또 어떻게 도움이 되는지 파악했습니다. 그리고 우리는 여러 방면에서 대학과 전공 학과에 입학해야 하는 이유를 알 수 있었습니다.

이제 어떤 면에서 대학 진학이 목표를 달성하는 데 도움이 되는지 이해가 되었나요? 만약 그렇다면 비로소 단지 남들도 다 가는 곳이라서 대학에 가는 것이 아니라 대학을 가야 하는 진짜 이유와 정당성에 대한 자신만의 대답을 명확히 찾은 것이라고 확신할 수 있을 것입니다.

그리고 이제 우리가 고민했던 것을 간단하게 정리하도록 하겠습니다. 먼저 〈익힘책 자기소개서 5번〉에 해당 과정을 통해서 최종적으로 남은 대학과 전공을 작성합니다. 이때 자신이 가장 가고 싶은 순서대로 작성을 진행합니다. 그리고 각 대학과 전공별로 입학해야 하는 이유를 작성해보도록 합시다.

이때는 위에서 이미 충분하게 조사했기 때문에 꼭 세부적으로 작성할 필요 없이 핵심적인 키워드를 중심으로 작성하면 됩니다.

Example 1

익힘책 자기소개서 5번 모범 사례

중앙대학교 교육학과 손정호 멘토의 사례

✻ 해당 대학과 전공을 선택해야 하는 이유

우선 순위	대학	전공	이유
1	중앙대학교	교육학과	중앙대학교 교육학과에 재학 중인 선배와 사이트 소개, 학교 방문 멘토링을 통해 중앙대학교 교육학과는 평생교육 · 성인학습 분야의 교수님이 많고, 왕성하게 연구 중임을 알게 되었다. 주요 관심 분야 중 하나이므로 해당 학교에 진학하면 많은 것을 배울 수 있다고 생각했다. 또한, K-MOOC에서 인상 깊게 들었던 '미래 교육을 디자인하다'를 진행하신 교수님이 중앙대 교육학과 교수님이었던 점도 있다.

Example 2

익힘책 자기소개서 5번 모범 사례

경희대학교 건축공학과 신우진 멘토의 사례

✻ 해당 대학과 전공을 선택해야 하는 이유

우선 순위	대학	전공	이유
1	경희대학교	건축공학과	고등학교 시절 동아리 활동을 통해 건축분야에 관심이 많아졌다. 그로 인해 나의 최종 목표인 건축 관련 연구활동을 하기 위해서는 건축공학과에 진학하는 것이 필요하다고 생각했다. 건축공학과가 있는 여러 학교 중 연구실적이 매우 우수한 경희대학교에 입학하여 최종 목표를 이루고 싶었다.

지금까지 꿈을 이루기 위해 조사한 것을 바탕으로, **〈익힘책 자기소개서 2번〉**으로 돌아가 단계별 목표의 해야 할 일을 수정하거나 추가하여 최종 로드맵을 완성해 봅시다.

What 2

생활기록부 정리 및 구체화를 통한 자기소개서 소재 도출

yoU School

지금까지 진로를 구체화하고 최종 목표와 대학 전공 사이의 연관성을 파악하였다면 이제부터는 본격적으로 자기소개서를 작성해야 합니다.

대부분의 고등학생들은 대입 이전에 정해진 조건하에서 글로 자신을 표현하는 일이 많지 않았습니다. 그렇기에 자기소개서 작성을 어떻게 시작해야 할지도 몰라 막막함을 느끼는 경우가 많습니다.

그래서 이번 What 2에서는 합격자의 관점에 근거하여 3년 동안의 교내 활동들을 선별하고 해당 교내 활동이 자기소개서의 소재로 쓸만한 것인지 검증할 것입니다. 더불어 총 4개의 자기소개서 문항에서 보여줄 나의 공통된 이미지를 설계하는 과정까지 마무리하면 자기소개서를 작성하기 위한 소재 준비는 마무리됩니다.

Step 01

교내 활동을 의미 있게
참여한 활동과
그렇지 않은 활동으로 나눈다

Why

우리는 '누구나 읽어도 이해되는 자기소개서'를 만들기 위해 계기, 역할수행, 결과를 중심으로 초안을 작성할 것입니다. 하지만 생활기록부에는 나도 모르게 스쳐 지나가듯 참여했는데도 기록이 되어 있는 활동들이 있습니다. 이런 활동들은 구체화하는 데 약간의 어려움이 있습니다. 따라서 우리는 생활기록부 속의 활동들을 알맞게 분류해야 합니다.

How

🖊 의미 없이 기록된 활동 제거

[의미 있는 활동]은 자기 주도적으로 참여하여 어떤 활동인지 분명하게 설명할 수 있는 활동을 말하고, [의미 없는 활동]은 실제로 하지 않았거나 어떤 활동이었는지 기억도 나지 않는 활동을 말합니다.

즉, 여기서 말하는 '의미'는 자기소개서 소재로서의 의미를 말합니다. 자신의 활동이 기억이 나지 않는다면 보통 글의 소재로 사용하기도 적합하지 않습니다. [의미 있는 활동]은 제목을 중심으로 형광펜으로 표시하고 [의미 없는 활동]은 검은

펜으로 제거합니다. 단, 실제로 기억이 나지 않더라도 여러 가지 이유(전공 관련성, 희소성 등)에 따라 자신이 자기소개서의 소재로 꼭 활용하고 싶은 활동이 있다면 제거하지 않고 형광펜으로 표시해도 괜찮습니다.

생활기록부의 각 항목에 따른 사례를 통해 이번 Step 01에서 해야 할 일을 알아보겠습니다.

 자율활동 항목에 의미 없이 기록된 활동 제거

Example 1

서울대학교 농경제사회학부 최승현 멘토의 생활기록부

＊자율활동

> 부반장(16. 3. 2.~16. 8. 17.)으로서 급우들의 의견을 공평하게 존중하며 학급 내에 발생한 문제와 할 일을 반장과 함께 열심히 함.
> 반장(16. 8. 18.~17. 2. 28.)으로서 성적보다 행복한 학급을 만들기 위해 노력함. 수업시간에 급우들이 자주 떠들자 학급 회의를 통해 좋은 방법을 도출하여 시행함. 교실 환경 정리, 각종 학교 행사 안내 등을 열심히 하여 학급의 모범적인 모습을 보임.
> 수련회(16. 10. 12.~16. 10. 14.)를 통해 호연지기와 공동체생활 속의 배려와 예절과 질서 의식을 함양하고 반장으로서의 모범을 보임.
> 금융감독원 「금융교육 토탈네트워크」 강좌에서 투자. 신용 관리 등 금융지식을 배우고 사회적 금융가가 되기 위한 마음을 더 강하게 가지게 됨(1회).
> '흙이랑 놀자!' 라는 주제인 제2회 예술, 체육캠프(16.09.10)에 적극적으로 참여함.
> 농촌진흥청에서 지정한 체험교육장에서 다양한 희귀 다육식물을 감상하고 심을 화분을 직접 만들어보며 도자기에 대한 전반적 이해와 코일링, 핸드페이팅 등 제작방법을 체험함.
> 동아리 및 캠프자료집 편집위원회 활동 동아리 및 캠프자료집의 내용 선정과 편집의 방향을 설정하기 위한 회의를 진행함. 회의를 통해 편집위원들의 다양한 의견을 모았고, 열띤 토의를 거쳐…….

Example 1의 최승현 멘토는 학급 부반장과 반장을 한 학기씩 맡으면서 열심히 활동하였고 이를 통해 배우고 느낀 점을 분명하게 설명하였습니다. 또한, 부반장 경험을 통해 보여줄 수 있는 변화와 역량을 반장 활동을 통해 더 명확하게 보여줄 수 있다고 판단했습니다. 그래서 학급 반장과 부반장 활동을 [의미 있는 활동]으로 분류하고 형광펜으로 표시했습니다.

하지만 최승현 멘토가 학기 중 참여한 수련회 활동은 자기 주도적으로 참여한 것이 아닐뿐더러 이 활동을 통해 무엇을 배웠는지 제대로 기억하지 못했기 때문에 [의미 없는 활동]으로 분류하여 제거했습니다.

다음으로 금융감독원「금융교육 토탈네트워크」강좌 활동은 실제로 활동을 하였으나 아주 큰 비중을 두고 한 활동은 아닙니다. 다만, 이것을 자기소개서의 소재로 활용한다면 전공 적합성을 효과적으로 보여줄 수 있다고 생각하여 해당 활동을 [의미 있는 활동]으로 표시했습니다.

이처럼 이번 Step 01에서는 나에게는 큰 의미가 없었더라도, 자기소개서에서 활용할 만한 가치가 있는 경우에는 활동을 살려두는 융통성이 필요합니다.

 동아리활동 항목에 의미 없이 기록된 활동 제거

Example 2

경희대학교 건축공학과 신우진 멘토의 생활기록부

✴ 동아리활동

국립중앙과학관 사이언스데이(17. 4. 15.~17. 4. 16.)에서 체험부스를 운영하면서 과학기술 및 STEAM 분야의 과학 체험 콘텐츠를 개발하였고 관람객들에게 자신의 끼를 발산할 수 있었으며 각종 연구보고서와 발표를 통해 자신의 잠재능력을 발견하는 계기를 마련함. 교내 동아리공모전에서는 1위(대상) '명품동아리 선정'을 수상했고, 나아가 도 교육청 봉사활동 우수동아리, 청소년 활동 동아리에 선정되어 대내외적으로 인정받는 동아리로 성장시키는 데 부장으로 공헌함.

지역 인근 대학 전공 학과체험 프로그램(17. 6. 5.)에 참가하여 자신이 생각하고 있는 꿈과 전공에 대해 다시 한 번 생각해보는 계기가 되었고, 자신의 위치를 분석하여 어떤 노력을 얼마나 더 하여야 할지를 깨닫게 됨.

2017학년도 한국지구과학회 춘계학술발표회(17. 4. 8.)에 참가하여 학회 교수님들의 강연을 통해 연구의 첫걸음을 걷고 있는 학생으로서 더 넓은 시야를 보게 되는 계기를 마련함. 학술 발표회장에서 여러 관람객들에게 연구보고서를 발표함. 여러 교수님들로부터 열정과 끈기를 바탕으로 영재고 등 함께 했던 학교들과 어깨를 나란히 하고 있음에 칭찬과 격려를 받음.

실내외 환경정화활동 등 교내봉사활동에 있어 학생을 보면 늘 타 학생들보다 앞장서 활동함.

골드버그 창작동아리 대표로서 기계장치의 설계와 조립에 관심이 많던 학생으로 교육과정에서 배운 다양한 지식을 융합하여 학생의 힘으로 골드버그 장치를 설계하고 연구함. 관련 기관에서 주관하는 골드버그 관련 행사에 참여하는 등 끊임없이 도전함.

(영화로 보는 과학 탐구 심화 활동) 여러 영화 속에서 볼 수 있는 과학기술들에 대해 조사하고 영화 속 장면들이 실제 생활에서 현실화될 수 있는지에 대해 찾아보는 활동을 함······.

Example 2의 신우진 멘토는 직접 과학기술 체험 콘텐츠를 개발하여 체험부스를 운영했습니다. 이 활동을 계기로 대내외적으로 인정받는 동아리로 성장할 수 있었고 그 과정에서 부장으로서 큰 공헌을 했습니다. 또한, 동아리 활동 과정에서 발표를 통해 자신의 리더십 역량을 발견하는 계기를 마련했다는 점에서 이 활동을 [의미 있는 활동]으로 분류했습니다.

하지만 신우진 멘토가 참여한 영화 과학 탐구 심화 활동은 자기 주도적으로 참여한 것이 아니고 이 활동을 통해 어떤 것을 배웠고 어떤 영향을 받았는지 잘 기억하지 못했습니다. 배우고 느낀 점이 분명하지 않기 때문에 이 활동을 [의미 없는 활동]으로 분류했습니다.

 봉사활동 항목에 의미 없이 기록된 활동 제거

Example 3

경희대학교 건축공학과 신우진 멘토의 생활기록부

✳ 봉사활동

> 학급 실장으로서 솔선수범하여 학급활동에 적극적으로 참여했을 뿐 아니라 학급에 적응하지 못하는 친구들에게 먼저 찾아가 함께 학교생활을 즐길 수 있게 최선을 다함.
>
> 1만 동아리 대축제(17.7.17.~17.7.18.)에서는 스피룰리나(Spirulina)에 대한 연구내용을 관람객에게 설명하였고, 비누와 핸드크림 만들기 같은 체험 콘텐츠를 개발하여 전 연령대가 즐길 수 있는 체험부스를 운영하여 각종 매스컴에 소개됨. 연구 및 재능기부 등의 활동을 발표, 교내 동아리공모전에서 1위(대상)로 명품동아리에 선정됨. 나아가 도 교육청 봉사활동 우수동아리에 선정되며 대내외적으로 인정받는 동아리로 성장시키는 데 부장으로서 공헌함.
>
> ~~기숙사 방장(2016. 3. 15.~12. 29.)으로서 정기 및 임시 회의에 적극적으로 참석하여 친구들의 의견을 전달했으며 기숙사 관련 사항 파악 및 보고, 호실 뒷정리 및 확인을 하여 책임감을 다함.~~

Example 3의 신우진 멘토는 2학년, 3학년 학급 실장으로서 솔선수범하여 학급 활동에 참여하고 적응하지 못하는 친구들에게도 배려하는 모습을 보였다는 점에서 이 활동을 [의미 있는 활동]으로 분류했습니다.

또, 1만 동아리 대축제에 참가하여 자신이 가진 지식을 공유하는 재능기부 활동을 하였고, 이 활동이 인정받아 대내외적으로 인정을 받았다는 점에서 [의미 있는 활동]으로 분류했습니다.

하지만 기숙사 방장 활동은 구체적인 내용 서술이 부족하고 무엇보다 자신이 직접 배우고 느꼈던 점이 잘 드러나지 않는다는 점에서 [**의미 없는 활동**]으로 분류했습니다.

진로활동 항목에 의미 없이 기록된 활동 제거

Example 4

경희대학교 건축공학과 신우진 멘토의 생활기록부

＊ 진로활동

> 골드버그 창작동아리 대표로서 기계장치의 설계와 조립에 관심이 많던 학생으로 교육과정에서 배운 다양한 지식들을 융합하여 학생의 힘으로 골드버그 장치를 설계하고 연구함. 관련 기관에서 주관하는 골드버그 관련 행사에 참여하는 등 끊임없이 도전을 함.
> 창의력 향상에 관심이 많아 교우들과 함께 창의 문제 해결에 대해 다양한 활동을 함. 특히 관련 기관에서 실시하는 행사에 참여하기 위해 주말마다 창의력 관련 문제에 대한 해결법을 찾도록 노력함.
> 리더십 캠프(17. 3. 18.~17. 3. 19.)에 참가하여 자신의 리더십 유형이 '민주형'임을 알고 그 리더상이 가장 빛을 낼 수 있도록 참여를 통해 상호 간의 교감을 형성하려는 모습을 보임. 팀을 이뤄 하나의 주제에 대한 토론을 통해 여러 집단의 이해관계를 생각해보는 활동을 함. 구성원들의 리더로서 대를 위해 소를 희생할 줄 아는 섬기는 리더십을 배움.

Example 4의 신우진 멘토는 자신의 진로와 관련이 있는 골드버그 창작동아리 활동을 통해서 진로 확립에 도움을 받았습니다. 진로 관련 활동과 교과지식을 융합하여 골드버그 장치를 설계하고 대외적인 활동도 겸비했다는 점에서 [**의미 있는 활동**]으로 분류했습니다.

또, 리더십 캠프에 참가하여 자신의 성향에 대해 정확하게 파악한 후 자신의 진로를 위해 행동의 변화를 보였다는 점에서 이 활동을 [의미 있는 활동]으로 분류했습니다.

하지만 창의 문제 해결 활동에서는 자신이 맡은 역할이나 구체적인 서술이 부족했고, 활동 이후에 특별한 변화도 없었다는 점에서 [의미 없는 활동]으로 분류했습니다.

✏️ 세부능력 및 특기사항 항목에 의미 없이 기록된 활동 제거

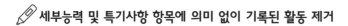
Example 5

경희대학교 건축공학과 신우진 멘토의 생활기록부

＊ 세부능력 및 특기사항

- 수학연습1: 자신의 꿈에 수학이 중요하다는 것을 선생님께 알려드리고 항상 바른 자세와 열정적인 태도로 수업을 경청하는 모습이 눈에 띔. 수업시간에 통계 단원과 관련하여 로렌츠 곡선과 지니 계수를 주제로 발표함. 로렌츠 곡선이 소득 분배 정도를 나타내는 누적 분포 함수임을 설명하고 로렌츠 곡선이 그려지는 과정을 이해하기 쉽도록 몇 가지 예시를 통해 설명함. 이와 더불어 로렌츠 곡선으로 지니 계수를 도출하는 방법을 가르치고 여러 국가의 지니 계수를 알려주면서 통계가 현실에서 매우 유용하게 사용될 수 있음을 역설함. 수업시간에 배우는 수학을 실생활에서 어떻게 사용할 수 있을지 고민하는 학생임.
- 사회문화: 경제적 불평등 문제인 빈곤, 성 불평등 문제, 사회적 소수자의 차별 문제 등의 실제 사례를 들고, 그에 대한 해결 방안을 구체적으로 제시를 잘함. 생산적 복지 제도에 관심을 가지고 신자유주의 정책과의 차이점을 일상적인 생활에서 사례를 들어 설명을 잘함. 사회문화 현상을 기능론적 관점을 가지고 시사적인 문제에 대해 논리적으로 의견을 제시함.
- 동아시아사: 한국의 현대사에서 빼놓고 말할 수 없는 재벌 체제에 대해 평소 관심이 있었고, 새 정부의 재벌 개혁 의지를 다룬 기사를 보고 재벌을 심도 있게 탐구하기 위해 '재벌의 역사'를 주제로 발표함. 내용을 재벌의 탄생, 성장, 현재의

3단계로 나누어 체계적으로 구성하고 이를 친구들이 잘 이해할 수 있도록 재벌이 관련된 사건의 인과관계와 그 이면에 감추어진 의도 등을 자세히 설명함. '재벌 해체론에 찬성하는가'라는 선생님의 질문에 '완전한 해체보다는 경제 성장의 혜택이 서민들에게도 돌아갈 수 있도록 적절히 개편해야 합니다.'라고 답변함. '만약 개편에 반대하는 사람들이 있다면 어떻게 설득할 것인가'라는 질문에 '이젠 기업에게 특혜를 주기보다는 노동자들에게 건강한 삶을 보장해 경제를 성장시킬 때임을 설명할 것입니다.'라고 답변함. 발표 주제에 대해 잘 이해하고 있음을 보여줌. 재벌에 대한 관점을 재정립하고 재벌 개혁에 대한 개인적인 견해까지 갖게 되는 계기가 되었음.

- 정보: 컴퓨터는 운영 체제에 의해 하드웨어 장치들이 동작하고 응용 소프트웨어가 실행된다. 운영 체제의 개념과 역할을 잘 알고 프로세스의 개념과 프로세스의 상태 변화를 이해하며 프로세스가 실행되는 동안 다양한 상황에서 프로세스가 어떠한 상태로 변하는지, 기억장치의 종류 및 동작 방법과 계층구조에 대해 이해하고 기억 장치 관리 목적과 방법에 대해 잘 알고 있다.

    Example 5의 최승현 멘토는 수학연습1 과목에서 자신의 희망 전공인 상경 계열에서 다루는 로렌츠 곡선과 지니 계수에 대해 발표했습니다. 이 발표 활동은 수학에 대한 학업 역량을 증명할 뿐만 아니라 전공 관련 지식과 연결할 수 있는 전공 적합성 또한 증명했습니다. 그래서 수학연습1 과목명과 구체적인 활동을 [의미 있는 활동]으로 분류했습니다.

    또한, 동아시아사 과목에서도 '재벌'이라는 경제 개념을 역사와 접목함으로써 학업능력과 전공 적합성을 동시에 드러냈습니다. 그리고 선생님과 구체적으로 주고받은 문답을 그대로 기록함으로써 세부능력 특기사항의 사실성과 구체성을 높였습니다. 이 때문에 [의미 있는 활동]으로 분류했습니다.

    그러나 사회문화와 정보 과목의 세부능력 특기사항은 단순하게 과목 개념들을 잘 이해했음을 서술한 것에 그쳤고, 자신이 구체적으로 무슨 활동을 했는지 표현하지 못해서 [의미 없는 활동]으로 분류했습니다.

 독서활동 항목에 의미 없이 기록된 활동 제거

서울대학교 농경제사회학부 최승현 멘토의 생활기록부

＊ 독서활동

> **－ 한국지리**
> 『지리의 힘(팀 마샬)』, 『농업의 대반격(김재수)』
> **－ 공통**
> 『화폐를 점령하라(마르그리트 케네디)』, 『서구의 종말, 세계의 탄생(에르베 캠프)』, 『미쳐야 공부다(강성태)』, 『이토록 공부가 재미있어지는 순간(박성혁)』, 『스터디코드 3.0(조남호)』, 『왜 분노해야 하는가(장하성)』, 『굶주리는 세계, 어떻게 구할 것인가?(장 지글러)』, 『멈추면 비로소 보이는 것들(혜민)』, 『채식주의자(한강)』, 『한강, 채식주의자 깊게 읽기(정미숙, 이귀우, 한정희, 주은경, 한귀은)』, 『비오는 날(손창섭)』, 『잎 속의 검은 잎(기형도)』, 『하늘과 별과 바람과 시(윤동주)』

※ 독서활동은 하이라이팅은 하되 제거 표시는 하지 않습니다. 생활기록부 중에서 유일하게 자신이 작성하는 부분이며, 적힌 모든 책들은 자신이 선택하여 읽은 책들이기 때문에 제거 표시를 할 만큼 무의미한 독서 활동은 거의 없으며, 있어서도 안 됩니다. 다만, 자신의 자기소개서에 적합하거나 자기 진로에 특별히 영향을 준 책들은 하이라이팅 표시를 합니다.

Example 6의 최승현 멘토가 설정한 진로는 우리나라의 개발에서 소외된 지역을 수도권 지역만큼이나 살기 좋은 지역으로 개발할 수 있는 정책을 연구하는 '지역경제정책연구원'이었습니다. 이 때문에 그는 소외 지역에서 주로 행해지는 농업의 전망을 알기 위해 『농업의 대반격(김재수)』을 읽었습니다.

나아가 이 책에서 배운 것을 활용하여 수업 발표나 대회 등에서 농업의 전망과 그 중요성을 다뤘습니다. 이 때문에 『농업의 대반격(김재수)』을 [의미 있는 활동]으로 분류했습니다.

또한, 최승현 멘토는 우리나라의 경제 구조가 어떻게 구성되었는지를 깨달아야 좋은 정책을 만드는 연구원이 될 수 있다고 생각했습니다. 그래서 우리나라의 소득 불평등과 그 개선 방안을 담은 책인 『왜 분노해야 하는가(장하성)』를 읽었습니다. 이를 통해 우리나라의 경제 구조를 더욱 평등하게 만들기 위해서 구체적으로 어떻게 개편되어야 하는지 개인적인 가치관을 갖게 되었고 자신의 진로에 대한 가치관에도 변화를 주었습니다. 이 때문에 『왜 분노해야 하는가(장하성)』를 [의미 있는 활동]으로 분류했습니다.

자기소개서 소재 적합 정도에 따라 생활기록부 내의 활동에 점수를 부여한다

Why

[의미 있는 활동]을 정리하다 보면 생각보다 많은 활동이 있을 것입니다. 그러나 자기소개서는 분량이 정해져 있으므로 이 활동들을 모두 자기소개서의 소재로 사용할 수는 없습니다. 또한, 많은 활동 중 자기소개서에 적합한 소재를 찾아내기 위해서는 생활기록부 내의 활동 중에서 '합격자의 관점에서 보았을 때' 자기소개서의 소재로 가치가 있는 것을 선별하는 과정이 필요합니다.

따라서 [의미 있는 활동] 중 자기소개서의 소재를 선정하기 위해 Step 02에서는 다음의 기준에 따라 활동에 점수를 부여할 것입니다. 마찬가지로 Step 01과 같이 생활기록부의 각 항목에 따른 사례를 통하여 이번 Step 02에서 해야 할 일을 알아보겠습니다.

How

익힘책 자기소개서 6번 참조

✏️ 활동별 점수 부여

[의미 있는 활동]을 대상으로 기준에 따라 1점씩 점수를 부여하고 〈익힘책 자기소개서 6번〉에 기록합니다.

다음 기준은 유스쿨 멘토/파트너가 실제 자기소개서의 소재를 결정하고 구체화할 때 사용한 자기소개서 소재 가치의 기준입니다.

① 전공 분야 및 인재상과 관련된 활동인가?
② 열정을 가지고 적극적으로 참여한 활동인가?
③ 배운 것과 느낀 것을 통해 나를 변화시킨 활동인가?
④ 나의 다른 교내 활동과 연관성이 있는 활동인가?
⑤ 구체적인 결과가 있어서 자랑할 만한 활동인가?
⑥ 나만의 장점을 보여주는 활동인가?

Example 1

익힘책 자기소개서 6번 모범 사례

서울대학교 농경제사회학부 최승현 멘토의 사례

＊의미 있는 활동 정리(자율활동)

활동명	활동일시	점수	점수 기준
학급 반장	2016년도 2학기	3점	②, ③, ⑤
금융교육 토털네트워크 강좌	2016년도	2점	①, ④
동아리 및 캠프자료집 편집위원회 활동	2016년도	4점	②, ③, ⑤, ⑥

최승현 멘토는 1학기의 학급 부반장 활동을 통해 쌓은 경험으로 2학기의 학급 반장 활동을 열심히 수행했습니다. 또한, 이 활동을 통해 학급의 문제를 해결할 때 모든 급우들의 의견을 공평하게 수렴해야 하며 이를 위해서 친구들의 의견을 경청하는 자세가 필요하다는 것을 깨닫고 회의를 통해 수업시간에 친구들이 떠드는 문제를 해결할 방법을 도출했습니다. 그래서 이 활동이 **기준 ②, ③, ⑤**에 해당한다

고 생각하여 '학급 반장' 활동에 **3점**을 부여했습니다.

다음 활동인 금융교육 토털네트워크 강좌에서는 자신이 희망하는 전공인 상경 계열에 대한 지식을 배웠고, 이를 통해 최종 목표인 사회적 금융가에 한 발자국 더 접근할 수 있었습니다. 또한, 경제 동아리 활동에서 투자, 지식관리 등에 관련된 신문 기사 등을 스크랩하면서 지식을 확장해나갔습니다. 그래서 이 활동이 **기준 ①, ④**에 해당한다고 생각하여 '금융교육 토털네트워크 강좌'에 **2점**을 부여했습니다.

마지막 활동인 동아리 및 캠프자료집 편집위원회 활동에서는 자료집의 내용 선정과 편집 방향 등을 설정하기 위해 여러 회의를 진행했습니다. 이 과정에서 '목적이 명확한 회의는 어떻게 진행되어야 하는가?'에 대해서 배웠고, 편집위원들의 다양한 의견을 모아 하나의 의견으로 도출해내는 역할을 수행했습니다. 최종적으로 편집 완료된 동아리 및 캠프자료집을 학교에서 발행함으로써 보람을 느낄 수 있는 구체적인 결과도 얻었습니다. 그래서 이 활동이 **기준 ②, ③, ⑤, ⑥**에 해당한다고 생각하여 '동아리 및 캠프자료집 편집위원회 활동'에 **4점**을 부여했습니다.

Example 2   익힘책 **자기소개서 6번 모범 사례**

경희대학교 건축공학과 신우진 멘토의 사례

✱ 의미 있는 활동 정리(동아리활동)

활동명	활동일시	점수	점수 기준
국립중앙과학관 사이언스데이	2017년도 1학기	3점	②, ③, ⑥
2017학년도 한국지구과학회 춘계학술발표회	2017년도 1학기	4점	②, ③, ④, ⑤
골드버그 창작동아리	2017년도 1학기	3점	①, ③, ⑥

신우진 멘토는 부스 운영을 위해 직접 과학 체험 콘텐츠를 개발하는 모습을 보임으로써 활동에 대한 열정을 드러냈습니다. 그리고 체험부스 활동을 통해 자신의 끼와 잠재능력을 알게 되었습니다. 이 활동 이후 공모전에서 명품동아리로 선정되면서 동아리 부장으로서 자신의 역할과 능력이 적합했다고 느꼈습니다. 결국, 발표에 더욱 자신감을 가질 수 있게 되었고 리더로서의 자신을 평가받을 수 있었습니다. 그래서 이 활동이 **기준** ②, ③, ⑥에 해당한다고 생각하여 **3점**을 부여했습니다.

다음으로는 한국지구과학회에 참가하여 학술 발표를 맡아 많은 사람 앞에서 연구보고서를 발표했습니다. 이러한 과정에서 자신의 부족한 점을 깨닫고 변화하는 모습을 보였습니다. 또한, 입상할 만큼 좋은 발표였다는 평가를 통해 연구 활동에 자신감을 얻고 관련 분야의 더 넓은 시야를 갖게 되는 계기를 마련했습니다. 해당 활동 이후 교내 지구과학 올림피아드에서도 입상하여 다른 교내활동과의 연계성도 보여주었습니다. 그래서 이 활동이 **기준** ②, ③, ④, ⑤에 해당한다고 생각하여 **4점**을 부여했습니다.

마지막으로 신우진 멘토는 골드버그 창작동아리의 대표로 활동하면서 골드버그 장치에서 발견할 수 있는 공학적 개념들을 이해했습니다. 이는 전공 학과를 선

Example 3　　　　　　　　익힘책 자기소개서 6번 모범 사례

경희대학교 건축공학과 신우진 멘토의 사례

＊의미 있는 활동 정리(봉사활동)

활동명	활동일시	점수	점수 기준
학급 실장	2017~2018년도	3점	②, ③, ⑥
1만 동아리 대축제	2017년도 2학기	3점	①, ②, ③

택할 때 큰 영향을 주었고 해당 학과의 인재상이 자신과 적합하다는 사실도 깨달을 수 있었습니다. 또한, 자기소개서를 작성할 때와 면접을 준비할 때 해당 활동과 전공의 연계성을 활용하여 좋은 결과를 얻을 수 있었습니다. 그래서 이 활동이 **기준** ①, ③, ⑥에 해당한다고 생각하여 **3점**을 부여했습니다.

신우진 멘토는 2년간 학급 실장으로서 열정을 가지고 학교생활을 하였습니다. 모든 학급활동에 적극적으로 참여하였을 뿐만 아니라 학급활동 기간에 적응하지 못하는 친구들과 함께 학급활동을 이끌어 나갔습니다. 이 과정에서 신우진 멘토는 다양한 상황 속에서 리더로서 가져야 할 자세를 배웠고 리더십이 자신의 큰 장점이라고 판단할 수 있었습니다. 그래서 이 활동이 **기준** ②, ③, ⑥에 해당한다고 생각하여 **3점**을 부여했습니다.

다음으로 1만 동아리 대축제를 통해서 지망 전공 분야의 인재상에 부합하는 활동을 했습니다. 활동 중 남녀노소와 외국인에게 재능기부 활동을 할 만큼 열정적인 활동을 한 신우진 멘토는 지원 학과 인재상인 '세계인류를 위해 봉사하는 인재'에 적합한 활동을 했다고 생각했습니다. 또한, 자신이 가진 재능을 공유하는 활동을 통해 나눔의 기쁨을 느꼈고, 재능기부의 필요성에 대해서 인식할 수 있는 계기를 만들었습니다. 그래서 이 활동이 **기준** ①, ②, ③에 해당한다고 생각하여 **3점**

Example 4   익힘책 자기소개서 6번 모범 사례

경희대학교 건축공학과 신우진 멘토의 사례

＊ 의미 있는 활동 정리(진로활동)

활동명	활동일시	점수	점수 기준
골드버그 창작동아리	2017년도(확인 필요)	3점	①, ②, ③
리더십 캠프	2017년도 1학기	3점	②, ③, ⑥

을 부여했습니다.

　신우진 멘토는 골드버그 창작동아리 활동을 통해 지망 전공 분야의 진로 선택에 큰 도움을 받았습니다. 또한, 교육과정에서 배운 다양한 과학적 지식을 융합하여 직접 골드버그 장치를 설계하고 연구하는 과정을 경험하면서 끊임없는 도전에 대한 자신의 열정도 보여주었습니다. 이후 건축이라는 분야가 매우 다양한 측면에서 고려되고 융합될 수 있다는 것을 깨닫고 진로에 대해 확신을 세울 수 있었습니다. 그래서 이 활동이 **기준** ①, ②, ③에 해당한다고 생각하여 **3점**을 부여했습니다.

　다음으로 신우진 멘토는 학급 실장으로서 열정을 가지고 학교에서 주최한 리더십 캠프에 참여했습니다. 캠프 활동 중 자신의 리더십 성향을 깨닫고 그 리더십이 빛을 낼 수 있도록 행동을 변화시켰습니다. 자신의 행동을 변화시키는 과정에서 리더가 지녀야 할 자질을 다시 한번 상기할 수 있었고 자신의 장점으로 활용하는 계기가 될 수 있었습니다. 그래서 이 활동이 **기준** ②, ③, ⑥에 해당한다고 생각하여 **3점**을 부여했습니다.

Example 5　　　　　　　　　　　　　　　익힘책 자기소개서 6번 모범 사례

서울대학교 농경제사회학부 최승현 멘토의 사례

＊ **의미 있는 활동 정리(세부능력 및 특기사항)**

활동명	활동일시	점수	점수 기준
수학연습	2017년도 1학기	3점	①, ②, ④
동아시아사	2017년도 1학기	4점	①, ②, ③, ④

　최승현 멘토는 수학연습1 과목에서 지망 전공에 대한 전공 적합성을 드러내기 위해서 경제학에서 사용되는 로렌츠 곡선과 지니 계수 개념을 발표 주제로 활용

했습니다. 특히 경제 과목을 배우지 않음에도 불구하고 경제 동아리에서 알게 된 경제학 개념을 더욱 탐구하여 수업시간에 발표했습니다. 입학사정관은 이 내용을 통해 최승현 멘토의 자기 주도적인 학습 능력 또한 엿볼 수 있습니다. 그래서 이 활동이 **기준** ①, ②, ④에 해당한다고 생각하여 **3점**을 부여했습니다.

또한, 동아시아사 과목에서도 경제학에 대한 전공 적합성을 드러내기 위해 평소 관심을 두고 있었던 '재벌'의 역사와 현황에 대해 발표했습니다. 이 과정에서 발표의 부족함을 채우기 위해 새로운 책을 찾아서 읽는 등 학교 수업의 수행평가와 독서활동을 연계하였고, 지망 전공 지식에 대한 가치관의 변화를 통해 이 수업이 꿈을 이루는 방법에 어떻게 영향을 주었는지 잘 서술하였습니다. 그래서 이 활동이 **기준** ①, ②, ③, ④에 해당한다고 생각하여 **4점**을 부여했습니다.

Example 6

서울대학교 농경제사회학부 최승현 멘토의 사례

＊ 의미 있는 활동 정리(독서활동)

활동명	활동일시	점수	점수 기준
『농업의 대반격(김재수)』	2017년도 1학기	4점	①, ②, ③, ④
『왜 분노해야 하는가(장하성)』	2017년도 1학기	4점	①, ②, ③, ④

최승현 멘토는 『농업의 대반격(김재수)』을 읽으면서 지역경제정책연구원이 되어 지역균형을 이루기 위한 꿈과 방법을 다시금 생각하게 되었고, 이러한 생각은 다른 교내활동에도 변화를 주었습니다. 대표적으로 최승현 멘토는 농업에 대한 변화된 가치관을 바탕으로 교내 지역탐구보고서대회에서 '스마트 팜'이라는 사회적 농업 등의 새로운 농업 패러다임을 제시하여 좋은 성과를 얻었습니다. 그래서 이 활동이 **기준** ①, ②, ③, ④에 해당한다고 생각하여 **4점**을 부여했습니다.

마지막으로 현재 우리나라의 경제에 대해 알기 위해 『왜 분노해야 하는가(장하성)』를 읽었습니다. 이를 통해 자신이 알고 싶었던 우리나라 경제 구조의 과정과 현황을 알게 되었고, 지금 발생하는 경제 문제들을 새롭게 알게 된 지식을 통해 어떻게 개선할 수 있을지 고민했습니다. 또한, 당시 새롭게 출범한 정부의 향후 경제 정책 방향 기조가 어떻게 될지 어렴풋이 예측할 수 있었으며 이 예측을 경제 동아리에서 친구들과 함께 토의하면서 수정해나가는 과정도 거쳤습니다. 그래서 이 활동이 **기준** ①, ②, ③, ④에 해당한다고 생각하여 **4점**을 부여했습니다.

**Step
03**

부여한 점수에 따라
활동별로 [계기 – 역할수행 – 결과]를
구체화한다

Why

이전 Step에서 점수를 부여한 생활기록부의 활동들을 이용하여 바로 작문에 들어갈 수는 없습니다. 즉, 높은 점수를 받은 활동 중에서도 실제 자기소개서의 소재로 활용하는 데 적합하지 않은 활동이 존재할 수 있습니다.

만약 여러분이 그것을 자기소개서 작성 도중에 발견하게 된다면 결국 자기소개서를 처음부터 다시 작성해야 될 수 있습니다. 그래서 본격적인 자기소개서의 초안을 작성하기 전에 나의 활동들이 글의 소재로 활용할 수 있는 수준까지 구체화할 수 있는 경험인지 확인해볼 필요가 있습니다.

따라서 이번 Step 03에서는 활동 내용과 활동 기간 그리고 시기까지 모두 공통된 내용 구체화 틀을 통해서 다양한 활동들을 성찰하는 과정을 거칠 것입니다.

유스쿨 멘토/파트너들은 어떠한 활동을 자기소개서의 소재로 활용하기 위해서는 '**활동을 하게 된 계기**', '**자신이 맡은 역할**', '**활동의 결과**'를 명확히 구체화할 수 있어야 한다고 생각했습니다.

그럼 이제 생활기록부의 활동들을 [계기 – 역할수행 – 결과]로 구체화하는 과정을 통해 자기소개서에 적합한 소재가 무엇인지 확인해보도록 합시다.

꽂 기 소 개 서 What 2

✎ [계기 – 역할수행 – 결과]로 자기소개서를 작성해야 함을 이해한다

이전 Step에서는 생활기록부에 기재된 소재에 점수를 부여하는 활동을 했습니다. 높은 점수는 해당 소재를 통해서 보여줄 수 있는 역량과 배우고 느낀 점이 많다는 것을 의미하므로 높은 점수를 받은 소재부터 구체화합니다.

단, 높은 점수를 받지 못한 소재일지라도 자신에게 유의미하다면 그 활동 또한 〈익힘책 자기소개서 7번〉에 구체화합니다. 구체화를 어떻게 해야 하는지 막막할 때는 유스쿨 멘토/파트너들이 개발한 [계기 – 역할수행 – 결과]로의 구체화를 돕는 자가 질문 리스트를 참고하여 진행해보도록 합시다.

✎ 높은 점수를 받은 소재부터 자가 질문을 통해 계기를 구체화한다

계기(배경 동기) 구체화를 위한 자가 질문 리스트

"왜 그 활동을 하게 되었는가?"
"어떤 생각을 가지고 그 활동을 시작했는가?"
"무엇을 바라고 그 활동을 시작했는가?"
"어떤 문제를 해결하기 위해 시작한 활동인가?"

Example 1

익힘책 자기소개서 7번 모범 사례

서울대학교 농경제사회학부 최승현 멘토의 사례

✱ 계기

> '지역경제정책연구원'이라는 최종 목표를 이루기 위해선 우리나라의 경제 문제를 잘 이해해야 한다고 생각했기에 우리나라 산업의 큰 부분을 차지하는 재벌에 대해 평소 관심이 있었음.

특히, 새로 출범한 문재인 정부의 재벌 개혁 의지를 인터넷 뉴스를 통해 접하면서, 재벌의 형성 과정과 현황에 대해 지적 호기심을 가지게 됨. 이 때문에 동아시아사 과목 수행평가인 '관심 있는 역사 조사 및 발표'에서 이를 다루기로 함.

최승현 멘토는 세부능력 및 특기사항에서 동아시아사 과목의 수행평가 활동이 활동별 점수 평가에서 최고로 높은 4점을 부여하였기에 이 활동을 구체화했습니다. 해당 활동 계기를 생각해보았을 때 특정한 문제의식이나 원하는 바는 없었지만, 멘토는 자신에게 **"어떤 생각을 가지고 그 활동을 시작했는가?"**라는 질문을 던졌고 여러 인터넷 뉴스들을 보면서 "어떻게 재벌이 생겨났을까?"라는 생각(지적 호기심)을 가지게 되어 수행평가를 시작했음을 기억했습니다. 따라서 해당 질문을 기준 삼아서 Example 1과 같이 계기를 구체화했습니다.

Example 2　　　　　　　　　　　　　　　　　　　　　　**익힘책** 자기소개서 7번 모범 사례

경희대학교 건축공학과 신우진 멘토의 사례

＊ 계기

평소 지구과학에 관심이 많았고 여러 분야에 지구과학이라는 과목을 접목해보는 활동을 하고 싶어 했음. 그러던 중 기사를 통하여 건축자재 속 물질로 인한 환경문제가 심각하다는 사실을 알게 됨. 지구과학의 환경 파트와 해당 문제를 융합시켜 해결 방안을 마련하고자 연구 활동과 소논문을 통하여 활동을 시작하게 됨.

신우진 멘토는 동아리활동의 '한국지구과학회 학술 발표회' 활동이 활동별 점수 평가에서 최고로 높은 4점을 부여하였기 때문에 이를 구체화했습니다. 신우진 멘토는 지망 전공과 관련된 환경문제와 지구과학이라는 과목을 융합하여 해당 문제를 해결하는 방안을 마련하기 위해 **"어떤 문제를 해결하기 위해 시작한 활동인**

가?"라는 질문으로 계기를 구체화했습니다.

🖋 높은 점수를 받은 소재부터 자가 질문을 통해 역할수행을 구체화한다

역할수행(과정) 구체화를 위한 자가 질문 리스트

"활동에서 나는 어떤 역할을 수행했는가?"

"활동 중 인상 깊은 경험은 무엇인가?"

"자신의 여러 역할수행 중, 가장 인상 깊은 역할수행은 무엇인가?"

"어째서 나는 그 상황에 그런 선택을 하였는가?"

"어려움이 있었다면 무엇이고 어떻게 극복했는가?"

Example 1   익힘책 자기소개서 7번 모범 사례

서울대학교 농경제사회학부 최승현 멘토의 사례

✳ 역할수행

재벌의 시작과 발달, 그리고 현황과 사사점 및 한계를 혼자만의 힘으로 조사하기에는 무리가 있음을 깨닫고, 『툭 까놓고 재벌(이동형)』이라는 책을 통해 재벌의 역사를 탐구함. 책을 읽으면서 기존에 알고 있던 사실과 다른 내용을 비판적으로 받아들이기 위해서 학술 논문을 참고하거나 역사 선생님에게 자문함. 이 과정을 통해 새롭게 알게 된 내용을 발표할 때, 친구들이 쉽게 이해할 수 있도록 역사를 구성하는 한 사건마다 원인과 결과, 이익과 한계 등 이분법적으로 나누어서 설명함.

　(**활동에서 나는 어떤 역할을 수행했는가?**) 최승현 멘토는 자료조사부터 실제 발표 진행까지의 여러 역할을 혼자서 수행했었습니다.

　(**어려움이 있었다면 무엇이고 어떻게 극복했는가?**) 특히 자료조사를 진행할 때, 관련 학술 논문을 찾아보았으나 이해가 잘 안 되었기에 조금 더 쉬운 수준의 책을 읽으면서 논문을 정리했습니다. 이를 통해 멘토가 기존에 가지고 있던 지식을 보

완하였던 것이 기억에 남아 이를 역할수행으로 구체화했습니다.

(활동 중 인상 깊은 경험은 무엇인가?) 이 과정에서 역사 선생님에게 자문하면서 타인을 이해시키는 방법을 알게 되었고 이것을 발표에 적용하였던 것 또한 인상 깊었기에 구체화했습니다.

경희대학교 건축공학과 신우진 멘토의 사례

✱ 역할수행

> 먼저 연구 활동의 주제를 건축 재료와 미세조류로 선정한 후 본격적인 연구 활동을 시작함. 고등학생이라는 신분을 인지하고 학교 내에서 최대한의 실험을 진행하려고 함. 직접 실험 진행 역할을 맡아 여러 상황에 대한 실험들을 진행하고 결과에 따른 소논문도 작성해 봄. 특히, 실험을 진행하며 변이 통제에 대해 많은 어려움을 겪었으나, 수업 중 배운 지식을 토대로 수월하게 문제를 해결함. 그 결과 모두의 예측과 매우 흡사한 결과를 얻을 수 있었고, 이를 토대로 학회에 참가하여 많은 사람 앞에서 발표함.

(활동에서 나는 어떤 역할을 수행했는가?) 신우진 멘토는 연구 과정 중 실험 진행 부분을 직접 맡아 동아리 부원들을 이끌었습니다.

(어려움이 있었다면 무엇이고 어떻게 극복했는가?) 물론 그 과정에서 겪는 어려움도 있었지만, 자신의 경험을 바탕으로 문제를 해결해 나가는 모습을 보여주었습니다.

(자신의 여러 역할수행 중, 가장 인상 깊은 역할수행은 무엇인가?) 학회 발표에서도 자신의 역량을 통해 연구 활동의 핵심을 잘 발표했다는 평가를 들을 수 있었고 앞으로의 발표에도 자신감을 가질 수 있는 계기를 마련할 수 있었습니다.

✏️ **높은 점수를 받은 소재부터 자가 질문을 통해 결과를 구체화한다**

결과(배우고 느낀 점 & 향후 활동에 준 영향)
구체화를 위한 자가 질문 리스트

"활동을 통해 배우고 느낀 점이 무엇인가?"
"경험이 향후 활동에 어떤 영향을 주었는가?"
"경험을 통해 어떻게 성장할 수 있었는가?"
"생각이나 가치관의 변화가 있었다면, 그 내용은 무엇인가?"
"활동의 결과가 무엇인가?"

Example 1　　　　　　　　　　　**익힘책** 자기소개서 7번 모범 사례

서울대학교 농경제사회학부 최승현 멘토의 사례

✱ 결과

> 결과적으로 학급 친구들이 어렵지 않게 발표 내용을 이해하였으며, 선생님의 답변에도 자신의 생각을 담아 말할 수 있게 되었음. 재벌의 시작이 일제강점기의 적산 불하에서 비롯되었으며, 그 발전 과정 또한 독재 체제 아래서 서민들의 피땀을 통해 이루어졌음을 알게 됨. 그럼에도 불구하고 현재 우리나라 경제에서 재벌은 중요한 역할을 담당하고 있고, 사라진다면 경제 구조가 무너져 내릴 수도 있다는 사실 또한 알게 되었음. 이 때문에 재벌을 무조건 적대하기보다는 훗날엔 서민들이 일한 만큼 보상받을 수 있도록 재벌 시스템을 적절히 개편해야 한다는 생각을 하게 됨. 또한, 자신의 진로로 설정한 '지역경제정책연구'에서 재벌을 어떻게 활용할 수 있을지 고민해보는 계기가 되었음.

(활동을 통해 배우고 느낀 점이 무엇인가?) 최승현 멘토는 동아시아사 발표 수행평가를 진행하면서 발표 주제였던 재벌의 시초와 발전에 대해서 이해하게 되었습니다. 또한, 관련 배경 지식이 없는 사람들에게 발표 내용을 쉽게 이해시키기 위

해선 어떻게 발표를 구성해야 하는지도 알게 되었습니다.

(생각이나 가치관의 변화가 있었다면, 그 내용은 무엇인가?) 나아가 무조건 재벌을 적대시하기보다는 그들이 가진 규모의 경제를 이용하여 경제의 효율성을 높이고 그 혜택을 국민에게 골고루 분배하는 것이 긍정적인 재벌의 개편 방향이라고 생각하게 되었습니다.

(경험을 통해 어떻게 성장할 수 있었는가?) 결과적으로 자신의 최종 목표인 지역균형 정책 설계를 위해선 재벌을 적절히 활용하는 것이 필요함을 알게 되었습니다.

Example 2

익힘책 자기소개서 7번 모범 사례

경희대학교 건축공학과 신우진 멘토의 사례

＊ 결과

> 연구 활동의 발표를 통해서 많은 전문가와 사람들에게 인정받는 결과를 얻을 수 있었고 이를 통해 활동에 대한 자신감과 성취감을 얻음. 또한, 평소 관심 있었던 건축과 지구과학이 밀접한 연관이 있음을 깨달음. 특히 건축이 인간 환경에 매우 밀접한 영향을 미친다는 사실을 알고 관심 분야의 중요성에 대해서도 인식할 수 있었음. 활동 이후 건축에 대한 흥미가 더욱 높아져 진로 설정에 많은 도움을 받음. 진행했던 연구 활동의 방향성에 대해 고민해보고 미래의 최종 목표도 이것을 바탕으로 수립하는 계기를 마련함.

(경험이 향후 활동에 어떤 영향을 주었는가?) 신우진 멘토는 연구 활동 발표 이후 자신감과 성취감을 얻었습니다. 이를 통해 활동에 대한 자신의 발전 가능성을 시험해보는 계기를 마련했습니다.

(활동을 통해 배우고 느낀 점이 무엇인가?) 활동 이후 자신이 관심 있어 하는 분야에 대한 더 심도 있는 지식을 접할 수 있었습니다.

(경험을 통해 어떻게 성장할 수 있었는가?) 특히, 활동을 통해 자신의 미래 진로를 설정하는 데 큰 도움을 받았고 최종 목표의 구체적인 수립이라는 결과를 도출할 수 있었습니다.

각 활동의 연결성을 찾아
나만의 진로 스토리를 만든다

Why

내가 지금 꿈꾸고 있는 목표(진로)를 어떻게 얻게 되었고 어떻게 구체화하였는지를 담은 이야기를 진로 스토리라고 합니다. 우리는 진로 스토리를 통해 진로에 관심을 두게 된 계기, 특정한 진로를 선택하게 된 이유, 이를 위해 노력했던 과정 등을 더욱 효과적으로 입학사정관에게 표현할 수 있습니다. 결국, 진로 스토리의 계기, 이유, 과정은 자기소개서에서 궁극적으로 요구하는 내용이라고 할 수 있습니다. 따라서 자신의 진로 스토리를 확립할 수 있다면 자기소개서를 쓸 때나 면접을 진행할 때 많은 도움을 받을 수 있습니다.

진로 스토리를 수립하기 위해선 먼저 고등학교 3년간 자신이 어떤 활동을 했는지 돌이켜보고 진로와 관련된 활동을 정리해야 합니다. 그리고 이를 통해 구체적인 진로 스토리를 작성해야 합니다.

만약 구체적인 진로 스토리가 없다면 고등학교 생활과 진로 사이에 공백이 생길 수 있습니다. 따라서 정리한 활동을 바탕으로 연결성을 찾아 나만의 특성 있는 지향점을 찾는 것이 Step 04의 목적입니다.

진로 스토리를 알아본다

진로 스토리를 이해하기 위해서는 유스쿨 멘토/파트너들의 진로 스토리 사례들을 확인하고 그것을 분석해보는 것이 가장 효율적일 수 있습니다.

사례에는 다양한 강조점이 있음을 이해하고 자신은 어떤 강조점을 취할 것인지 고민하는 자세가 필요합니다.

자 기 소 개 서 What 2

Example 1

서강대학교 생명과학과 김효진 멘토의 사례

＊강조한 점: 교과적 요소

> 저는 고1 때까지는 제약분야 연구원을 진로로 잡고 화학공학과를 목표로 하였습니다. 하지만 고2 때 메르스가 전 세계적으로 확산되면서 DNA 백신이 메르스의 해결책이 될 수 있다는 기사를 접했고 그때부터 바이오 의약품에 관심이 생겼습니다. 그에 따라 생명과학 분야의 소논문 활동과 생명과학 분야의 책들을 읽었고 생명과학 수업시간에 바이오 기술에 대해 조사 및 발표하며 바이오 의약개발자라는 꿈을 키웠습니다.

김효진 멘토의 사례에서는 자신의 관심 분야인 시사 개념이 생명과학 교과에 속해있어서 이와 관련된 소논문 활동과 독서활동을 통해 자신의 꿈을 구체화할 수 있었습니다.

또한, 이 활동으로 배운 점을 수업 발표시간에 다시 적용함으로써 자기 주도적 학습의 선순환 구조를 만들어냈습니다.

Step 04_각 활동의 연결성을 찾아 나만의 진로 스토리를 만든다 77

Example 2

숙명여자대학교 전자공학과 이예현 멘토의 사례

＊강조한 점: 활동의 다양성

> 저는 처음에는 뚜렷한 목표 없이 타인을 도울 수 있는 사람이 되고 싶다고 생각하여 다양한 활동에 참여했고 그것을 적용했습니다. 미술 시간에 수행평가의 일환으로 일상생활에서 불편한 부분을 해결하기 위한 윈도우 브러쉬 제품을 제작하여 발표하였고, 동아리에서 층간 소음을 줄이기 위한 건축 디자인도 기획하였습니다. 이와 같은 활동에서 유니버설 디자인이라는 개념을 접하였고 누구에게나 편리함을 주는 제품 디자이너가 되고 싶어졌습니다.

이예현 멘토의 사례는 구체적인 진로보다는 되고 싶은 이상향을 먼저 설정하고 다양한 활동을 통해 이를 구체적으로 심화시켜 나가는 모습을 보여줬습니다. 특히 교내 수업과 동아리 활동에서 각각 자신이 하고 싶은 것을 해나가는 과정을 통해 공통

Example 3

숙명여자대학교 법학과 배유림 멘토의 사례

＊강조한 점: 전공 관련 비교과적 요소

> 고등학교 1학년 때 범죄심리학자가 되고 싶어서 교내 프로파일링 동아리에 들어가 범죄인의 특징을 분석하는 활동을 하였습니다. 2학년 때는 교내 모의재판 동아리의 부장을 맡아 과벌점 학생의 교화를 돕는 일을 하였습니다. 그 이후 범죄인을 분석하는 일도 중요하지만, 그들을 다시 사회로 돌아오게 하는 일 또한 중요하다고 생각하였습니다. 그때 마침 대외에서 진행하는 CSI/프로파일링 체험전에서 모의 범죄현장 감식요원으로 활동해볼 기회가 있었는데, 범죄의 참혹함을 보면서 범죄가 일어난 후를 분석하는 것보다 범죄를 예방하는 것이 더 중요함을 알게 되었습니다. 이후 범죄 자체를 예방해서 사람들의 안전을 도모하고, 범죄인의 교화를 도와 다시 사회로 돌려보낼 수 있는 법적 제도 장치를 만들고 싶어 법학부에 진학을 희망하게 되었습니다.

점을 찾아 진로를 구체화하는 모습은 입학사정관에게 인상적으로 보일 수 있습니다.

배유림 멘토의 사례는 구체적인 진로를 설정한 뒤에 주로 동아리 활동을 통해 그와 관련된 역량들을 키워나간 사례입니다. 프로파일링 동아리와 모의재판 동아리에서 전공 적합성을 기르고 학교 사회에 도움을 줄 수 있는 역할을 수행했습니다. 또한, 교내활동뿐만 아니라 자신이 키우고 싶은 역량이 무엇인지 정확히 파악하여 그 역량을 키울 수 있는 활동을 직접 찾아내 성공적으로 진행했습니다. 결과적으로 구체적인 진로를 먼저 설정하여 그 직업을 통해 자신이 무엇을 하고 싶은지까지 심층적으로 탐색하는 것에 성공했습니다.

Example 4

서강대학교 화학과 안은진 파트너의 사례

* 강조한 점: 발전적 요소

저는 호기심이 많은 아이였습니다. 그런 제게 인간의 몸은 좋은 관찰대상이었습니다. 재채기할 때 눈을 감는 것도, 상황에 따라 다른 콧물이 나오는 것도 매우 신기했습니다. 그래서 저는 인체에 대해 더 알고 싶어 의학을 배우고 싶었습니다. 또, 이를 바탕으로 저처럼 만성질환이 있거나 난치병을 앓고 있는 사람들을 위해 새로운 기술을 개발하여 인류의 건강에 이바지하고 싶었습니다. 그렇지만 명확한 진로를 정하지 못해 미래에 대한 고민이 많았습니다.

그러던 중 물리 시간에 MRI가 초전도체의 예시에 해당하는 이유에 대해 조사하면서 의공학을 알게 되었고, 이에 흥미를 느껴 의공학과 설명회에 참여했습니다. 그리고 비로소 "의학에 대한 공학적 접근을 통해 인간의 삶의 질을 높이고 수명을 늘리는 것이 우리의 목표입니다"라는 교수님의 말씀을 매개로 제가 진정으로 하고 싶었던 일은 의공학연구원이라는 것을 알게 되었습니다.

그 후 서적이나 인터넷을 통해 바이오센서부터 PET, 의수 등 다양한 의공학의 산물들에 대해 알아봤습니다. 그중 바이오센서나 바이오칩 그리고 면역세포 기반의 고형암 치료 마이크로로봇 등 생명공학과 관련된 것에 특히 더 주목하고 관심을 가지는 자신을 발견하고 의공학연구원에서 '생명공학을 중심으로 하는 의공학연구원'으로 꿈을 구체화하였습니다.

안은진 파트너는 구체적인 진로를 먼저 설정하기보다는 여러 교내활동을 통해 자신의 관심 분야가 무엇인지 천천히 알아가면서 자신이 하고 싶은 일이 무엇인지 깨달은 사례입니다. 단순히 책 한 권, 수업 한 시간으로 관심 있는 분야가 변화하는 것이 아니라 수업시간에 배운 것에서 생긴 호기심 때문에 관련 전공 설명회에 참여하는 열정을 보였습니다. 관심 있는 분야나 전공, 진로가 변화할 때는 구체적이고 설득력 있는 계기가 필요함을 잘 설명해주는 진로 스토리입니다.

이제 진로와 관련된 활동들 사이의 연결성을 바탕으로 **〈익힘책 자기소개서 8번〉**에 진로 스토리를 작성해봅시다.

✏️ 자신의 활동 중에서 진로 스토리에 쓰고 싶은 활동만을 추출한다

유스쿨 멘토/파트너들의 진로 스토리를 살펴보면 교과, 비교과에 관련 없이 자신만의 스토리로 작성했다는 것을 알 수 있습니다. 또한, 진로 스토리에 자신이 강조하고 싶은 점을 다양하게 드러내고 있다는 것을 알 수 있습니다.

좋은 진로 스토리를 위해서는 기준과 형식에 얽매이지 않고 자신만의 특별한 진로 스토리를 작성하는 것이 중요합니다. 차별화된 진로 스토리를 작성하기 위해서는 우선 앞에서 정리한 활동을 바탕으로 교과, 비교과 구분 없이 진로 스토리에 쓰고 싶은 활동을 형광펜 등으로 표시해야 합니다.

여기서 기준과 형식에 얽매이지 않는 특별한 진로 스토리라고 해서, '계기 – 역할수행 – 결과' 등의 기본적인 틀마저 벗어던지라는 뜻은 아닙니다. 이러한 형식은 자신의 고등학교 생활을 다른 사람에게 소개하기 위한 글로 작성하는 데 가장 적절한 형식이기에 보편적으로 사용되고 있습니다. 따라서 자신이 차별화된 진로 스토리 작성을 위해 '계기 – 역할수행 – 결과' 등의 기본적인 형식을 지키지 않으려 한다면, 그 형식을 따르지 않아도 충분히 자신의 경험을 잘 설명해낼 수 있는지 검토하는 과정이 필요합니다.

✏️ **진로 스토리를 작성할 때 고려사항과 주의사항을 점검한다**

고려해야 할 점	주의해야 할 점
• 자신의 관심과 열정 ⋯⋯⋯⋯⋯⋯⋯⋯ ☐	Q1. 물질적인 목적이나 수동적으로 선택하게 된 계기를 강조하지 않았는지? OK ☐ / NO ☐
• 3년간 진로희망의 유기적 연결 ⋯⋯⋯⋯ ☐	
• 진로희망 변경의 명확한 이유 ⋯⋯⋯⋯ ☐	Q2. 활동을 억지로 스토리에 끼워 넣지는 않았는지? OK ☐ / NO ☐
• 자신이 추구하는 방향 ⋯⋯⋯⋯⋯⋯⋯ ☐	
• 자신에 대한 정의 ⋯⋯⋯⋯⋯⋯⋯⋯⋯ ☐	Q3. 지원 학과에 과도하게 집착하여 진로를 설정하지는 않았는지? OK ☐ / NO ☐
• 자신만의 고유함 ⋯⋯⋯⋯⋯⋯⋯⋯⋯ ☐	
• 발전적인 스토리 ⋯⋯⋯⋯⋯⋯⋯⋯⋯ ☐	Q4. 너무 특정 역량만을 강조하지는 않았는지? OK ☐ / NO ☐
• 진로희망 사항의 자세한 서술 ⋯⋯⋯⋯ ☐	
• 생기부 주요 내용 사용 ⋯⋯⋯⋯⋯⋯⋯ ☐	Q5. 누군가의 진로 스토리를 따라 하지 않았는지? OK ☐ / NO ☐

　　진로 스토리를 작성하기에 앞서 어떤 부분을 고려해야 하는지 잘 모를 수 있습니다. 〈익힘책 자기소개서 8번〉에 스스로 진로 스토리를 작성해본 후, 다음에 제시된 유스쿨 멘토/파트너들이 선정한 진로 스토리 작성 주의사항을 바탕으로 완벽한 진로 스토리를 만들기 위한 마지막 점검을 합니다.

Example 1　　　　　　　　　　　　익힘책 자기소개서 8번 모범 사례

서울대학교 에너지자원공학과 곽정원 파트너의 사례

✻ 나의 진로 스토리

본인만의 특별한 진로 스토리	저의 꿈은 싱크홀과 지진 등의 지질재해들을 예측하고 피해를 예방하는 연구를 통해 인류의 삶에 많은 도움을 주는 연구자가 되는 것입니다. 고등학교 1학년 때 뉴스를 통해 싱크홀로 인해 많은 인명 피해와 재산 피해가 발생하는 것을 보았고, 고등학교 2학년 때 비로소 우리나라가 지진에 취약하다는 것을 알게 된 후 이런 지질재해들을 예측하여 많은 사람들을 살릴 수 있는 지구공학이라는 학문을 하고 싶다는 생각이 들었습니다. 그래서 저는 고등학교 3년 때 환경과학 동아리 부장으로 활동하면서 '세종시 하천들의 생태하천 적합성 판별 및 개선방안 제시' 프로젝트와 '청소년 공학 프런티어캠프'에서 배운 내용을 바탕으로 'GIS를 이용한 세종시의 햇빛지도 제작' 등의 활동을 하며 진로를 구체화했습니다. 이후 서울대학교 에너지자원공학과에 입학하여 지구공학과 환경 분야에 대해 깊이 공부한 후, GIS 연구실에 들어가 지하 지질구조를 분석하여 지질재해를 예측하고 피해를 예방하는 연구를 하여 제가 꿈꾸는 지구환경공학자로 점점 더 다가가고 싶습니다.

✻ 진로 스토리 자가 점검하기

고려해야 할 점	주의해야 할 점
• 자신의 관심과 열정 ⬛	Q1. 물질적인 목적이나 수동적으로 선택하게 된 계기를 강조하지 않았는지? 　　　　　　　　　OK ⬛ / NO ☐
• 3년간 진로희망의 유기적 연결 ☐	Q2. 활동을 억지로 스토리에 끼워 넣지는 않았는지? 　　　　　　　　　OK ⬛ / NO ☐
• 진로희망 변경의 명확한 이유 ☐	
• 자신이 추구하는 방향 ⬛	Q3. 지원 학과에 과도하게 집착하여 진로를 설정하지는 않았는지? 　　　　　　　　　OK ⬛ / NO ☐

• 자신에 대한 정의 ──────── □	Q4. 너무 특정 역량만을 강조하지는 않았는지?
• 자신만의 고유함 ──────── □	OK ▣ / NO □
• 발전적인 스토리 ──────── ▣	Q5. 누군가의 진로 스토리를 따라 하지 않았는지?
• 진로희망 사항의 자세한 서술 ── ▣	OK ▣ / NO □
• 생기부 주요 내용 사용 ────── □	

먼저 좋은 진로 스토리의 내용 요소를 [고려해야 할 점]으로 제시하였습니다. 따라서 체크 리스트 속 요소가 진로 스토리에 많이 담길수록 좋은 진로 스토리라고 할 수 있습니다.

곽정원 파트너의 사례는 지질 분야에 대한 지적 호기심 이후 구체적인 활동으로 자신의 진로를 발전시키는 진로 스토리입니다. 동아리 부장을 맡으면서 자신의 진로에 대한 관심과 열정을 보여주었고, 지질재해를 예측하고 피해를 예방하는 연구를 통해 인류의 삶에 많은 도움을 주고 싶다는 자신이 추구하는 방향 또한 구체적으로 제시했습니다. 마지막으로 지구환경공학자로서의 구체적인 역할을 서술하여 진로희망 사항의 자세한 서술도 드러남을 알 수 있습니다.

하지만 꼭 모든 [고려해야 할 점]이 진로 스토리에 있어야 하는 것은 아닙니다. 자칫 부자연스러운 진로 스토리가 만들어질 수도 있기 때문입니다.

두 번째로 진로 스토리를 만들 때 피해야 할 상황을 [주의해야 할 점]으로 제시했습니다. 그러므로 하나라도 부정 답변을 하지 못하는 질문이 있는 경우에는 진로 스토리를 다시 수정해야 합니다.

곽정원 파트너의 진로 선택 계기는 물질적인 목적이나 수동적인 것이 아니라 자신이 직접 찾아본 뉴스를 통해 관심 분야에 대한 지적 호기심을 가지게 되었습니다. 그리고 진로 스토리 전체 내용과 매우 밀접한 활동을 기재하였고 지원 학과에 집착한 진로가 아닌 지원 학과보다 더 넓은 범위의 진로가 선택되어 있습니다. 마지막으로 자신의 지적 호기심을 매개로 진로 스토리를 작성한 것으로 보아 누군가의 진로 스토리를 따라 한 것이 아닌 차별화된 진로 스토리라는 것을 알 수 있습니다.

Example 2　　　　　　　　　　　　　　**익힘책** 자기소개서 8번 모범 사례

홍익대학교 국어교육과 김희연 파트너의 사례

✱ 나의 진로 스토리

본인만의 특별한 진로 스토리	고등학교에 입학하기 전부터 중등국어교사가 되고 싶었던 저는 '학생들과 함께 만들어가는 수업과 학교를 설계하는 사람'이 되겠다는 목표를 가지고 다양한 활동을 통해 저의 목표를 이루기 위해 한 걸음씩 나아갔습니다. 3년 동안 학습지도 멘토링에서 멘티에게 국어를 직접 가르쳐주면서 국어의 모든 기반이 되는 한글에 대한 이해를 높였고, 한글을 바탕으로 하는 국어를 가르치고 싶다고 확신을 가지게 되었습니다. 1학년 때는 교내 인사 캠페인과 오케스트라 등의 활동을 통해 교사로서의 인성적인 부분을 알게 되었고, 2학년 때는 교육에 대한 다양한 주제의 다큐멘터리를 보고 진로교육의 발전에 대한 필요성을 느껴 1년 동안 진로부장으로 활동하면서 다양한 진로 프로그램을 진행하고 접하게 되었습니다. 학생들이 스스로를 탐구할 수 있도록 시간과 프로그램적으로 여유가 있는 다양한 진로교육이 필요하다는 생각을 가졌고 학생들에게 필요한 프로그램을 설계하고 싶다는 또 다른 목표를 세우면서 저의 진로 스토리를 좀 더 구체화 시켰습니다. 3학년 때는 전공과 관련된 독서활동을 통해 저의 진로를 더욱 뚜렷하게 드러냈고 3년 동안의 토론동아리에 생긴 흥미를 토론대회 참가와 수상을 통해 확실히 드러내며 적극적으로 활동하는 교사가 되겠다는 포부를 드러냈습니다.

✱ 진로 스토리 자가 점검하기

고려해야 할 점	주의해야 할 점
• 자신의 관심과 열정 ············ ▣	Q1. 물질적인 목적이나 수동적으로 선택하게 된 계기를 강조하지 않았는지? OK ▣ / NO ☐
• 3년간 진로희망의 유기적 연결 ····· ☐	
• 진로희망 변경의 명확한 이유 ····· ☐	Q2. 활동을 억지로 스토리에 끼워 넣지는 않았는지? OK ▣ / NO ☐
• 자신이 추구하는 방향 ·········· ▣	Q3. 지원 학과에 과도하게 집착하여 진로를 설정하지는 않았는지? OK ▣ / NO ☐
• 자신에 대한 정의 ············· ☐	
• 자신만의 고유함 ············· ☐	Q4. 너무 특정 역량만을 강조하지는 않았는지? OK ▣ / NO ☐
• 발전적인 스토리 ············· ▣	
• 진로희망 사항의 자세한 서술 ····· ▣	Q5. 누군가의 진로 스토리를 따라 하지 않았는지? OK ▣ / NO ☐
• 생기부 주요 내용 사용 ········· ☐	

Example 2에서 사례에서 김희연 파트너는 3년 동안 꾸준히 학습지도 멘토링 활동을 해왔다는 것을 통해 진로에 대한 자신의 열정을 보여주었습니다. 그리고 자신에 대한 정의를 '학생들과 함께 만들어가는 수업과 학교를 설계하는 사람'이라고 명확하게 보여주었고 동시에 미래에 추구하는 방향도 설정했습니다.

마지막으로 1학년 때부터 3학년까지 진로활동을 통해 자신의 진로에 대한 점진적인 발전을 보여주며 발전적인 진로 스토리를 만들었습니다. 이러한 진로에 대한 구체적인 스토리 전개는 진로희망 사항을 자세하게 서술하였다고 말할 수 있습니다.

다음으로 물질적이거나 수동적인 목적으로 진로를 선택하지 않고 스스로 생각을 통해 진로의 계기를 마련했습니다. 또, 3년간의 활동이 진로에 부합하고 활동의 전체적인 흐름이 자연스러우므로 억지스러운 스토리로 보이지 않았습니다. 더불어 진로와 관련된 활동의 다양성을 보아 특정 역량을 강조하려 하지 않았고 하나의 학과에 과도하게 집착한 모습도 보이지 않습니다. 마지막으로 자신이 직접 경험한 활동과 생각을 바탕으로 진로 스토리가 작성되었다는 점에서 누구의 것을 따라 한 진로 스토리가 아니라는 것을 알 수 있습니다.

What 3
자기소개서 문항의
올바른 이해를 바탕으로 한
초안 구성

yoU School

자기소개서는 지원자가 가진 역량을 통해서 입학사정관을 설득하는 글입니다. 평가자인 입학사정관은 학업역량, 전공 적합성, 인성, 발전 가능성이라는 평가 기준을 염두에 두고 지원자의 자기소개서를 읽습니다.

따라서 학생들은 자기소개서를 작성할 때, 각 문항에서 어떤 역량을 드러낼 수 있는지 파악하고 이를 기준으로 소재를 선택 및 구체화해야 합니다. 그래서 이번 What에서는 문항별로 중점이 되는 서류평가 기준을 이해하고, 이를 바탕으로 문항별 소재를 선택할 예정입니다.

그뿐만 아니라 실제 배치된 교내활동이 자기소개서 소재로서 어떻게 활용될 수 있는지 파악하고 그것을 바탕으로 소재를 글감으로 구체화하여 실제 자기소개서의 초안을 구성하는 과정을 담고 있습니다.

자기소개서 공통 1번 문항의
핵심 역량인
'학업역량'을 이해한다

Why

　모든 대학교의 입학처는 '본교의 학교 학생이 될 만한 역량'을 지원자 평가 기준으로 정해놓고, 그 기준으로 지원자의 여러 가지 서류를 종합적으로 평가합니다. 그리고 지원자는 제출 서류의 정해진 틀에 맞게 효율적으로 서류의 내용을 구성하여 자신에게 해당 역량이 있음을 증명해야 합니다.

　따라서 여러분이 유스쿨 합격자처럼 자기소개서를 작성하기 위해서는 자기소개서의 각 문항에서 유스쿨 멘토/파트너들이 증명했던 지원자 평가 기준(역량)에 대해 먼저 이해하고 있어야 합니다.

　이번 Step 01에서는 자기소개서 공통 1번 문항의 핵심 역량인 **'학업역량'**에 대해 다루도록 하겠습니다.

자기소개서 공통 1번 문항

고등학교 재학 기간 중 학업에 기울인 노력과 학습 경험을 통해
배우고 느낀 점을 중심으로 기술해 주시기 바랍니다.
(1,000자 이내)

🖊️ 1번 문항의 적합 평가 기준(역량)을 제대로 이해한다

1번 문항은 학습과 관련된 경험에 관한 서술을 요구하고 있습니다. '학습 경험'이라는 소재를 직접 제시하면서 문항에서 요구하는 바를 명확하게 드러내고 있기 때문입니다.

이를 해석해 보면 1번 문항은 지원자에게 학습 경험을 통해 학습과 관련된 능력인 **'학업역량'**을 보여줄 것을 요구하고 있음을 알 수 있습니다. 여기서 학업역량이란 단순히 학업 성취도만을 의미하지 않으며, 학업에 대한 의지 및 학습 태도, 탐구능력 등을 포함합니다.

따라서 1번 문항에서는 교과목을 학습하여 성적을 향상한 경험뿐만 아니라 교과 수업을 바탕으로 스스로 심화 학습을 한 경험이나 독서, 보고서 작성, 교내 탐구 및 토론대회 등 다양한 소재로 활용하여 경험을 작성할 수 있습니다.

유스쿨에서는 서울권 20여개 대학의 모집요강과 멘토/파트너의 의견을 바탕으로 학업역량에 대해 정의를 내리고, 학업역량을 구성하는 세부적인 역량에 무엇이 있는지 구체화하였습니다. 유스쿨에서 정리한 학업역량은 다음과 같습니다.

유스쿨에서 정의한 학업 역량이란?

학업역량이란 대학 수준의 학업을 소화할 수 있는 역량을 의미하는 용어입니다.
학업역량에 포함되는 세부 역량들에는 기초 수학능력, 자기 주도적 학습 태도와 학습
의지, 탐구활동에 대한 능력과 의지가 있습니다.
학업역량은 고교 교육과정에서 수행한 학업 성취도와 관련된 정량적 자료들과 고교
시절 지원자가 이수한 과목과 진행한 활동 등을 종합적으로 고려한 정성적 요소들로
평가됩니다.

또한, 학교와 전형에 따라 학업역량의 평가 기준과 평가 방식에 차이가 있습니다. 따라서, 실제 자신이 지원하는 학교·학과의 서류평가 기준을 숙지할 필요가 있습니다.

다음 자료는 서울권 20여개 대학 중 입시 모집요강에 공식적으로 학업역량이나 학업역량과 유사하다고 판단되는 평가요소를 명시하고 있는 학교들의 모집요강을 분석하여 정리한 내용입니다. 자신이 지원하고자 하는 학교에서 학업역량을 어떻게 정의하고 있는지와 그에 대한 평가요소 및 방법들이 어떠한지 확인하시기 바랍니다.

서울권 20여개 대학의 입시 모집요강에 명시된 학업역량

학교 및 전형 이름	기준역량	기준역량의 정의, 평가대상 및 평가요소
건국대학교 KU자기추천전형, KU학교추천전형, 고른기회전형,	학업역량	학업 성취도, 학업 태도, 학업 의지, 탐구활동을 세부 평가요소로 하여 평가함.
경희대학교 학생부종합전형, 고교연계전형, 고른기회전형(Ⅰ·Ⅱ)	학업역량	학업을 충실히 수행할 수 있는 기초 수학능력을 의미함. 학업 성취도, 학업 태도, 학업 의지, 탐구활동을 세부 평가요소로 하여 평가함.

단국대학교 DKU인재, 고른기회학생, 사회적배려대상자, 취업자, 기회균형선발(정원외), 농어촌학생(정원외), 특성화고졸재직자 (정원외)	학업역량	학교생활기록부 등을 평가대상으로 하고, 학업 성취도, 성적 추이, 탐구능력을 세부 평가요소로 하여 평가함.
동국대학교 Do Dream	자기 주도적 학습 능력	기초학업역량과 학습의 주도성을 세부 평가요소로 하여 평가함.
서강대학교 자기주도형전형, 일반형전형, 고른기회전형, 사회통합전형, 특성화고교졸업자 전형	학업역량	학업 성취도와 배움의 영역 또는 과정에서의 특징, 그리고 배운 내용은 어떻게 활용하였는지에 대한 역량을 의미함. 학교생활기록부에 포함된 교과학습 발달상황, 세부능력 및 특기사항, 자기소개서와 추천서에 나타난 학업 관련 내용을 종합적으로 평가함.
서울대학교 지역균형선발전형, 일반전형, 기회균형선발특별 전형	학업능력, 자기 주도적 학업 태도	전공 분야에 관한 관심, 지적 호기심 등 창의적 인재로 발전할 가능성을 의미함 . 지원자가 이수한 교과목 특성, 수업 내용, 학업 수행 내용, 이수자 수 등을 고려하여 주어진 여건에서 보인 교과 학습활동의 성취수준과 학업역량을 정성적으로 평가함.
서울시립대학교 학생부종합전형, 고른기회전형	학업역량	고교 기초 학업 능력, 대학 전공 기초 소양을 세부 평가요소로 하여 평가함. 주요교과 학업 성취도 및 성적 추이, 전공 관련 교과 학업 성취도 및 성적 추이, 주요교과의 이수 상황 및 심층 내용, 교과 관련 교내 수상실적, 학업에 기울인 노력과 학습 경험을 종합적으로 고려하여 평가함.

자 기 소 개 서 **What 3**

성균관대학교 성균인재전형, 글로벌인재전형, 고른기회전형, 소프트웨어과학인재 전형	학업역량	대학에 입학할만한 충분한 학업능력을 보여주는 지에 대한 역량을 의미함. 학업 수월성, 학업 충실성을 세부 평가요소로 하여 평가함. 교과 성취수준(종합), 학업 태도, 학업 여건을 종합적으로 고려하여 평가함.
숙명여자대학교 숙명인재전형	학업역량	교과목 석차등급, 원점수(평균, 표준편차), 수강자 수 등을 활용한 학업 성취수준과 자기 주도적 학업 태도, 탐구능력 등을 평가함.
숭실대학교 학생부종합전형	학업역량	주요교과 성적, 전 과목 학업 성실성, 전공 관련 교과목 이수 내용을 세부 평가요소로 하여 평가함.
아주대학교 ACE전형, 다산인재전형	학업역량	고교 교육과정에서 수행한 학업 태도 · 성취 · 수준을 세부 평가요소로 하여 평가함. 주어진 학습 환경에서 학업 수행을 주도적으로 관리하는지와 기본/전공 관련 학업성취가 우수 한지를 평가함.
연세대학교 학생부종합전형	학업역량	대학 입학 후 학업을 수행할 수 있는 능력으로 규정하고 석차등급과 같은 정량적 자료와 학업 에 대한 태도와 의지를 의미함. 탐구활동이라는 정성적 내용을 함께 활용하여 평가함.
이화여자대학교 학생부종합전형	학업역량	대학 입학 후 학업을 수행할 수 있는 능력으로 규정하고 석차등급과 같은 정량적 자료와 학업에 대한 태도와 의지를 의미함. 탐구활동이라는 정성적 내용을 함께 활용하여 평가함.
인하대학교 인하미래인재전형	지성	전공 관련 학업 성취도, 전반적인 학업 성취도를 세부 평가요소로 하여 평가함.

중앙대학교 다빈치형인재전형, 학교장추천사회통합, 고른기회전형	학업역량	학업 성취도, 교과 성취수준 및 학업 발전 정도를 의미함. 석차등급 또는 원점수 등의 학업능력 지표와 교과목 이수 현황, 노력 등을 기반으로 평가한 교과 성취수준 및 학업의 발전 정도를 종합적으로 고려하여 평가함.
	탐구역량	학업 태도와 학업 의지, 탐구활동 및 탐구능력, 학업에 대한 의지, 자기 주도적인 학업 태도, 호기심과 탐구에 대한 능력을 의미함. 교과목 이수 현황, 노력 등을 기반으로 평가한 교과 성취수준 및 학업의 발전 정도를 종합적으로 평가함.
한양대학교 학생부종합일반전형, 고른기회전형	비판적 사고역량	어떠한 현상 혹은 지식에 대하여 합리적인 추론을 근거로 질문이나 토론을 통해 반성적으로 숙고하고 평가하는 역량을 의미함. 비판적 질문, 분석적 사고, 논리적 전개, 타당한 평가를 세부 평가요소로 하여 평가함.
	창의적 사고역량	지적 호기심과 정보 처리 및 해석 능력을 바탕으로 주어진 문제를 다각도로 분석하고, 학문 간 연계와 지식의 확장을 통한 독창적인 방법으로 문제를 해결하는 역량을 의미함. 문제 인식, 융합적 사고, 해결책 제시를 세부 평가요소로 하여 평가함.
홍익대학교 학교생활우수자전형, 미술우수자전형, 사회적배려대상자 전형(Ⅰ·Ⅱ), 국가보훈대상자전형, 농어촌학생전형, 특성화 고등을 졸업 한 재직자 전형	학업역량 지성	학업 성취도, 교과성적 추이, 학업 태도와 학업 의지를 종합적으로 고려하여 평가함.

'학업역량'을 표현하기 위한 소재를 구체화하고, 자기소개서 공통 1번 문항의 초안을 작성한다

Why

유스쿨 멘토/파트너의 자기소개서를 분석하다 보면 자기소개서의 문항별로 강조되어야 할 평가 기준(역량)들이 뚜렷하게 존재한다는 것을 알 수 있습니다. 이처럼 자기소개서의 각 문항에는 대학교에서 중점적으로 평가하고자 하는 핵심 역량이 존재합니다.

따라서 우리는 해당 역량을 가장 효과적으로 보여줄 수 있는 소재를 찾고 그 소재의 내용을 구체화해야 합니다. 이러한 과정을 거치게 되면 자연스럽게 문항과 가장 잘 어울리는 소재를 파악할 수 있고 이를 바탕으로 자기소개서의 초안을 완성할 수 있습니다.

How

익힘책 자기소개서 9번 참조

자기소개서 공통 1번 문항

고등학교 재학 기간 중 학업에 기울인 노력과 학습 경험을 통해
배우고 느낀 점을 중심으로 기술해 주시기 바랍니다.

(1,000자 이내)

✎ 자기소개서 공통 1번 문항의 내용 구성 방향성을 파악한다

1) 1~2가지의 학습 경험을 자기소개서의 소재로 활용한다

자기소개서를 처음 쓰는 학생들은 1번 문항에서 **'학업에 기울인 노력과 학습 경험'**을 보통 3가지 이상으로 단순 나열합니다. 하지만 유스쿨 멘토/파트너는 대부분 1~2가지의 학습 경험만을 소재로 활용하였습니다. 이렇게 학생과 합격자 사이에서 소재 개수의 차이가 발생하는 이유는 학습 경험을 활용하려는 목적이 다르기 때문입니다.

자기소개서를 처음 쓰는 학생들은 좀 더 다양한 학습 역량을 보여주기 위해 많은 소재를 1번 문항에 구체화하려고 합니다. 하지만 합격자는 '학업에 기울인 노력과 학습 경험'의 소재를 '배우고 느낀 점'을 증명하기 위한 목적으로 활용합니다.

즉, '배우고 느낀 점'을 '학업에 기울인 노력과 학습 경험'의 결과로서 구체화하기 때문에 소재의 개수가 보통 2가지를 넘지 않습니다.

2) 학습 경험은 지적 호기심을 계기로 시작된다

1번 문항에서 요구되는 핵심 평가요소는 '학업역량'입니다. 학업역량은 대학 수준의 학업을 소화할 수 있는 역량을 의미하는 용어입니다. 결국, 1번 문항에서는 학습 경험을 설명하는 과정에서 학업역량을 드러내는 것이 매우 중요합니다.

합격자들은 자신의 학습 경험을 개연성 있게 설명하기 위해 '지적 호기심'의 개념을 사용합니다. 지적 호기심이란 특정한 대상에 대하여 더 자세하게 알고 싶어 하는 마음을 의미합니다. 지적 호기심을 학습활동의 계기로 설정한다면 탐구의 동기와 구체적인 학습 과정 그리고 학습 경험의 결과로 이어지는 자연스러운 논리 구조를 만들 수 있습니다.

합격자의 자기소개서는 지적 호기심이 계기가 되는 활동을 소재로 활용하여 자신이 궁금한 부분을 주도적으로 탐구하는 태도와 동시에 학업역량과 학업 의지를 효과적으로 표현하고 있습니다. 따라서 지적 호기심을 가지고 임한 학습 경험은 자신의 학업역량을 드러낼 수 있는 좋은 예시가 될 수 있습니다.

3) 지적 호기심을 해결하는 과정의 결과는 배우고 느낀 점이다

지적 호기심을 통한 학습 경험으로 배우고 느낀 점은 꼭 자기소개서에 작성해야 합니다.

합격자들의 자기소개서를 보면, 지적 호기심을 활동의 계기로 제시하는 것뿐만 아니라 배우고 느낀 점을 학습 경험의 결과로서 제시하고 있습니다. 여기서 배우고 느낀 점이란 학습 경험을 통해 새로 습득한 지식이나 가치관 변화 등을 의미합니다. 단순히 학습 수행 과정을 나열하는 것보다 특정한 학습 경험을 통해 배우고 느낀 점을 서술하는 것이 이상적인 자기소개서 1번 문항에 대한 답변이라고 할 수 있습니다.

✏️ 1번 문항에 사용할 소재를 구체화한다

1번 문항에 적합한 소재를 선별하기 위해서는 먼저 〈익힘책 자기소개서 6번〉에서 높은 점수를 부여했던 활동 중 학업역량을 드러낼 수 있는 소재가 있는지 고려해야 합니다.

1번 문항의 소재 선정 과정에서 가장 중요한 것은 활동 자체에 대한 것이 아닌 해당 활동을 진행하게 된 지적 호기심과 이러한 활동을 진행한 뒤에 배우고 느낀 점들이 유기적으로 잘 구성되어 있는지에 대한 것입니다.

교과학습 및 심화 탐구활동 중에서 지적 호기심을 계기로 진행한 활동이 있는지 생각해보고, 선정한 활동들 각각에 대해 자신이 배우고 느낀 점들이 무엇이었는지 정리해 보아야 합니다.

〈익힘책 자기소개서 9번〉은 1번 문항 소재 선정에 필요한 과정들을 도와줍니다. 다음 예시로 제시된 활동 소재를 구체화하는 과정과 모범 사례를 참고하여 직접 익힘책에 작성합니다.

✏️ 1번 문항에 활동 소재를 구체화하는 과정 ①

1번 문항에 활동 소재를 구체화하는 첫 번째 과정은 지적 호기심을 바탕으로 특정한 활동을 진행하거나 학습 경험을 겪게 된 경우가 있는지 파악하고 이러한 활동들을 리스트업 하는 것입니다.

〈익힘책 자기소개서 9번〉의 '1번 문항에 활동 소재를 구체화하는 과정1'에 작성합니다.

Example 1   익힘책 자기소개서 9번 모범 사례

고려대학교 한국사학과 김승주 파트너의 사례

＊1번 문항에 활동 소재를 구체화하는 과정1

활동	지적 호기심
『택리지』에서 공주의 교통에 관한 내용을 읽고, 한국지리 수업에서 금강의 특징에 관한 지문을 접함.	사비의 수운의 용이함이 사비 천도에 영향으로 작용하지 않았을까?

Example 1의 김승주 파트너는 『택리지』에 대한 학습 내용과 한국지리 수업에서 학습한 내용을 연결해 새로운 지적 호기심을 가지게 되었습니다. 백제의 사비 천도의 원인을 새로운 관점에서 이해하려고 시도하였고, 금강을 통해 사비 지역이 갖는 수운 및 교통의 용이성과 사비 천도 사이의 연관성에 대한 지적 호기심을 가지게 되었습니다.

Example 2

익힘책 자기소개서 9번 모범 사례

서울대학교 생명과학부 이재희 파트너의 사례

＊1번 문항에 활동 소재를 구체화하는 과정1

활동	지적 호기심
초파리 F2 세대에 관한 연구	멘델의 유전 법칙에 따르면 초파리 F2 세대의 표현형비가 3:1이 나와야 하는데 왜 그렇지 않을까?

Example 2의 재희 파트너는 일반적으로 알려진 유전 법칙인 멘델의 법칙이 적용되지 않는 초파리 F2 세대에 대한 지적 호기심을 가지게 되어 초파리 F2 세대에 멘델의 법칙이 적용되지 않는 이유를 탐구하고자 하였습니다.

생명공학과로 진학을 희망하는 이재희 파트너는 생명과학 분야와 관련된 지적 호기심을 바탕으로 희망 전공 분야에 대한 학업역량을 드러내었습니다. 이재희 파트너는 수업과 연구를 통해 얻게 된 지식을 단순히 수용하는 것뿐만 아니라 그것에 대한 심화 개념을 관련된 개념과 연결하여 이해하였습니다.

✎ 1번 문항에 활동 소재를 구체화하는 과정 ②

두 번째 과정은 첫 번째 과정에서 작성한 내용을 바탕으로 역할수행 과정과 결과를 구체화하는 것입니다.

역할수행 과정에는 지적 호기심을 해결하기 위해 어떠한 방법을 사용했는지를 서술합니다. 독서, 자료조사, 실험, 보고서 작성 등의 다양한 방법들이 역할수행 과정으로 제시될 수 있습니다.

역할수행 결과 부분에는 학습 경험을 통해 배우고 느낀 점을 작성하는 것이 일반적입니다. 지적 호기심, 역할수행 과정, 그리고 역할을 통해 배우고 느낀 점을 총정리하면서 세 가지 요소를 어떤 식으로 연결하여 1번 문항을 작성할지 고민해봅시다.

〈익힘책 자기소개서 9번〉의 '1번 문항에 활동 소재를 구체화하는 과정2'에 작성합니다.

Example 1

익힘책 자기소개서 9번 모범 사례

고려대학교 한국사학과 김승주 파트너의 사례

＊1번 문항에 활동 소재를 구체화하는 과정2

활동	지적 호기심
『택리지』에서 공주의 교통에 관한 내용을 읽고, 한국지리 수업에서 금강의 특징에 관한 지문을 접함.	사비의 수운의 용이함이 사비 천도에 영향으로 작용하지 않았을까?

지적 호기심을 해소한 과정 및 배우고 느낀 점

사비의 수운의 용이함이 사비 천도에 영향으로 작용하지 않았을까? (지적 호기심)

한국사 교과서에는 사비 천도가 단편적으로만 서술되어 있어 학교 도서관에서 서적을 찾고 지리 선생님께 조언을 구하며 탐구하였다. (활동 및 해소 과정)

이를 통해 정치적 의도 외에도 경제적 원인이 사비 천도의 주 요인이었을 것으로 추정하며, 교과서의 맥락을 온전히 이해할 수 있었다. 이어서 사비 천도 이후의 백제 사회에 관심을 가졌다. 특히 '백제의 정신세계'를 읽고 동명묘의 특성을 추출하며, 신앙이 건축으로 구현된 양상을 이해할 수 있었다. 이러한 과정에서 진정한 학업은 의문점을 스스로 탐구해 내면화하는 과정임을 깨닫고, 보고서를 통해 역사를 주체적으로 학습해 나갔다. (배우고 느낀 점)

Example 1의 김승주 파트너는 백제의 사비 천도와 수운의 용이성 사이의 관계를 파악하기 위한 탐구 과정을 통해 자신의 학업역량을 드러내고 있습니다. 교과서 이외의 심화 내용을 담고 있는 전문 서적에 대한 조사와 선생님과 질의 · 응답을 통해 지적 호기심을 해결하기 위해 노력하였습니다.

그 결과 정치적 요인 이외에도 교통 · 무역 등과 같은 경제적 요인이 사비 천도의 주요 원인 중 하나라는 결론을 내리게 되었고 사비 천도 이후 백제 사회에 관심을 두게 되었습니다.

마지막으로 역사에 대한 주체적 학습 태도의 중요성을 인식했다는 느낀 점을 제시하여 전공과 관련된 학업역량과 발전 가능성을 다시 한번 강조했습니다.

Example 2 익힘책 자기소개서 9번 모범 사례

서울대학교 생명과학부 이재희 파트너의 사례

＊1번 문항에 활동 소재를 구체화하는 과정2

활동	지적 호기심
초파리 F2 세대에 관한 연구	멘델의 유전 법칙에 따르면 초파리 F2 세대의 표현형비가 3:1이 나와야 하는데 왜 그렇지 않을까?

지적 호기심을 해소한 과정 및 배우고 느낀 점

멘델의 유전 법칙에 따르면 초파리 F2 세대의 표현형비가 3:1이 나와야 하는데 왜 그렇지 않을까? (지적 호기심)

초파리의 눈 색깔 유전자가 상염색체에 존재하지 않을 가능성도 있고, 부모세대 초파리의 유전자형이 결정되지 않았다는 예상치 못한 변인을 생각하고 이를 해결할 이론과 방법을 찾아봄. (활동 계획)

NCbi와 같은 광범위생물정보학 사이트를 이용하여 초파리 눈 색깔 유전자가 X-linked gene(X염색체 유전자)이라는 사실을 알아냄. 또한, 후세대의 표현형비 분리와 하디-바인베르크 법칙에 적용으로 부모세대의 유전자빈도를 추론할 수 있다는 사실을 교육과정에서 배운 내용을 이용하여 찾아냄. (활동 및 해소 과정)

실험 과정을 주도적으로 설계하고 호기심을 해소하는 과정을 통해 생명과학 분야로의 진로에 대한 확신을 얻을 수 있었고, 실험을 설계하고 다양한 변인을 통제하는 역량에 대해 학습할 수 있었음. (배우고 느낀 점)

Example 2의 이재희 파트너는 자기소개서 이전 과정에서 선정한 소재를 바탕으로 지적 호기심을 해소한 과정과 배우고 느낀 점을 구체화했습니다.

활동 계획 과정에서 다양한 이론적 가능성에 대한 고민을 한 뒤, 자료조사 및 선행연구 검토를 통해 지적 호기심의 해결에 이르는 과정을 보여주며 전공 분야에 대한 열정과 학업역량을 드러내었습니다.

수업 내용에서 시작된 지적 호기심이 심화 이론 및 지식에 대한 학습으로 이어지고 자신이 관심 있어 하는 분야에 관한 탐구를 통해 진로와 관련된 역량을 강화할 수 있었습니다.

✏️ 1번 문항 추천 서술방식과 Case 분석

이제는 실제 자소서 분석 예시를 통해 서술방식을 파악하고, 위에서 구체화한 소재를 자기소개서 초안으로 작성합니다. 앞서 말했듯 유스쿨 멘토/파트너들이 집단지성을 통해 정리한 1번 문항의 이상적인 흐름은 '지적 호기심 – 역할수행 – 역할수행 결과를 통해 배우고 느낀 점'입니다.

유스쿨 멘토/파트너의 자기소개서 공통 1번 문항 예시를 통해 학업역량을 효과적으로 표현하는 자기소개서 서술방식을 확인해봅시다.

Example 1   자기소개서 공통 1번 문항 완성본

고려대학교 한국사학과 김승주 파트너의 사례

넓게, 깊게, 능동적으로. 저의 학습 경험은 이 세 단어로 표현할 수 있습니다. 『택리지』에서 공주의 교통에 관한 내용을 읽은 뒤 한국지리 수업에서 금강의 특징에 관한 지문을 접하면서, '사비의 수운의 용이함이 사비 천도에 영향으로 작용하지 않았을까?'라는 호기심이 생겼습니다.

한국사 교과서에는 사비 천도가 단편적으로만 서술되어 있어 학교 도서관에서 서적을 찾고 지리 선생님께 조언을 구하며 탐구했습니다. 이를 통해 정치적 의도 외에도 경제적 원인이 사비 천도의 주 요인이었을 것으로 추정하며, 교과서의 맥락을 온전히 이해할 수 있었습니다. 이어서 사비 천도 이후의 백제 사회에 관심을 가졌습니다.

특히 "백제의 정신세계"를 읽고 동명묘의 특성을 추출하며, 신앙이 건축으로 구현된 양상을 이해할 수 있었습니다.

이러한 과정에서 진정한 학업은 의문점을 스스로 탐구해 내면화하는 과정임을 깨닫고, 보고서를 통해 역사를 주체적으로 학습해 나갔습니다. (이하 생략)

첫 번째 사례에서는 학습 과정에서 갖게 된 지적 호기심을 해결하는 과정과 배우고 느낀 점이 유기적으로 이어지고 있습니다. 서로 다른 학습 내용을 연결하여 새로운 관점에서 역사적 사건을 해석하고자 시도하고, 이를 탐구하기 위해 다양한 지식에 대한 조사와 학습이 있었습니다. 마지막 부분에서는 역사에 대한 관심과 주체적 학습의 필요성을 깨달았다는 내용을 제시하며 전공 분야에 대한 의지와 관련 학업역량을 효과적으로 제시하고 있습니다.

Example 2

자기소개서 공통 1번 문항 완성본

서울대학교 생명과학부 이재희 파트너의 사례

직접 실험을 설계하는 물리실험의 수업 방식을 통해 저는 실험의 매력에 빠졌습니다. 시행착오가 빈번했던 실험 과정과 밤을 새웠던 보고서 작성은 힘들기도 했지만, 그만큼의 성취감을 안겨주었습니다. 특히 포물선 운동 실험은 중력장 운동의 개념을 공부하는 데 큰 도움을 주었고, 덕분에 실질적인 경험의 습득이 저에게 맞는 공부 방법이라는 것을 깨달았습니다.

이에 저는 실험을 통해 생명과학에서 배운 내용을 더 깊게 공부하고 싶다는 생각을 하여, 친구들과 심화 과목으로써 생명과학실험과목의 개설을 학교에 건의해 수강할 수 있었습니다. 제가 행했던 수많은 실험 중, 돌연변이 초파리를 주문해 멘델의 실험을 재현한 것이 가장 기억에 남습니다.

붉은색과 갈색 눈 초파리의 교배 결과 자손세대에서 붉은색과 갈색 눈의 비율이 대략 5:3의 비율로 나타났습니다. 멘델의 법칙에 들어맞지 않는 실험결과에 의문점이 생겼고,

그 원인을 반성유전과 유전자형의 모호성이라 결론 내렸습니다. 한정된 지식만으로는 의미 있는 실험결과를 만들 수 없겠다고 생각하여, 참고 서적을 찾아본 결과 유전자 빈도라는 개념을 실험결과에 적용할 수 있다는 사실을 알게 됐습니다. 당시엔 생소했던 이 개념을 알기 위해 하디-바인베르크 원리에 대한 강의를 찾아 들으며 공부했습니다. 덕분에 붉은 눈과 갈색 눈의 유전자빈도가 각각 0.45, 0.55인 것을 도출해냈고, 부모세대 붉은 초파리의 유전자형이 대부분 순종이었다는 사실을 확인해 유전자형의 모호성을 해결할 수 있었습니다.

실험을 위해 직접 초파리 배지를 제작하고 실체현미경으로 자손세대의 모든 초파리를 관찰하며 생명실험이 요구하는 인내의 자세를 배울 수 있었습니다. 한편 형질전환과 물질대사 실험의 변인을 통제하며 여러 오차와 부딪혀본 경험은 문제 상황을 해결해 나가는 짜릿함을 선사해주었고, 이후의 생명과학 공부에도 큰 도움을 주었습니다.

생명과학 실험은 생명과학 연구원을 소망하는 저에게 실험의 자세를 가르쳐주고 탐구를 통한 학업의 가치를 일깨워준 소중한 학습 경험이었습니다.

두 번째 사례 역시 지원 전공인 생명과학 분야에 대한 지적 호기심을 해결하기 위해 진행한 실험 과정을 논리적으로 설명하여 자신의 학업역량과 전공 분야에 대한 열정이 드러나고 있습니다.

특히, 고교 수준 이상의 심화 지식을 이해하고 응용하여 의미 있는 결과를 얻어냈다는 점에서 전공에 대한 역량과 탐구능력이 강조됩니다. 역할수행 과정을 통해 배우고 느낀 점을 진로희망과 연결하여 학습 경험의 가치를 더욱 강조하였습니다.

Q1 자기소개서 공통 1번 문항을 작성할 때, '학업에 기울인 노력과 학습 경험'과 '배우고 느낀 점' 중 어떤 내용을 중심으로 작성해야 하나요?

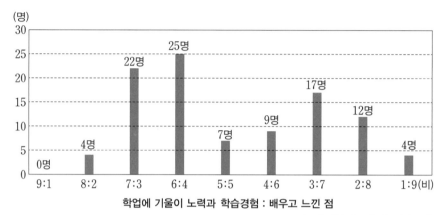

자기소개서 공통 1번 문항에서
'학업에 기울인 노력과 학습 경험: 배우고 느낀 점'에 대한 내용이 차지하는 비율

(조사 대상: 유스쿨 멘토/파트너)

위 그래프는 1번 문항에서 **'학습 경험과 학업에 기울인 노력'과 '배우고 느낀 점'**에 대한 내용이 차지하는 비율에 대해 유스쿨 멘토/파트너들을 대상으로 설문을 조사한 것입니다.

조사 결과 1번 문항에서 두 요소의 비중은 개인마다 큰 차이를 보였습니다. 그러나 전체적인 측면에서는 학습 경험 및 학업에 기울인 노력에 더 초점을 둔 사례가 많기 때문에 1번 문항에서 학습 경험과 학업에 기울인 노력이 배우고 느낀 점보다 비교적으로 중요하다고 판단할 수 있었습니다.

다만 과목이나 활동의 특성에 따라 각자 강조해야 할 것이 다르므로 자신이 강조하고 싶은 내용에 맞게 '학습 경험과 학업에 기울인 노력'과 '배우고 느낀 점'의 내용 비율을 조절하면 됩니다.

Q2 자기소개서 공통 1번 문항을 작성할 때, '교과와 관련된 학습 경험'과 '전공에 관련된 탐구 경험' 중 어떤 소재를 사용해야 하나요?

자기소개서 공통 1번 문항에서 교과 또는 전공에 대한 소재를 사용하는 비율

전공 5.20%

교과
38.30%

교과 + 전공
56.50%

(조사 대상: 유스쿨 멘토/파트너)

위 그래프는 유스쿨 멘토/파트너들을 대상으로 진행한 1번 문항에 사용한 소재를 묻는 설문으로 가장 많은 비율을 차지한 답변은 **'교과 소재와 전공 관련 소재를 모두 드러낸 경우(56.5%)'**였습니다. 또한, **'교과와 관련된 학습 경험(38.3%)'**만을 소재로 사용한 비율도 많은 부분을 차지했습니다.

1번 문항에서 '고등학교 재학 기간 중 학업에 기울인 노력과 학습 경험'을 묻고 있는 만큼 교육과정 내 교과목에서 지적 호기심을 도출한 소재들이 유스쿨 멘토/파트너 사례의 대부분을 이루는 것을 확인할 수 있었습니다.

'전공과 관련된 탐구 경험(5%)'만을 소재로 작성한 비율은 비교적 적은 부분을 차지했습니다. 하지만 순수하게 전공만을 소재로 1번 문항을 작성하는 학생들이 드물 뿐 전공과 관련된 소재만을 사용하면 안 된다는 것은 아닙니다. 이를 잘 풀어낼 수 있다면 전공 적합성의 기준에서 높은 평가를 받을 수 있습니다. 실제로 유스쿨 멘토/파트너들은 다양한 활동을 통해 전공에 대하여 깊이 탐구한 모습을 드러내고 이를 표현할 기회로 삼았습니다.

Q3 자기소개서 공통 1번 문항을 작성할 때, '전공 적합성'과 '진로'를 표현해야 하나요?

자기소개서 공통 1번 문항에서 전공 적합성의 표현 유무

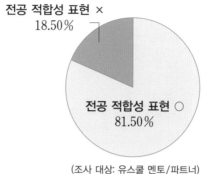

(조사 대상: 유스쿨 멘토/파트너)

설문에 참여한 유스쿨 멘토/파트너 중 80% 이상은 1번 문항에서 **'전공 적합성'**을 표현했다고 답변했습니다.

유스쿨 멘토/파트너들은 1번 문항이 직·간접적으로 전공과 관련된 학습 경험을 언급할 수 있어서 전공 적합성을 표현하기 좋은 문항이라고 판단했습니다. 따라서 1번 문항을 작성할 때 전공 적합성을 표현할 수 있다면 표현하는 것을 추천해드립니다.

자기소개서 공통 1번 문항에서 진로의 표현 유무

(조사 대상: 유스쿨 멘토/파트너)

다음 설문에서는 63.2%가 1번 문항에서 **'진로'**를 표현하지 않았다고 답변했습니다.

1번 문항은 단순히 '학습 경험과 학업에 기울인 노력'과 '배우고 느낀 점'을 묻는 문항이기 때문에 많은 유스쿨 멘토/파트너들이 장래희망이나 진로를 표면적으로 드러내기보다는 다양한 학습 경험의 깊이와 그 경험을 통해 배우고 느낀 점을 표현하고자 노력했습니다.

하지만 작성한 소재와 내용이 진로와 자연스럽게 연결하기에 무리가 없다면, 1번 문항에서 진로를 표현하는 것이 자신의 진로에 대한 굳은 의지와 관심을 나타내는 좋은 방법이 될 수도 있습니다.

자기소개서 공통 2번 문항의 핵심 역량인 '전공 적합성'과 '발전 가능성'을 이해한다

Why

유스쿨 멘토/파트너들은 자기소개서 공통 2번 문항의 핵심 역량인 **'전공 적합성'**과 **'발전 가능성'**에 대해 다음과 같은 정의를 내렸습니다.

유스쿨에서 정의한 전공 적합성과 발전 가능성이란?

전공 적합성이란 전공에 대한 학생의 노력 및 관심도로 평가되는 전공 수행 역량의 정도입니다. 전공에 관한 관심, 전공 관련 활동, 전공 관련 교과목 이수 및 성취도에 의해 평가됩니다.
다음으로 발전 가능성이란 자기 주도적 목표의식을 가지고 실행하며, 다양한 경험을 통해 성장과 성취를 할 수 있는 역량입니다. 또한, 자신이 겪은 경험을 바탕으로 스스로를 평가하여 문제를 해결하고 발전할 수 있는 역량이기도 합니다.

이번 Step 03에서는 자기소개서 공통 2번 문항의 핵심 역량인 전공 적합성과 발전 가능성에 대한 내용을 다루도록 하겠습니다.

How

자기소개서 공통 2번 문항

고등학교 재학 기간 중 본인이 의미를 두고 노력했던 교내활동을 통해 배우고 느낀 점을
중심으로 기술해 주시기 바랍니다.
(1,500자 이내)

🖉 2번 문항의 적합 평가 기준(역량)을 제대로 이해한다

2번 문항은 '본인이 의미를 두고 노력했던 교내활동'에 대한 서술을 포괄적으로
요구하고 있습니다. 직접적으로 소재를 제시하는 1, 3번 문항과는 다르게, 2번 문
항은 '본인이 의미를 두고 노력했던 교내활동'이라는 키워드를 제시하며 문항에서
요구하는 바를 명확하게 드러내지 않았습니다.

포괄적인 서술을 요구하고 있는 만큼 2번 문항은 교과 및 비교과 영역 중 특정
영역에 한정되지 않고 다양한 활동을 소재로 사용할 수 있는 특징이 있습니다.

설문조사 결과 대부분의 유스쿨 멘토/파트너들은 2번 문항이 지원자가 가진 '전
공 적합성'과 '발전 가능성'을 보여주기에 가장 적합한 문항이 될 것이라고 조언했
습니다. 전공 적합성과 발전 가능성은 구체적인 활동 과정의 서술을 통해서만 표
현할 수 있기 때문입니다.

따라서 2번 문항에는 전공 관련 동아리 활동 경험뿐만 아니라 보고서 발표, 교
내 대회 출전, 소논문 작성 경험 등 전공 적합성 또는 발전 가능성을 드러낼 수 있
는 다양한 소재를 활용하여 경험을 작성할 수 있습니다.

유스쿨 집필진들은 서울권 20여 개 대학의 모집요강과 멘토/파트너의 의견을
바탕으로 전공 적합성'과 발전 가능성에 대한 정의를 내렸고, 전공 적합성과 발전
가능성을 구성하는 세부적인 역량에 무엇이 있는지 구체화하였습니다.

자기소개서 공통 2번 문항에서 전공 적합성을 표현할 때 지원자는 전공에 얼마나 관심을 두고 있고 이를 얼마나 이해하고 있는지를 제시해야 합니다. 또한, 전공과 관련된 어떤 활동을 했는지부터 전공 관련 교과목 이수 및 성취도 등 전공에 대한 학생 전반의 노력 및 관심을 해당 문항에서 표현해야 합니다.

발전 가능성의 경우에는 자기 주도적으로 목표의식을 가지고 향후 성장을 도모할 수 있는 능력과 함께 문제해결력 등을 표현해야 합니다. 따라서 2번 문항 작성 시에는 위에서 제시한 전공 적합성이나 발전 가능성을 충분히 표현할 수 있는 소재를 선택하는 것이 좋습니다.

또한, 학교와 전형에 따라 전공 적합성의 평가 유무, 평가 방식에 차이가 있습니다. 따라서 실제 자신이 지원하는 학교와 학과의 서류평가 기준을 숙지할 필요가 있습니다.

다음의 자료는 서울권 20여 개 대학 중 입시 모집요강에 공식적으로 전공 적합성을 명시하고 있거나 전공 적합성과 유사하다고 판단되는 요소에 관한 내용을 정리한 것입니다. 자신이 지원하고자 하는 학교에서 전공 적합성을 어떻게 정의하고 있는지와 그에 대한 평가요소 및 방법들이 어떠한지 확인하시기를 바랍니다.

서울권 20여 개 대학의 입시 모집요강에 명시된 전공 적합성

학교 및 전형 이름	기준역량	기준역량의 정의, 평가대상 및 평가요소
서울대학교 지역균형선발전형, 일반전형, 기회균형선발 특별전형	전공 적합성	학업능력, 자기 주도적 학업 태도 및 전공 분야에 관한 관심을 토대로 창의적 인재로 성장해 나갈 가능성을 종합적으로 평가함.
연세대학교 학생부종합전형	전공 적합성	전공 분야에 관한 관심, 전공을 수학하는 데 필요한 과목의 성취도 및 수준을 토대로 정성적으로 평가함.

경희대학교 학생부종합전형, 고교연계전형, 고른기회전형(Ⅰ·Ⅱ)	전공 적합성	전공과 관련된 분야에 관한 관심과 이해, 활동과 경험, 전공 관련 교과목 이수 및 성취도 통해 평가함.
숙명여자대학교 숙명인재전형	전공 적합성 및 발전 가능성	전공 적성 및 전공에 관한 관심과 이해도, 진로에 대한 탐색 노력 및 그를 토대로 한 발전 가능성으로 평가함.
이화여자대학교 학생부종합전형	전공 적합성	전공에 관한 관심과 이해, 전공 관련 활동과 경험, 전공을 수학하는 데 필요한 과목의 성취도 및 수준을 토대로 정성적으로 평가함.
인하대학교 인하미래인재전형	전공 적합성	진로에 관한 관심(지적 호기심, 도전정신), 전공에 대한 탐색(전공 이해도, 탐구심)으로 평가함.
성균관대학교 성균인재전형, 글로벌인재전형, 고른기회전형, 소프트웨어과학 인재전형	개인역량	전공 적합성, 활동 다양성 및 교과 성취수준, "지원 모집단위에 수학할 만한 재능과 열정을 지니고 있는가?"에 대해 평가함.
세종대학교 창의인재전형, 고른기회전형	전공 적합성	해당 전공을 수학할 때 필요한 기초 소양과 자질을 의미하는 미래의 잠재력을 의미함.
서강대학교 자기주도형전형, 일반형전형, 고른기회전형, 사회통합전형, 특성화고교졸업자 전형	성장 가능성	'자기 주도적으로 배우고 경험하고자 하였는가?', '주어진 문제를 어떻게 해결하고자 하였는가?', '지적 호기심을 보이는 영역이 있는가?' 3가지 질문으로 평가함. 학교생활기록부, 자기소개서 및 추천서를 통해 평가함.
건국대학교 KU자기추천전형, KU학교추천전형, 고른기회전형	전공 적합성	전공 관련 교과목 이수 및 성취도, 전공에 관한 관심과 이해로 평가함.

동국대학교 Do Dream	전공 적합성	전공수학역량, 전공관심도 및 학습 경험으로 평가함.
홍익대학교 학교생활우수자전형, 미술우수자전형, 사회적배려대상자 전형1, 사회적배려대상자 전형2, 국가보훈대상자전형, 농어촌학생전형, 특성화고를 졸업한 재직자전형	전공역량	인문계열, 자연계열, 예술학과는 전공 관련 소양 및 자질, 전공 관련 활동과 경험으로 평가함. 캠퍼스 자율전공(인문, 예능)/캠퍼스 자율전공 (자연, 예능)은 융합적 소양 및 자질(융합적 사고 능력 및 특성), 진로 탐색 활동과 경험(진로 탐색을 위해 노력한 과정과 경험)으로 평가함. 고교 교육과정에서 지원 전공(계열) 관련 과목의 수강 현황 및 성취수준으로 평가함. 학교생활기록부, 자기소개서로 평가함.
단국대학교 DKU인재전형, 고른기회학생전형, 사회적배려대상자 전형, 취업자전형, 기회균형선발전형 (정원외), 농어촌학생전형 (정원외), 특성화고졸재직자 전형(정원외)	전공 적합성	전공의지, 전공 관련 활동으로 평가함. 학교생활기록부, 자기소개서로 평가함.

마찬가지로 학교와 전형에 따라 발전 가능성의 평가 유무, 평가 방식에 차이가 있습니다. 따라서 실제 자신이 지원하는 학교와 학과의 서류평가 기준을 숙지할 필요가 있습니다. 다음 자료는 서울권 20여 개 대학 중 입시 모집요강에 공식적으로 발전 가능성을 명시하고 있거나 발전 가능성과 유사하다고 판단되는 요소에 관한 내용을 정리한 것입니다. 자신이 지원하고자 하는 학교에서 발전 가능성을 어

떻게 정의하고 있는지와 그에 대한 평가요소 및 방법들이 어떠한지 확인해주시기를 바랍니다.

서울권 20여 개 대학의 입시 모집요강에 명시된 발전 가능성

학교 및 전형 이름	기준역량	기준역량의 정의, 평가대상 및 평가요소
중앙대학교 다빈치형인재전형, 학교장추천사회통합전형, 고른기회전형	발전 가능성	자기 주도성, 리더십, 창의적 문제해결력을 갖추었는지 평가함.
연세대학교 학생부종합전형	발전 가능성	현재 상황이나 수준보다 질적으로 더 높은 단계로 성장할 가능성을 의미함.
경희대학교 학생부종합전형, 고교연계전형, 고른기회전형(Ⅰ·Ⅱ)	발전 가능성	현재 상황이나 수준보다 질적으로 더 높은 단계로 향상될 가능성을 의미함. 자기 주도성, 경험의 다양성, 리더십, 창의적 문제해결력의 네 가지 요소로 평가함.
숭실대학교 학생부종합전형	잠재역량	인성 및 발전 가능성을 종합 평가함.
숙명여자대학교 숙명인재전형	전공 적합성 및 발전 가능성	전공 적성, 전공에 관한 관심과 이해, 진로에 대한 탐색 노력, 발전 가능성 등으로 평가함.
이화여자대학교 학생부종합전형	발전 가능성	현재 상황이나 수준보다 질적으로 더 높은 단계로 성장할 가능성을 의미함.
아주대학교 ACE전형, 다산인재전형	목표의식, 자기 주도성	적성과 진로에 대해 고민하여 탐색하는 과정과 노력, 지원 분야에 관한 관심과 열정, 고교 활동에서의 경험과 구체적 성취, 자신의 관심 분야에 지속적, 주도적으로 활동한 경험, 실제적인 성취를 이뤄낸 경험을 고려하여 평가함.

성균관대학교 성균인재전형, 글로벌인재전형, 고른기회전형, 소프트웨어과학 인재전형	잠재역량	글로벌 창의 리더가 지녀야 할 자질 및 발전 가능성을 평가함. 자기 주도성, 성실성, 리더십, 역경극복 의지, 봉사, 인성을 고려하여 평가함.
한양대학교 학생부종합일반전형, 고른기회전형	자기 주도역량	자발적인 [동기, 계획, 노력, 성취, 피드백]의 과정을 통해 꾸준히 학습하여 능력과 자질을 갖추어 가는 자기 관리역량이 있는지 평가함. 동기 형성 및 계획수립, 수행 및 성취, 목표 확장의 과정이 있는지 평가함.
서울시립대학교 학생부종합전형, 고른기회전형	발전 가능성	자기 주도성, 경험의 다양성, 리더십, 창의적 문제 해결력을 평가함.
세종대학교 창의인재전형, 고른기회전형	창의성, 발전 가능성	개인행동의 성향에 대한 평가를 통해 앞으로 한 단계 발전할 수 있는지를 판단함.
서강대학교 자기주도형전형, 일반형전형, 고른기회전형, 사회통합전형, 특성화고교졸업자전형	성장 가능성	자기 주도적으로 배우고 경험했는지, 주어진 문제를 어떻게 해결했고, 지적 호기심을 보이는 영역이 무엇이며, 주어진 여건 내에서 최선을 다했는지, 어려움을 어떻게 극복하는지 평가함. 공동체 의식, 리더십, 배려심을 평가함. 학교생활기록부, 추천서 및 자소서 통해 평가함.
건국대학교 KU자기추천전형, KU학교추천전형, 고른기회전형	발전 가능성	자기 주도성, 경험의 다양성, 리더십, 창의적 문제 해결력을 평가함.
동국대학교 Do Dream	지원동기 및 진로계획	지원동기의 타당성, 진로계획의 구체성으로 평가함.

홍익대학교 학교생활우수자전형, 미술우수자전형, 사회적배려대상자 전형1, 사회적배려대상자 전형2, 국가보훈대상자전형, 농어촌학생전형, 특성화고졸재직자 전형	발전 가능성	자기 주도성, 리더십 및 소통능력, 열정 및 소양 등을 평가함. 학교생활기록부, 자기소개서 등의 서류를 통해 평가함.
단국대학교 DKU인재전형, 고른기회학생전형, 사회적배려대상자 전형, 취업자전형, 기회균형선발전형 (정원외), 농어촌학생전형 (정원외), 특성화고졸재직자 전형(정원외)	발전 가능성	리더십과 팔로어십, 문제해결능력 등을 평가함. 학교 생활 기록부, 자기소개서 등의 서류를 통해 평가함.

Step 04

'전공 적합성'과 '발전 가능성'을
표현하기 위한 소재를 구체화하고,
자기소개서 공통 2번 문항의 초안을 작성한다

Why

Step 03에서 유스쿨 멘토/파트너들은 자기소개서 공통 2번 문항의 핵심 역량이 '전공 적합성'과 '발전 가능성'이라고 하였고 관련 내용을 살펴보았습니다.

이번 Step 04에서는 유스쿨 멘토/파트너들의 사례를 통해 '전공 적합성'과 '발전 가능성'을 표현하기 위한 활동 소재를 구체화하는 과정과 자기소개서 2번 문항의 초안을 작성하는 방법을 알아보겠습니다.

How

익힘책 자기소개서 10번 참조

자기소개서 공통 2번 문항

고등학교 재학 기간 중 본인이 의미를 두고 노력했던 교내활동을 통해 배우고 느낀 점을
중심으로 기술해 주시기 바랍니다.

(1,500자 이내)

🖋 자기소개서 공통 2번 문항의 내용 구성 방향성을 파악한다

1) 자신의 역량을 잘 표현할 수 있는 만큼의 소재 개수를 선택한다

2번 문항은 3개 이내의 교내활동을 통해 배우고 느낀 점을 작성하는 것을 추천합니다. '3개 이내로 작성'이라는 것은 지원자가 고교 3년 재학 중에 했던 활동을 모두 나열하기보다는 의미 있는 것을 선택하여 서술하라는 의미입니다.

자기소개서를 작성할 때 보통 2~3개의 활동을 선택한 후 이에 대해 구체적으로 작성하지만, 소재 개수가 2개가 좋은지 3개가 좋은지에 대한 명확한 답은 없습니다. 자신의 역량을 잘 표현할 수 있는 만큼의 소재 개수를 선택해야 합니다.

유스쿨 멘토/파트너들은 3개의 소재를 선택할 경우 활동의 다양성을 보여주기 쉽고, 2개의 소재를 선택할 경우 활동의 구체성을 보여주기 쉽다고 판단했습니다. 자신이 어떠한 부분에서 강점을 가졌는지 생각해보고 그 부분을 잘 표현할 수 있도록 소재 개수를 선택하는 것이 좋습니다.

2) 목표의식이 드러나도록 작성한다.

2번 문항은 고교 교내활동에서 배우고 느낀 점을 중심으로 작성하는 문항입니다. 목표가 없는 활동은 방향성이 없기에 의미 있는 결과물을 만들어낼 수 없습니다. 따라서 활동을 할 때 어떤 목표를 가지고 역할수행을 진행했는지 서술하는 것은 굉장히 중요합니다.

이때 목표는 거창하고 어려운 것이 아닙니다. 무언가를 변화시키고 도전하고 싶어 하는 계기 자체로 목표가 될 수 있습니다. 이후 목표를 달성하기 위한 활동 과정을 나타내고 그 과정에서 배우고 느낀 점을 도출할 수 있어야 합니다. 그리고 이 과정에서 자연스럽게 전공 적합성과 발전 가능성을 표현하는 것이 가장 좋습니다.

🖋 2번 문항에 사용할 소재를 구체화한다

2번 문항에 적합한 소재를 선별하기 위해서는 먼저 〈익힘책 자기소개서 6번〉에서 높은 점수를 부여했던 활동 중 전공 적합성이나 발전 가능성을 드러낼 수 있는 소재가 있는지를 고려해야 합니다.

2번 문항의 소재 선정 과정에서 가장 중요한 것은 단순히 활동을 진행하는 과정만이 아니라 활동의 목표가 있는지와 이러한 목표를 토대로 활동을 진행한 뒤에 배우고 느낀 점들이 유기적으로 잘 구성되어 있는지 확인하는 것입니다.

자신의 교내활동 중에서 전공 적합성과 발전 가능성이 잘 드러나는 활동이 있는지 생각해보고, 선정한 활동들의 목표를 이뤄가는 과정에서 자신이 배우고 느낀 점들이 무엇이었는지 정리해야 합니다.

✏️ 2번 문항에 활동 소재를 구체화하는 과정 ①

2번 문항에 활동 소재를 구체화하는 첫 번째 과정은 전공 적합성이나 발전 가능성이 뚜렷하게 드러나는 활동들을 리스트업하고 구체적으로 어떤 내용의 전공 적합성과 발전 가능성이 드러나는지 작성하는 것입니다.

〈익힘책 자기소개서 10번〉의 '2번 문항에 활동 소재를 구체화하는 과정1'에 작성합니다.

Example 1

익힘책 자기소개서 10번 모범 사례

서울대학교 언론정보학과 황찬희 파트너의 사례

＊ 2번 문항에 활동 소재를 구체화하는 과정1

활동	어떤 전공 적합성이 드러나는가?	어떤 발전 가능성이 드러나는가?
교내 신문부 활동-급식 관련 갈등 해결	학생으로서 할 수 있는 범위 내에서 언론인으로서의 역할을 수행함.	소통의 중요함을 깨달았고, 언론의 도움으로 갈등이 해결됨을 확인하며 언론인이 되고자 하는 결심을 함.

2번 문항에 소재를 구체화하기 위해서는 리스트업한 활동에서 드러나는 전공 적합성과 발전 가능성을 구체화해야 합니다.

황찬희 파트너는 전공 적합성과 발전 가능성을 드러내기 위한 활동 소재로 교내 신문부 활동에서 급식 문제를 해결했던 경험을 선택했습니다. 먼저 언론의 역할을 이해하고 교내에서 언론의 역할을 성공적으로 잘 수행했다는 점을 통해 언론 분야에 대한 전공 적합성을 강조하였고, 언론의 중요성을 확인하고 자기 주도적 목표의식을 드러내어 발전 가능성을 표현했습니다.

Example 2 〔익힘책〕 자기소개서 10번 모범 사례

한양대학교 신소재공학부 김재우 파트너의 사례

✱ 2번 문항에 활동 소재를 구체화하는 과정1

활동	어떤 전공 적합성이 드러나는가?	어떤 발전 가능성이 드러나는가?
물리 과제연구 활동	물리학에 관한 실험 및 이론 분석 활동을 통해 변인을 다루고 결과를 분석하는 공학도로서의 적합성을 드러냄.	오차를 분석하는 활동을 통해 역학적 변수를 고려하는 공학자가 되고 싶다는 생각을 하게 됨. 또한, 전공 서적을 참고자료로 이용하여 학업 역량에 관한 발전 가능성을 드러냄.

신소재공학부를 지망했던 김재우 파트너는 물리 과제연구 활동을 소재로 선정하였고 활동 구체화 과정을 통해 전공 적합성과 발전 가능성을 표현했습니다.

먼저 물리 과제연구 과정에서 실험 및 이론 분석에 대한 흥미와 적성을 보여주는 것을 통해 전공 적합성을 보여주었고, 공학자라는 진로에 대한 열정과 공학 분야에 대한 자기 주도적인 학습 태도를 통해 발전 가능성을 표현했습니다.

🖊 2번 문항에 활동 소재를 구체화하는 과정 ②

첫 번째 단계를 통해서 자신이 해당 활동에서 전공 적합성과 발전 가능성을 잘 표현할 수 있는지 확인했을 것입니다. 2번 문항에 활동 소재를 구체화하는 두 번째 과정은 첫 번째 단계를 바탕으로 2번 문항에 적합한 소재순으로 순위를 지정하는 것입니다.

〈익힘책 자기소개서 10번〉의 '2번 문항에 활동 소재를 구체화하는 과정2'에 작성합니다.

Example 1 　　　　　　　　　　　　　　　　**익힘책** 자기소개서 10번 모범 사례

서울대학교 언론정보학과 황찬희 파트너의 사례

＊ 2번 문항에 활동 소재를 구체화하는 과정2

순위	활동	계기	목표(O/X)
1	교내 신문부 활동 – 급식 관련 갈등 해결	학교에 선한 영향을 미치도록 개인적인 성향이었던 신문의 방향성을 사회적인 성향으로 바꾸고, 당시 학교에서 문제가 되었던 급식 문제를 해결하기 위함.	O

이번 과정에서는 앞선 단계에서 선정한 활동 소재에 대한 내용을 구체화합니다.

활동을 수행하게 된 계기가 무엇인지와 해당 활동의 수행을 통해 이루고자 했던 목표가 있는지를 확인하는 것입니다.

황찬희 파트너는 교내 급식 문제 해결을 위해 신문부 활동을 수행했고, 학교 내부의 문제점을 공론화시켜 해결하고자 했다는 목표가 있었습니다.

Example 2

한양대학교 신소재공학부 김재우 파트너의 사례

＊ 2번 문항에 활동 소재를 구체화하는 과정2

순위	활동	계기	목표(O/X)
1	물리 과제연구활동 – 포물선 운동 탐구	포물선 운동 이론에 대해 배운 후 실제 포물선 운동과 이론값의 차이에 궁금증이 생김.	O

김재우 파트너는 '포물선 운동 이론'을 학습한 이후 지적 호기심이 더욱 심화하여 이를 활동의 계기로 구체화했습니다.

이제 〈익힘책 자기소개서 10번〉의 '2번 문항에 활동 소재를 구체화하는 과정'에 자신이 선택한 소재 3가지를 골라 작성하도록 합니다.

✏ 2번 문항에 활동 소재를 구체화하는 과정 ③

2번 문항에 활동 소재를 구체화하는 세 번째 과정은 앞서 선정한 3가지의 활동에 대한 목표, 목표를 수행하는 과정, 그 과정에서 배우고 느낀 점에 대해 구체적으로 서술하는 것입니다.

〈익힘책 자기소개서 10번〉의 '2번 문항에 활동 소재를 구체화하는 과정3'에 작성합니다.

Example 1   익힘책 자기소개서 10번 모범 사례

서울대학교 언론정보학과 황찬희 파트너의 사례

✻ 2번 문항에 활동 소재를 구체화하는 과정3

활동	목표
교내 신문부 활동 – 급식 관련 갈등 해결	학교에 선한 영향을 미치도록 개인적인 성향이었던 신문의 방향성을 사회적인 성향으로 바꾸고, 당시 학교에서 문제가 되었던 급식 문제를 해결하기 위함.

목표 달성 과정 및 배우고 느낀 점
교내 문제를 해결하는 데 도움이 되는 방향으로 교내 신문의 성향을 바꿨음. 교내에서 급식 메뉴 관련 문제가 발생했을 때, 이를 해결하고자 영양사님과 학생의 의견을 물어보고, 객관적인 시선으로 인터뷰한 뒤 신문을 통해 전달하여 소통의 창구가 되고자 노력했음. (목표를 위해 수행한 활동) 급식 문제 개선. (목표 달성) 학교 내에서 언론이 문제 해결에 중요한 역할을 할 수 있다는 것을 경험하며, 언론이 사회 내에서 큰 영향력을 가지고 있다는 것을 직접 확인할 수 있었음. 더 나아가 사회의 여러 문제 해결에 도움을 주는 언론인이 되고 싶다는 결심을 하게 됨. (배우고 느낀 점)

이번 과정에서는 선정한 활동 소재의 구체적인 수행 과정과 그 결과에 대한 내용을 구체화합니다. 앞선 단계에서 정리했던 활동의 목표를 바탕으로, 해당 목표에 대한 달성 과정과 배우고 느낀 점을 구체화하는 것입니다.

황찬희 파트너는 기존 교내 신문부의 방향성에 대한 문제의식을 느끼고 교내 신문부가 보다 학교 내부에서 언론의 역할을 수행할 수 있도록 변화하는 것을 목표로 활동을 수행했습니다. 급식에 대한 학생들과 영양사의 갈등 해결을 위해, 객관적인 시각에서 문제점을 지적하고 이해집단 사이의 소통을 도모했습니다. 이러한 과정으로 인해 급식 문제를 개선하게 되었고, 언론의 중요성에 대해 깊이 깨닫고 인식할 수 있는 계기가 되었습니다.

Example 2 익힘책 자기소개서 10번 모범 사례

한양대학교 신소재공학부 김재우 파트너의 사례

＊2번 문항에 활동 소재를 구체화하는 과정3

활동	목표
물리 과제연구활동 – 포물선 운동 탐구	포물선 운동 이론에 대해 배운 후 실제 포물선 운동과 이론값의 차이에 궁금증이 생김.

목표 달성 과정 및 배우고 느낀 점

포물선 운동 이론에 대해 배운 후 실제 포물선 운동과 이론값이 얼마나 유사한지 궁금증이 생겨 '초속도가 같은 금속 구의 발사각 합이 90도 일 때 수평 도달 거리는 같은가'라는 주제로 실험을 진행함. (목표를 위해 수행한 활동1)

0.3 ㎝의 오차가 발생하여 목표 달성에 미치지 못함. 이에 공기저항의 요인을 분석함. (목표를 위해 수행한 활동2)

AP Physics 원서 분석을 통해 공기저항 힘이 연직 방향의 초속도와 비례하여 오차의 발생 원인을 깨달음. (목표 달성)

실험의 의의는 이론 증명이 아닌 외부요인을 찾는 것이라는 결론을 새롭게 내릴 수 있었음. 물리학에서 외부요인 분석 활동이 얼마나 중요한지 깨달은 후 외부요인 분석 활동의 흥미로 이어짐. (배우고 느낀 점+목표 달성 이후 심화 활동)

오차 요인 분석 활동의 흥미를 토대로 역학적 변수를 고려하는 공학자가 되어 이러한 활동을 실천해보고 싶다는 생각을 갖게 됨. (배우고 느낀 점)

김재우 파트너는 '포물선 운동'에 대한 지적 호기심을 해결하기 위해 실험과 이론 분석을 실행했습니다.

포물선 운동 이론값과 실제 관측값 사이의 오차 발생 원인을 이해했고, 오차에 대한 분석을 통해 공학 분야에서 외부요인 분석 활동의 중요성을 깨달았습니다. 이러한 일련의 목표 달성 과정을 통해 김재우 파트너는 공학자라는 진로가 자신의 적성에 맞는다고 확인할 수 있었습니다.

✏️ 2번 문항 추천 서술방식과 Case 분석

이제는 실제 자소서 분석 예시를 통해 서술방식을 파악하고, 위에서 구체화한 소재를 자기소개서 초안으로 작성합니다. 앞서 말했듯, 유스쿨 멘토/파트너들이 집단지성을 통해 정리한 2번 문항은 '**역할수행의 계기 – 역할수행 – 역할수행의 결과**'를 이상적 구조로 가지되 '**목표를 가지고 활동한 소재를 중심과 그 활동을 통해 배우고 느낀 점**'을 보여주셔야 합니다.

유스쿨 멘토/파트너의 자기소개서 공통 2번 문항 예시를 통해 전공 적합성과 발전 가능성을 효과적으로 표현하는 자기소개서 서술방식을 확인해봅시다.

Case 1) 전공 적합성을 강조한 사례

Example 1

한양대학교 신소재공학부 김재우 파트너의 사례

> (물리 과제연구활동 – 포물선 운동 탐구) 포물선 운동 이론에 대해 배운 후 실제 포물선 운동과 이론값이 얼마나 유사한지 궁금증이 생겨 물리 과제연구에서 '초속도가 같은 금속 구의 발사각 합이 90도일 때 수평 도달 거리는 같은가'라는 주제로 실험해보았습니다. (계기)
>
> 이론상으로 이동 거리는 같아야 했지만 0.3 ㎜의 오차가 발생하는 것으로 실험결과가 도출되자 어떤 외부적 요인이 작용했을까 고민했습니다.
>
> 포물선 운동을 하는 과정에서 공기의 저항이 금속 구의 운동에너지를 상쇄하였을 것으로 생각하여 공기저항 힘을 결정하는 요인을 탐구해 보았습니다. AP Physics 책을 통해 공기저항 힘이 공기밀도, 단면적, 속도와 관계가 있음을 알게 된 후 실험 과정을 고려하여 '공기저항의 힘이 연직 방향의 초속도와 비례하다'라는 결론을 얻었습니다. 이후 연직 방향의 초속도가 발사각도 60도일 때 더 크다는 수식을 입증함으로써 실험결과의 도출 원인에 대해 고찰해볼 수 있었습니다. (역할 수행)
>
> 평소 실험은 이론을 증명하는 과정이라고 생각했던 저는 위 오차 분석 활동을 통해 '실험의 의의는 이론과 다른 외부 요소를 찾는 것'이라는 결론을 내리며 실험을 바라보는 시각을 바꿀 수 있었습니다. 이는 물리학에서 외부요인을 고려하는 과정이

얼마나 중요한지를 깨닫게 해주었으며 외부 요인 분석 활동의 흥미로 이어졌습니다. 이후에 진행한 실험에서도 오차에 대해 고민하지 않고 오히려 오차가 왜 발생했는지 의문을 해결하는 과정의 즐거움을 느꼈으며 이러한 즐거움을 역학적 변수를 고려하는 공학자가 되어 실천해보고 싶다는 생각을 하게 되었습니다. (결과)

● **Example 2**　　　　　　　　　　　　　　　　자기소개서 공통 2번 문항 완성본

서울대학교 언론정보학과 황찬희 파트너의 사례

2년 동안 교내 신문동아리 SM에서 회장으로 활동했습니다. 1학년 때는 직접 글을 쓰고, 제 글이 실린 신문이 발간되는 것 자체에 뿌듯함을 느꼈습니다. 하지만 2학년이 된 후 단순히 소식을 전달하는 역할에서 나아가 교내 문제를 해결하는 데 도움이 되고 싶다는 생각이 들었습니다. (계기)

가장 기억에 남는 활동은 급식 문제를 해결했던 일입니다. 매끼를 학교에서 먹는 학생들은 맛있는 급식을 원했고, 영양사님은 영양을 중요시하다 보니 급식을 둘러싸고 학생들과 영양사님 사이에 갈등이 있었습니다. 학생들의 급식에 대한 불만은 쌓여갔지만 이를 영양사님께 전달하거나, 영양사님의 이야기를 학생들에게 전달하는 수단이 마땅치 않았습니다. 그래서 저는 교내 소식지를 통해 둘 사이의 소통을 돕기 위해 평소 학교 소식을 취재할 때보다 더 많은 시간을 인터뷰 준비에 쏟았습니다. 학생과 영양사님이 서로 물어보고 싶었던 것이 무엇인지 조사하고 이를 바탕으로 인터뷰를 진행한 후, 각자의 의견을 담은 기사를 작성했습니다. (역할수행)

이렇게 만들어진 소식지는 서로의 입장을 이해하는 데 큰 도움이 되었습니다.

이후 학생들은 급식에 대한 의견을 제안하고 영양사님은 이러한 학생의 의견을 식단에 일정 부분 반영하는 등의 여러 노력 덕분에 2학기 때 급식이 개선되었습니다. 저는 교내에서 언론을 통해 학교 문제를 개선하며 언론이 사회 내에서 큰 영향력을 가지고 있다는 것을 확인할 수 있었습니다. 이러한 경험을 하며 저는 앞으로 사회의 여러 문제 해결에 도움을 주는 언론인이 되고 싶다는 결심을 하게 되었습니다. (결과)

제시된 두 가지의 사례는 모두 '역할수행의 계기 – 역할수행 – 역할수행의 결과'의 흐름순으로 전공 적합성을 강조하고 있습니다.

김재우 파트너는 전공 분야와 관련된 실험과 이론 분석 과정을 통해 공학 분야에 대한 자신의 적성과 흥미를 보여주었고, 공학자라는 구체화된 진로를 제시하며 전공 적합성을 효과적으로 강조하고 있습니다.

또한, 전공 적합성과 발전 가능성을 모두 효과적으로 드러내었습니다. 진행한 활동을 구체적으로 표현한 내용은 실험 과정을 논리적으로 설계하고 그 결과를 체계적으로 분석했다는 점에서 공학 분야로의 전공 적합성을 보여주었습니다. 그리고 활동을 통해 배우고 느낀 점을 바탕으로 심화 활동을 수행했다는 점은 작성자가 관련 분야에 대해 가지고 있는 열정과 자기 주도적 탐구 의지를 바탕으로 하여 발전 가능성을 효과적으로 보여주고 있다고 할 수 있습니다.

황찬희 파트너 역시 교내 신문부 활동을 통해 언론의 순기능을 실천하였고, 언론의 중요성을 인식하여 해당 분야로의 진로희망을 결심했습니다. 언론 분야에 대한 흥미와 적성 그리고 언론인이 갖추어야 할 역량을 갖추고 있음을 제시하며 언론 관련 전공에 대한 전공 적합성을 효과적으로 드러내고 있습니다.

Case 2) 발전 가능성을 강조한 사례

자기소개서 공통 2번 문항 완성본

경희대학교 산업경영공학과 인바다 파트너의 사례

탄소끼리 결합해 그래핀을 형성하고, 그래핀이 층상구조를 이루면 흑연이 된다고 배웠습니다. 그 후 수년간 필기도구로만 생각되던 샤프가 흑연을 이용하는 도구로 느껴졌고, 공부할 때마다 흑연이 떨어져 나가는 상상을 하면서 신기해하곤 했습니다. 흔히 접할 수 있는 현상들을 과학적으로 접근하면 색다르게 느껴지는 것이 좋았습니다. 이러한 느낌을 얻기 위해 실험 자율동아리인 'GPS'에 가입했습니다. (계기)
가장 기억에 남는 실험은 '구리도금'입니다. 10원짜리 동전을 식초에 넣으면 초산구리가 형성되고, 이온화 상태로 녹아있기 때문에 전자가 잘 이동할 수 있었습니다. 이곳에 못을 넣으니 구리로 도금이 되었고, 못 주위에 기포가 발생합니다. 이를 통해 철이 구리보다 반응성이 커 구리이온의 전자가 철로 이동함을 알 수 있었고, 수소 기체가 발생함을 직접 관찰할 수 있었습니다. 화학 시간에 이 현상을 배울 때는 현실성을 느끼기 어려웠는데, 이 실험을 통해 이해하는 데 도움이 되었습니다. (역할수행)

학교생활을 하며 실험을 할 기회가 많이 없었지만, 동아리 활동을 통해 원하는 실험을 할 수 있어 좋았습니다. 또한, 간단한 실험에도 꽤 복잡한 과학적 원리가 담겨있음을 알아가는 것이 즐거웠습니다. 학교에서 진행하는 이론수업과 더불어 직접 실험을 함으로써 다양한 원리에 흥미를 가지고 접근할 수 있었습니다. (결과)

Example 2

자기소개서 공통 2번 문항 완성본

연세대학교 신학과 이성준 파트너의 사례

교내에 스포츠와 경영마케팅을 접목한 동아리가 없어 아쉬움이 컸던 저는 융합형 동아리의 필요성을 인식하여 학술 탐구 동아리인 'SEM(Sports Economics Marketing Management)'을 창설하였습니다. (계기)

SEM 부장으로서 '멘토링 타임'이나 경제 다큐멘터리 시청 후 보고서 작성, 직업인 인터뷰 등 다양한 활동을 진행했습니다. 전공과 학년 구분 없이 같은 관심 분야를 가진 친구들과 함께한 동아리 모임은 늘 기대되는 시간이었습니다. 특히 '멘토링 타임'에는 경제, 경영학적 현상과 용어들을 정리한 유인물을 준비하여 부원들에게 제공했습니다. '쌀은 비싸도 사지만 장미는 비싸면 안 산다'와 같이 제가 공부하며 적용했던 예시적용 암기법이나 개념에 대한 이해구조를 함께 나눔으로 부원들에게 고마움의 표현을 많이 받았습니다. (역할수행)

스터디 그룹 형식의 질의 · 응답을 통해 제 지식도 다질 수 있었고 누군가에게 학문적으로 가르쳐줄 수 있다는 지식 나눔의 즐거움을 느꼈습니다. (결과)

다음 사례들은 발전 가능성을 중심으로 하여 2번 문항을 작성한 유스쿨 파트너 사례입니다. 작성 내용의 형식과 구조는 **Case 1)**의 사례와 같이 **'역할수행의 계기 – 역할수행 – 역할수행의 결과'**로 이어집니다.

인바다 파트너는 화학 시간에 배운 개념을 실생활에서도 적용하는 과정에서 흥미를 느껴 실험 자율동아리에 가입했고, '구리도금'과 같이 여러 실험을 통해 과학적 원리를 알아가면서 재미를 느꼈다고 말하고 있습니다. 이 소재는 산업경영공학과와는 직접적인 연관이 없지만, 지원자의 전반적인 학문을 대하는 태도, 활동을 주도적으로 이끌고 향후 장단기적인 목표를 세울 수 있다는 점에서 발전 가능성이 두드러지는 사례라고 할 수 있습니다.

이성준 파트너는 고교 생활 중 자신이 관심 있어 하는 분야 동아리가 없다는 아쉬움에 직접 학술 탐구 동아리를 창설했습니다. 여기서 스스로 목표의식을 가지고 동아리를 창설하여 활동했다는 점에서 발전 가능성이 드러난다고 볼 수 있습니다. 사례에 나타난 활동은 이성준 파트너가 실제로 지원한 신학과와 아무런 관련이 없는 활동처럼 보일 수도 있지만, 이성준 파트너는 직접 동아리를 창설해 운영하는 리더십과 나눔의 즐거움을 강조하면서 발전 가능성을 드러내고 있습니다. 실제로 연세대학교 신학과에는 '교회에 봉사할 지도자 양성'을 비전으로 제시하고 있습니다. 따라서 '지식 나눔의 즐거움 → 봉사', '리더십 → 봉사'로 연결지어 생각하면 이 소재는 발전 가능성과 전공 적합성 모든 측면을 다뤘다고 생각할 수 있습니다.

Q1 자기소개서 공통 2번 문항을 작성할 때, '활동 내용'과 '배우고 느낀 점' 중 어떤 내용을 중심으로 작성해야 하나요?

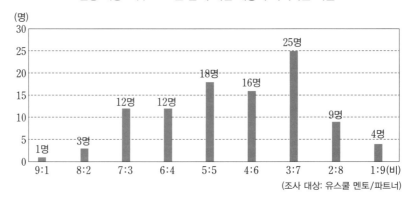

자기소개서 공통 2번 문항에서
'활동 내용: 배우고 느낀 점'에 대한 내용이 차지하는 비율

(조사 대상: 유스쿨 멘토/파트너)

위 그래프는 2번 문항에서 **'활동 내용'**과 **'배우고 느낀 점'**에 대한 내용이 차지하는 비율에 대해 유스쿨 멘토/파트너들을 대상으로 설문 조사한 것입니다.

설문조사 결과 2번 문항에서 활동 내용과 배우고 느낀 점의 비중은 개인마다 큰 차이를 보였습니다. 그러나 전체적인 측면에서는 활동 내용보다 배우고 느낀 점의 분량에 더 초점을 둔 사례가 많아서 2번 문항에서는 비교적으로 배우고 느낀 점이 조금 더 중요하다고 판단할 수 있습니다. 그러나 활동에 따라 활동 내용과 배우고 느낀 점의 분량이 달라질 수 있으므로 특정 내용을 더 많이 써야 하는가에 대한 정답은 없다고 볼 수 있습니다.

자신이 선택한 소재의 활동 내용을 고려하여 어떠한 서술방식이 자신의 경험과 그 경험이 갖는 의미를 잘 표현할 수 있는지 충분히 고민한 후, 적절하게 비율을 조절하는 것이 좋습니다.

Q2 자기소개서 공통 2번 문항을 작성할 때, '활동 소재의 개수'는 몇 개가 가장 적절한가요?

자기소개서 공통 2번 문항에서 '활동 소재의 개수'에 대한 비율

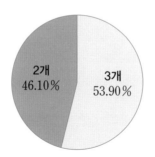

2개
46.10%

3개
53.90%

(조사 대상: 유스쿨 멘토/파트너)

위의 설문조사 결과 대부분의 유스쿨 멘토/파트너들은 2번 문항에 2개 또는 3개의 활동을 활용했습니다. 일반적으로 소재를 선택할 때, 고등학교 재학 기간에 했던 모든 활동을 찾아보기 때문에 여러 가지 매력적인 활동 소재가 나옵니다. 따라

서 많은 멘토/파트너들은 한가지 활동만 활용하기보다는 2개 혹은 3개의 활동을 사용합니다.

2개의 활동으로 작성할 경우 활동의 구체성을 보여주기 쉽고, 3개의 활동을 작성할 경우 활동의 다양성을 보여주기 쉽습니다. 따라서 이 점을 고려해서 자신의 역량을 잘 표현할 수 있는 만큼의 활동 소재의 개수를 선택해야 합니다.

자신이 어떠한 부분에서 강점을 가졌는지 생각해보고 그 강점을 잘 표현할 수 있도록 활동 개수를 선택하는 것이 좋습니다. 이처럼 소재의 개수에 따른 표현 방식의 차이나 장단점이 분명히 존재하므로 소재의 개수를 결정하기에 앞서 여러 자기소개서 사례를 통해 자기소개서의 소재 개수를 결정하시길 바랍니다.

Q3 자기소개서 공통 2번 문항을 작성할 때, '전공 적합성'과 '진로'를 표현해야 하나요?

자기소개서 공통 2번 문항에서 전공 적합성의 표현 유무

10.60%

전공 적합성 표현 ○
89.40%

(조사 대상: 유스쿨 멘토/파트너)

설문에 참여한 유스쿨 멘토/파트너 중 약 90%는 자신의 자기소개서 2번 문항에 **'전공 적합성'**에 대한 내용을 표현했습니다.

2번 문항은 1, 3번 문항과는 다르게 '본인이 의미를 두고 노력했던 교내활동'이라는 키워드를 제시하며 문항에서 요구하는 바를 명확하게 드러내지 않아서 포괄적인 서술을 요구하고 있는 만큼 전공 적합성에 대한 내용을 언급할 수 있는 여지가 많은 문항이라고 할 수 있습니다.

따라서 2번 문항에서는 전공과 관련된 활동을 적어도 1개 이상 작성하는 것이 좋습니다.

자기소개서 공통 2번 문항에서 진로의 표현 유무

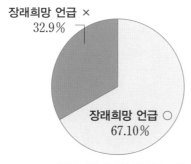

(조사 대상: 유스쿨 멘토/파트너)

설문에 참여한 유스쿨 멘토/파트너 중 60% 이상은 자기소개서 2번 문항에서 '진로'에 대한 내용을 표현했다고 답했습니다. 대부분의 학생들에게 '본인이 의미를 두고 노력했던 활동'은 자신의 진로와 연관된 활동인 경우가 많습니다. 많은 유스쿨 멘토/파트너들 역시 2번 문항에서 자신의 진로와 연관된 활동을 활용했습니다.

단, 2번 문항에 반드시 자신의 진로와 연관있는 활동을 작성해야 하는 것은 아니므로 여러 가지 사례를 보면서 장래희망에 대한 내용을 표현할지 고민해보시기 바랍니다.

Step 05

자기소개서 공통 3번 문항의 핵심 역량인 '인성'을 이해한다

Why

유스쿨 멘토/파트너들이 말하는 자기소개서의 공통 3개 문항 중 마지막 문항인 3번 문항의 핵심 역량은 '인성'입니다.

인성이란 공동체 속에서 갖춰야 할 개인의 품성이나 사회적 능력을 의미합니다. 또한, 공동체와 근면 성실함을 정성적으로 평가하는 역량이라고 생각할 수 있습니다.

이번 Step 05에서는 자기소개서 공통 3번 문항의 핵심 역량인 인성에 대한 내용을 다루도록 하겠습니다.

How

자기소개서 공통 3번 문항

학교생활 중 배려, 나눔, 협력, 갈등 관리 등을 실천한 사례를 들고,
그 과정을 통해 배우고 느낀 점을 중심으로 기술해 주시기 바랍니다.

(1,000자 이내)

✏️ 3번 문항의 적합 평가 기준(역량)을 제대로 이해한다

3번 문항은 실천한 사례를 바탕으로 그 과정에서 배우고 느낀 점에 관한 서술을 요구하고 있습니다. 특히 다른 문항과는 다르게 '**과정을 통해**'라는 언급이 있습니다. 이를 해석하면 3번 문항은 단순히 활동과 능력을 중심으로 서술하는 것보다 활동을 실천하는 과정에서 인성 요소를 녹여내야 함을 알 수 있습니다.

또한, 인성 역량에는 협업능력, 나눔 및 배려, 소통능력, 도덕성, 성실성 등 다양한 하위 역량이 포함되어 있으므로 꼭 문항에 언급된 인성 요소가 아니더라도 인성 역량을 보여줄 수 있는 사례라면 3번 문항의 소재로 사용할 수 있습니다.

유스쿨에서는 서울권 20여 개 대학의 모집요강과 멘토/파트너의 의견을 바탕으로, '인성'에 대한 정의를 내리고, 인성을 구성하는 세부적인 역량에 무엇이 있는지 구체화했습니다.

유스쿨에서 정의한 인성이란?

인성이란 공동체의 바람직한 일원이 되기 위해 필요한 개인의 품성(나눔과 배려) 및 사회적 능력(협력과 갈등 관리)을 의미합니다.
또한, 공동체성과 근면 성실함을 정성적으로 평가하는 역량으로도 생각할 수 있습니다.

학교와 전형에 따라 인성의 평가 유무 및 평가 방식에 차이가 있습니다. 따라서 실제 자신이 지원하는 학교/학과의 서류평가 기준을 숙지할 필요가 있습니다.

다음 자료는 서울권 20여개 대학 중 입시 모집요강에 공식적으로 '인성'을 명시하고 있거나 인성과 유사하다고 판단되는 요소에 대한 내용을 정리한 것입니다. 자신이 지원하고자 하는 학교에서 인성을 어떻게 정의하고 있는지와 그에 대한 평가요소 및 방법들이 어떠한지 확인해주시기 바랍니다.

서울권 20여 개 대학의 입시 모집요강에 명시된 인성 역량

학교 및 전형 이름	기준역량	기준역량의 정의, 평가대상 및 평가요소
중앙대학교 다빈치형인재전형, 학교장추천사회 통합전형, 고른기회전형	인성	공동체 속에서 함께 협업하고 소통할 수 있는 능력과 타인에 대한 나눔과 배려, 그리고 도덕성을 갖추고 의무를 다하는 성실함을 평가함.
서울대학교 지역균형선발전형, 일반전형, 기회균형선발특별 전형	학업 외 소양	개인의 품성뿐만 아니라 리더십, 공동체 의식, 책임감, 사회적 기여 가능성 등을 평가함.
연세대학교 학생부종합전형	인성	개인의 성장과 발전 측면에서 지능이나 학업성취도 같은 인지적 특성의 역량보다 끈기, 성실성, 인간관계, 책임감, 자기조절 등과 같은 비인지적 요인의 영향이 더 크기 때문에 정성적으로 평가함.
경희대학교 학생부종합전형, 고교연계전형, 고른기회전형(Ⅰ·Ⅱ)	인성	공동체의 일원으로서 필요한 협업능력과 상대와 원만한 관계를 형성하는 나눔과 배려를 평가함. 또한, 도덕성과 성실성, 상대방의 의견을 경청하며 본인의 생각을 효과적으로 전달하는 소통능력을 평가함.
숭실대학교 학생부종합전형	잠재역량	인성 및 발전 가능성을 종합적으로 평가함.
숙명여자대학교 숙명인재전형	공동체 의식과 협업능력	공동체 의식과 리더십, 협업능력과 소통능력 등에 대해 평가함.
이화여자대학교 학생부종합전형	인성	개인의 성장과 발전 측면에서 지능이나 학업성취도 같은 인지적 특성의 역량보다 끈기, 성실성, 인간관계, 책임감, 자기조절 등과 같은 비인지적 요인의 영향이 더 크기 때문에 정성적으로 평가함.

아주대학교 ACE전형, 다산인재전형	인성	배려와 나눔의 태도, 협력을 통해 자신이 속한 공동체에 긍정적인 영향을 주고, 성실성과 근면성, 책임감 등으로 학교생활을 참여하는 것을 평가함.
인하대학교 인하미래인재전형	인성	리더십, 협업능력, 사회적 능력 등을 바탕으로 공동체적 인성을 파악하고, 성실성, 의사소통, 봉사 정신 등 개인 인성을 종합적으로 평가함.
성균관대학교 성균인재전형, 글로벌인재전형, 고른기회전형, 소프트웨어과학 인재전형	성균 핵심 역량	성숙한 인성과 건전한 가치관을 지니고 타인을 이해하며 소통할 수 있는 능력을 평가함.
한양대학교 학생부종합일반전형, 고른기회전형	소통, 협업 역량	공동체의 발전을 위해 자발적인 협력 태도를 보이며, 뛰어난 공감 능력으로 상대방의 입장에서 생각하여 의견을 수용하고 타인을 배려하는 행동을 할 수 있는 역량을 평가함
한국외국어대학교 학생부종합전형, 고른기회전형	인성	공동체의 일원으로서 필요한 협업능력과 상대와 원만한 관계를 형성하는 나눔과 배려를 평가함. 또한, 도덕성과 성실성, 상대방의 의견을 경청하며 본인의 생각을 효과적으로 전달하는 소통능력을 평가함.
서울시립대학교 학생부종합전형, 고른기회전형	사회역량	공동체 및 시민윤리의식으로 공동체 발전을 위하여 개인의 유익보다 공공의 이익과 공적 윤리를 중시하는 태도와 행위를 평가함. 협동학습능력으로 타인과 협력함으로써 모자란 것을 보완하여 성과를 산출하는 팀워크를 평가함.
세종대학교 창의인재전형, 고른기회전형	인성	공동체의 일원으로서 필요한 바람직한 사고와 행동의 세부항목으로 '협업능력', '나눔과 배려', '소통능력', '도덕성', '성실성'을 평가함.

서강대학교 자기주도형전형, 일반형전형, 고른기회전형, 사회통합전형, 특성화고교졸업자전형	성장 가능성	주어진 여건 내에서 최선을 다하였고 어려움을 어떻게 극복했는지 공동체 의식, 리더십, 배려심을 평가함.
건국대학교 KU자기추천전형, KU학교추천전형, 고른기회전형	인성	공동의 목표를 달성하기 위해 협업할 수 있고, 상대방의 의견을 경청하며 전달하는 소통능력을 평가함. 또한, 타인과 원만한 관계를 형성하기 위한 나눔과 배려 정신과 책임감을 바탕으로 한 성실성과 도덕성을 평가함.
동국대학교 DoDream전형	인성 및 사회성	성실과 역할의 주도성을 평가함.
홍익대학교 학교생활우수자전형, 미술우수자전형, 사회적배려대상자전형1, 사회적배려대상자전형2, 국가보훈대상자전형, 농어촌학생전형, 특성화고를 졸업한 재직자전형	인성	자신의 의무와 책임감을 느끼고 노력하는 성실성과 공동체의 기본윤리와 원칙을 따르는 도덕성 그리고 상대방을 존중하고 양보할 줄 아는 나눔과 배려를 평가함.
단국대학교 DKU인재전형, 고른기회학생전형, 사회적배려대상자전형, 취업자전형, 기회균형 선발전형(정원외), 농어촌학생전형(정원외), 특성화고졸재직자 전형(정원외)	인성	성실성, 공동체 의식 등을 평가함.

Step 06

'인성'을 표현하기 위한 소재를 구체화하고, 자기소개서 공통 3번 문항의 초안을 작성한다

Why

합격자들의 자기소개서를 분석해보면, 자기소개서의 각 문항에서 원하는 적절한 평가 기준(역량)들을 잘 구체화하여 표현하였다는 것을 알 수 있습니다.

Step 05에서 유스쿨 멘토/파트너들은 자기소개서 공통 3번 문항의 핵심 역량을 '인성'이라고 하였고, 공동체의 바람직한 일원이 되기 위해 필요한 개인의 품성 및 사회적 능력이라고 정의했습니다.

이번 Step 06에서는 유스쿨 멘토/파트너들의 사례를 통해 '인성'을 표현하기 위한 활동 소재를 구체화하는 과정과 자기소개서 3번 문항의 초안을 작성하는 방법에 대해 알아보겠습니다.

How

익힘책 자기소개서 11번 참조

자기소개서 공통 3번 문항

학교생활 중 배려, 나눔, 협력, 갈등 관리 등을 실천한 사례를 들고,
그 과정을 통해 배우고 느낀 점을 중심으로 기술해 주시기 바랍니다.
(1,000자 이내)

✏️ 자기소개서 공통 3번 문항의 내용 구성 방향성을 파악한다

1) 가치관에 해당하는 1~2가지의 실천사례를 작성한다.

3번 문항에서 '배려, 나눔, 협력, 갈등 관리' 등을 모두 제시하고 있다 보니 4가지 역량을 모두 작성해야 한다고 생각할 수도 있습니다.

하지만 3번 문항에서 4가지 역량을 모두 보여주려고 하면 각각의 덕목마다 관련된 실천사례까지 작성해야 합니다. 그렇게 되면 사실상 1가지 역량에 250자밖에 작성할 수 없게 되어서 단순히 실천사례를 나열하는 것과 별반 다르지 않은 자기소개서를 마주하게 될 것입니다.

유스쿨 멘토/파트너들은 자신만의 가치관을 가지고 그를 배우거나 실천한 것이 3번 문항에서 가장 질 높은 실천사례라고 이야기했습니다. 따라서 인성 역량에 대한 가치관에 맞는 1~2가지 사례를 작성하는 것이 좋습니다.

2) 가치관을 정의한다.

과정 1)에서 언급했듯이 3번 문항에서는 단순히 실천사례를 나열하는 것은 좋지 않습니다. 하지만 각 인성 요소에 대한 자신만의 가치관을 가지고 그것을 배우거나 실천한 사례는 좋은 사례입니다.

실천사례에 자신만의 가치관을 담아 표현하는 것을 어렵다고 생각할 수도 있지만 그리 어렵지 않습니다. 자신이 생각하는 인성 요소에 대한 견해가 바로 가치관이라고 할 수 있습니다. 여기서 말하는 가치관의 정의는 인성 요소에 대한 사전적인 정의가 아닌 자신이 생각하는 인성 요소에 대한 정의를 의미합니다.

3) 솔직하게 작성한다.

3번 문항이 요구하는 것은 1, 2번 문항에서 보여주는 특출난 능력과는 다릅니다.

인성 역량을 보여주기 위해서는 자신의 뛰어남을 언급하기보다는 '솔직한 실천'을 통해 배우고 느낀 점 위주로 작성해야 합니다. 어렵고 부정적인 상황은 언제든

마주칠 수 있기에 자신이 이것을 어떻게 극복하고 발전할 수 있는지 어필해야 합니다. 따라서 자신이 잘못했던 일이나 어려움을 겪었던 부분에 대해서 겸손하게 반성하며 긍정적으로 변화했다는 사례를 잘 반영하여 작성하면 됩니다. 거창하게 꾸며진 성공사례는 오히려 부자연스럽고 꾸며진 이야기로 보이기 쉬울 것입니다.

시작부터 완벽한 사람은 없습니다. 지난 3년 동안 자신을 성장시켰던 나눔, 배려, 협력, 갈등 관리 등 일련의 사건들을 중심으로 어떻게 성장했고, 인성 요소들에 대한 가치관이 어떻게 변화했는지, 내가 더 나은 사람으로 어떻게 변화했는지를 담는 것이 3번 문항의 주요 포인트라고 할 수 있습니다.

✏️ 3번 문항에 사용할 소재를 구체화한다

3번 문항은 소재를 구체화하기 이전에 먼저 자신의 가치관을 정의해야 합니다. 배려, 나눔, 협력, 갈등 관리 등 인성 요소에 대한 자신의 가치관을 모두 정리합니다.

자신에게 비중 있는 인성 요소를 선별하기 위해 **〈익힘책 자기소개서 6번〉**에서 점수를 부여한 활동을 바탕으로 해당하는 인성 요소를 확인합니다. 인성 요소와 연관된 활동을 살펴보며 자신만의 가치관이 뚜렷하게 있거나 활동을 실천한 비중이 높은 인성 요소를 정합니다.

다음으로 활동 소재를 배치하는 과정에서 가장 중요한 것은 자신의 가치관과 활동의 과정이 유기적으로 변화하고 확정되는 것입니다. 따라서 자신만의 인성 요소에 대한 가치관과 이에 따른 활동 과정을 정리해 보아야 합니다. **〈익힘책 자기소개서 11번〉**은 3번 문항의 소재 선정에 필요한 과정을 도와줍니다. 앞선 내용을 통해 이해한 3번 문항과 인성을 바탕으로 **〈익힘책〉**에 작성해봅시다.

✏️ 3번 문항에 활동 소재를 구체화하는 과정 ①

3번 문항에 활동 소재를 구체화하는 첫 번째 과정은 자신의 가치관을 정의하는 것입니다. 배려, 나눔, 협력, 갈등 관리 등의 인성 요소에 자신의 가치관을 담아 〈**익힘책 자기소개서 11번**〉의 '3번 문항에 활동 소재를 구체화하는 과정1'에 작성합니다. 이때 해당 인성 요소에 대한 사전적인 정의를 작성하는 것은 지양해야 합니다.

Example 1

숙명여자대학교 전자공학과 이예현 멘토의 사례

＊ 3번 문항에 활동 소재를 구체화하는 과정1

인성 요소	해당 인성 요소에 대한 본인의 가치관
나눔	목적이 좋은 나눔도 시기를 잘 맞추지 못하면 불필요해질 수 있다.
갈등 관리	정중한 부탁만으론 해결하지 못할 상황이 있다. 갈등 관리에 있어서 태도뿐만 아니라 상대방을 이해시키는 과정이 필요하다.
배려	배려하는 행위도 중요하지만, 받는 과정에서 배우는 점도 크다.
협력	협력은 단순히 여러 사람이 함께하기에 강한 것이 아니라 그 자체로 동력원이 된다.

이예현 멘토는 나눔, 갈등 관리, 배려, 협력에 대한 자신의 가치관을 정리했습니다. 인성 요소의 사전적 정의가 아닌 고등학교 생활을 하면서 자리 잡은 가치관을 떠올리며 작성했습니다.

4가지 인성 요소 중 1가지의 인성 요소를 고르기 위해서 다음과 같은 기준으로 선별했습니다. 첫 번째는 해당 요소에 대해 기울인 노력이 많은 것을 골랐고, 두 번째는 장기적으로 한 것을 선택했습니다.

이예현 멘토는 첫 번째 기준에 충족하는 해당 요소를 '나눔'과 '갈등 관리'로 뽑았습니다. 나눔의 경우 봉사활동에서 많은 노력을 하였고, 갈등 관리는 임원을 하며 했던 활동을 떠올릴 수 있었습니다. 이 중에서 임원활동은 두 번째 기준인

장기적으로 한 활동도 만족시키는 것이므로 결론적으로 '갈등 관리'를 인성 요소로 정했습니다.

Example 2

익힘책 자기소개서 11번 모범 사례

한양대학교 신소재공학부 김재우 파트너의 사례

* 3번 문항에 활동 소재를 구체화하는 과정1

인성 요소	해당 인성 요소에 대한 본인의 가치관
협력	타인의 입장을 고려하여 맡은 일을 완수할 수 있도록 도와주는 것

김재우 파트너는 생활기록부 활동을 정리하면서 실천한 비중이 높았던 '협력'의 요소를 인성 요소로 정했습니다.

창업 캠프 등의 활동을 하면서 리더로서 팀원들의 의견을 잘 수용하여 적절한 역할에 배치하는 조력자의 역할을 맡으면서 협력이란 '타인의 입장을 고려하여 맡은 일을 완수할 수 있도록 도와주는 것'이라는 자신만의 정의를 내렸습니다.

✎ 3번 문항에 활동 소재를 구체화하는 과정 ②

두 번째 과정은 생활기록부의 활동을 다시 확인하는 것입니다. 자신이 정의한 가치관을 가지게 된 활동이나 실천한 사례를 보여줄 수 있는 가장 적합한 활동을 선별합니다.

그 활동에서 어떤 역할수행 과정이 있었는지, 자신만의 가치관이 어우러지게 1~2개의 소재로 〈**익힘책 자기소개서 11번**〉의 '3번 문항에 활동 소재를 구체화하는 과정2'에 작성합니다.

Example 1　　　　　　　　　　　　　　익힘책 자기소개서 11번 모범 사례

숙명여자대학교 전자공학과 이예현 멘토의 사례

＊ 3번 문항에 활동 소재를 구체화하는 과정2

활동	전교 부회장 공약 실천
해당 가치관을 가지게 된 과정	

- 전교 부회장으로서 '체육복 반바지 등교' 공약을 내세웠다.
- 공약 실천을 위해 교장 선생님과 면담을 했다.
- 정중하게 부탁드렸지만, 교복과 체육복 반바지는 어울리지 않는다는 이유로 거절하셨다.
- 이러한 과정에서 나의 의견만 고집했고, 단순히 공약을 위해서 부탁드렸다는 점을 반성했다.
- 이후 학생들에게 설문조사를 하고, 남학생들의 하복 바지 재질 문제와 계단이 많은 학교에서의 치마 문제점 등 의견을 모아 정리하였다.
- 다시 교장 선생님께 정리한 의견을 말씀드리니 생각보다 쉽게 공감해주시고 허락을 받을 수 있었다.
- 오히려 교장 선생님께선 학생들의 문제를 알기 어려웠다며, 학생들의 의견을 정리해 알려준 것에 감사하다고 말씀하셨다.

이예현 멘토는 이전에 자신이 정의한 가치관을 바탕으로 가장 적합한 사례를 '전교 부회장 공약 실천 활동'으로 정했습니다.

이 활동의 경우 이예현 멘토의 가치관이 변화하는 과정을 잘 담고 있습니다. 교장 선생님과 의견 대립 상황에서 정중한 부탁의 한계점을 깨달았고 솔직하게 반성했습니다.

또한 공약 실천을 위해 노력하며 갈등상황을 극복하였고, 이해하는 과정의 중요성을 깨달았습니다. 이 사례는 솔직하게 작성되었고 직접 경험한 활동이 자신의 가치관에 어떻게 영향을 끼쳤는지 잘 연결해 주고 있습니다.

Example 2 　　　　　　　　　　　　　　　　　　　　익힘책 자기소개서 11번 모범 사례

한양대학교 신소재공학부 김재우 파트너의 사례

* 3번 문항에 활동 소재를 구체화하는 과정2

활동	모의 창업 캠프에서 1박 2일간의 조별 토의
해당 가치관을 가지게 된 과정	

- 사업 아이템 구상 활동을 하던 도중 문제가 생겨 아이디어를 바꾸자는 의견을 내었다.
- 팀원 중 한 명이 지금까지 준비한 활동이 아깝다며 나의 제안을 반박하였다.
- 내 의견을 강요하기보다 그 팀원의 의견을 경청한 후 팀원이 오해한 부분을 설명해 주었다.
- 팀의 조장으로서 직접 조별 토의를 진행하였고 팀원들의 의견을 최대한 고려하여 원만한 토의를 진행하였다.
- 조장 역할을 수행하면서 팀원들의 의견에 따라 그 팀원이 잘 수행할 수 있는 역할을 배정해 주었고, 아이디어 준비를 마칠 수 있었다.
- 이를 통해 협력이란 타인의 관점에서 맡은 일을 제대로 완수할 수 있게끔 도와주는, 팀의 방향성을 설정하는 조력자의 역할이란 것을 깨달았다.

협력이란 '타인의 입장을 고려하여 맡은 일을 완수할 수 있도록 도와주는 것'이라는 자신이 정의한 가치관에 따라 생활기록부에서 타인의 입장을 고려하여 맡은 일을 완수할 수 있도록 도와준 사례로 '모의 창업 캠프에서 1박 2일간의 조별 토의'를 선택했습니다.

해당 활동에서 조장으로서 팀원의 의견을 수용하고 적절한 역할을 배정하는 임무를 수행하면서 협력이란 '팀의 방향성을 설정하는 조력자의 역할'이라는 것을 깨달았습니다. 주어진 자신의 역할에서 자신이 정의한 '협력'을 잘 실천한 사례입니다.

✏️ 3번 문항 추천 서술방식과 Case 분석

이제는 실제 자소서 분석 예시를 통해 서술방식을 파악하고, 위에서 구체화한

소재를 자기소개서 초안으로 작성합니다. 앞서 말했듯 유스쿨 멘토/파트너들이 집단지성을 통해 정리한 3번 문항의 이상적인 흐름은 '역할수행의 계기 – 역할수행 – 역할수행 결과'의 구조를 가지지만, 역할수행의 결과로서 가치관이 변화한 것을 보여주어야 합니다. 이를 위해서는 역할수행 단계에서 가치관의 변화 과정을 중심으로 작성해야 합니다.

유스쿨 멘토/파트너의 자기소개서 공통 3번 문항 예시를 통해 인성 역량을 효과적으로 표현하는 자기소개서 서술방식을 확인해봅시다.

Case 1) 배려를 강조한 사례

Example 1   자기소개서 공통 3번 문항 완성본

중앙대학교 경영학과 양동률 멘토의 사례

학생회에서 안전부로 활동할 때 건의함에 교문 앞바닥이 깨졌다는 쪽지를 받았습니다. 작은 문제라고 생각해서 행정실에 다른 일을 먼저 부탁했지만, 등교 시간에 휠체어를 탄 친구의 바퀴가 바닥에 걸려 불편을 겪고 있는 것을 보았습니다. 뒤늦게 행정실에 연락했지만 고치는 데 일주일이 걸린다는 답을 받았습니다. 그래서 저는 찰흙을 사서 임시로 깨진 부분을 메꿨습니다. 덕분에 친구는 문제없이 등교할 수 있었지만 제가 도울 수 있으면서도 도움을 주지 못했다는 것이 부끄러웠습니다. 그래서 앞으로 저의 도움이 필요한 사람에게 먼저 나서서 도움을 주자고 생각하며 그 방법을 고민했습니다. (역할수행의 계기)

반에 가수를 준비하는 친구가 있었습니다. 어느 날 친구가 "어떤 곡이 좋은 것 같아?"라고 말하며 이어폰을 건넸습니다. 저와 친하지 않았기 때문에 당황했지만 성심성의껏 들어주었습니다. 친구는 누군가에게 곡을 들려줄 기회가 없어 실가가 자신 없다는 고민을 털어놨습니다. 저는 주변 친구들로부터 동기부여를 받는데 친구는 고민을 나눌 사람도 없이 혼자 앓고 있었다는 생각에 안타까웠습니다. 그래서 저는 자신감이 떨어진 그 친구를 도와주고 싶었습니다. 반 친구들과 함께 그 친구를 응원하는 이벤트를 계획하였고, 저와 반 친구들은 자습시간에 친구의 곡을 들어주며 그동안 못 받았을 격려를 해주었습니다. 갑자기 자신의 노래가 흘러나와 당황했지만 이내 친구의 얼굴에는 웃음이 번졌고,

저에게 용기를 얻을 수 있었다며 고마움을 전했습니다. (역할수행)

남을 배려하기 전에 먼저 공감하는 것을 통해 타인이 어떤 도움이 필요한지 알 수 있었고 도와주고 싶다는 마음을 가져다주어 진심 어린 배려를 할 수 있었습니다. 앞으로도 공감을 통해 도움이 필요한 사람들에게 마음으로부터 나오는 배려를 하고 싶습니다. (역할수행)

Case 2) 갈등 관리를 강조한 사례

Example 2

자기소개서 공통 3번 문항 완성본

숙명여자대학교 전자공학과 이예현 멘토의 사례

제10기 전교 부회장으로서 '학생급식의 날, 야자 자율화, 남자화장실 문 설치, 체육복 반바지 등교 등' 총 4가지 실현 가능성 있는 공약을 내세웠습니다. (역할수행의 계기)

당선 후 유일하게 지키지 못한 체육복 반바지 등교 공약을 위해 교장 선생님과 면담을 했지만, 교복과 체육복 반바지는 어울리지 않는다는 이유로 거절하셨습니다. 늦어지는 공약 실천으로 친구들 사이에서 많은 원망을 들었고, 저는 다시 교장 선생님을 찾아뵙기로 마음먹었습니다. 지난 방문 때 저의 의견을 고집하는 것에만 급급했던 모습을 성찰하며, 이번엔 남학생들의 하복 바지 재질 문제와 계단이 많은 학교에서 치마의 문제점 등 친구들의 의견을 모아 정리했습니다. (역할수행)

교장 선생님께 정리한 의견들을 말씀드리니 바로 공감해주시고 허락을 받을 수 있었습니다. 이 과정을 통해 성급하게 부탁을 드렸던 미숙한 저의 모습을 반성했고 상대방을 이해시키는 과정의 중요함을 깨달았습니다. (역할수행의 결과)

Case 3) 협력을 강조한 사례

Example 3　　　　　　　　　자기소개서 공통 3번 문항 완성본

한양대학교 신소재공학과 김재우 파트너의 사례

송설 비즈니스 캠프에서 한 팀원과 겪은 갈등은 리더의 역할을 이해하는 데 도움이 되었습니다. 야간 산행용 드론 수요를 조사하는 과정에서 야간 산행은 불법이라는 사실을 알게 되었습니다. 이를 알리며 발표내용을 바꾸는 방향을 제시하자 한 팀원이 지금까지 준비한 활동이 아깝다며 저의 제안을 이해하기 힘들다고 했습니다. 계속해서 팀원에게 야간 산행용 드론이 적절하지 않다는 의견을 제시하였지만, 그 팀원을 설득하지 못했고 대치상태에 있었습니다. (역할수행의 계기)

한 발짝 물러서서 팀원의 말을 끝까지 들어보기로 했습니다. 그러자 팀원은 "자료조사가 마무리되어 가는데, 조사 대상을 바꾸면 언제 다 준비하느냐?"라는 말을 했습니다. 드론의 용도를 바꾸자고 한 말이 사업 아이템 자체를 바꿔버리자는 말로 해석되었다는 것을 알 수 있었습니다. 팀원이 오해한 부분을 차근차근 설명해줌으로써 오해를 풀었고 이후 팀의 대표로서 팀 회의를 소집하여 드론 용도를 재설정했습니다.

그러나 새벽 시간에 계속해서 조사를 진행한 탓인지 팀원들이 지쳐있는 모습을 발견했습니다. 의미 있는 결과를 도출하기 위해서는 회의를 활성화해 팀원들이 많은 의견을 제시할 수 있게 해야겠다는 생각을 가져 팀의 대표로서 많은 의견을 제안하면서 적극적으로 회의에 참여했습니다. 이를 통해 팀원들의 의견과 저의 아이디어를 합쳐 치안용 드론이라는 새로운 아이템을 만들 수 있었습니다. (역할수행)

위 과정을 통해 협력이란 '타인의 입장을 고려하여 맡은 일을 완수할 수 있도록 도와주는 것'임을 느꼈습니다. 저는 팀의 대표로서 팀원을 이해하고자 먼저 다가가 오해를 풀었고, 팀 회의에서 아이디어를 제공하며 팀원이 역할을 완수할 수 있도록 도와주었습니다. 이를 통해 타인의 입장에서 생각해보는 '역지사지'의 태도를 기를 수 있었으며 리더의 자세란 팀의 방향성을 설정하는 조력자의 역할을 자처해야 한다는 점을 깨달을 수 있었습니다.

이 경험을 통해 얻은 리더십에 대한 저의 철학은 기아체험 등의 활동을 할 때 많은 사람의 의견을 수용하는 과정에서 큰 도움을 주었습니다. (역할수행의 결과)

Case 4) 배려를 강조한 사례

Example 4　　　　　　　　　　　　　　　자기소개서 공통 3번 문항 완성본

경인교육대학교 초등교육학과 김지현 파트너의 사례

뉴스 리터러시라는 다양한 시사 문제를 같이 토론하며 공부하고, 학교신문을 제작하는 동아리에서 2학기 반장을 맡게 되었습니다. 신문 제작 활동을 위해 부원들을 6개의 조로 나누고 각 조에서 조장을 선출해 그 조를 이끌도록 했고, 저는 반장으로서 조장들을 돕고 총괄하는 역할을 했습니다. (역할수행의 계기)

학교신문은 1년에 딱 한 번 발행하는 것이고 다른 학교에 우리 학교를 알리는 홍보물이었기 때문에 좋은 결과물을 만들어내야 한다는 부담감이 컸고, 반장으로서 바쁜 조원들을 최대한 배려해줘야 한다고 생각했습니다. 그러다 보니 저와 조장들은 조원들이 초안을 가져오면 피드백을 해주기보다는 '내가 다 할게'라며 모든 것을 직접 처리하려고 했습니다. 갈수록 조원들은 할 일 없이 동아리 시간을 보내게 되었고, 조장들은 많은 일을 처리하기 위해 매일 밤을 새워야 했습니다.
결국, 동아리는 분열되었고 제대로 신문 편집을 진행할 수 없게 되었습니다. 그제야 부원들을 배려하기 위해 했던 행동이 오히려 부원들이 활동할 기회를 빼앗고 동아리 전체에 큰 피해를 주었다는 것을 알게 되었습니다. 제 잘못이 컸기 때문에 모든 부원을 모아놓고 독단적으로 편집을 진행한 이유를 설명하고 사과했습니다. 그리고 다시 역할분담을 하자고 제안했습니다.
다행히 부원들은 제 의견에 동의해 주었고 다시 역할분담을 시작했습니다. 다 같이 모여 이야기하면서 몇 사람에게만 몰려있던 일들을 부원 전체에게 나눠주어 부원 모두 활동에 참여할 수 있게 했습니다. 기사 작성 중 어려움이 생기면 모든 것을 대신해주는 것이 아니라 천천히 같이 문제점을 찾고 해결해 나갔습니다. 결국 부원들 모두 적극적으로 참여하고 서로 도우며 만족하는 결과물을 만들어낼 수 있었습니다. (역할수행)

이런 경험을 통해 다른 사람을 고려하지 않고 베푼 선의는 오히려 피해를 양산할 수 있다는 사실을 깨달았습니다. 또한, 모든 것을 책임지고 이끄는 것이 아니라 구성원 개개인이 역량을 최대로 발휘할 수 있도록 최소한의 도움을 주는 것이 리더의 역할이라는 것도 알게 되었습니다. (역할수행의 결과)

양동률 멘토는 '배려' 덕목을 작성하여 '공감'에 대한 자신만의 정의를 내렸습니다. 두 가지 사례를 통해 첫 번째는 공감의 중요성을 인식했고, 두 번째는 자신이 정의한 덕목을 실천했음을 표현했습니다.

이예현 멘토의 경우 '갈등 관리' 과정에서 자신만의 가치관이 정립되었음을 작성했습니다. 교장 선생님과의 면담에서 솔직하게 미숙했던 잘못을 인정하였고 긍정적인 변화를 도모했습니다. 결과적으로 갈등 관리를 해결하는 중요한 요소를 깨닫고, 더 나은 방향으로 발전했음을 나타내었습니다.

김재우 파트너의 사례에서는 팀 프로젝트에서 팀장 역할을 맡으며 팀원과 겪은 갈등상황을 해결하면서 '협력'에 대한 자신만의 정의를 내리게 된 과정을 드러냈습니다. 또한, 스스로 '타인을 돕는 것'에 초점을 맞춘 협력이라는 가치를 리더의 자리에서 수행하면서 리더십에 대한 철학을 수립하는 것까지 그 깨달음이 이어지고 있습니다.

김지현 파트너의 사례에서는 학교신문 제작 동아리에서 반장의 역할을 맡으며 자신의 잘못된 배려로 인해 발생한 위기 상황을 극복하면서 '배려'에 대한 자신만의 정의를 내리게 된 과정이 드러나고 있습니다. 또한, 스스로 '타인을 고려함'에 초점을 맞춘 배려라는 가치를 리더의 자리에서 수행하면서 리더의 역할에 대해 깨달았습니다.

Q1 자기소개서 공통 3번 문항을 작성할 때, '전공 적합성'과 '진로'를 표현해야 하나요?

(조사 대상: 유스쿨 멘토/파트너)

　설문에 참여한 유스쿨 멘토/파트너 중 3번 문항에서 전공 적합성이나 진로에 대해 과반수가 표현하지 않는다고 답변했습니다.

　3번 문항은 인성 요소(배려, 나눔, 협력, 갈등 관리)의 실천사례와 그 과정에서 배우고 느낀 점을 묻는 문항이기 때문에 인성 요소의 실천사례를 작성하는 3번 문항의 소재가 반드시 전공 적합성이나 장래희망과 연결될 필요는 없습니다.

　그러나 그 사례가 전공 적합성이나 장래희망에 대한 내용을 자연스럽게 담고 있다면 표현하는 것이 좋습니다. 이 경우에도 처음부터 이를 중심으로 작성해야 하는 것은 아니라고 할 수 있습니다.

자기소개서 자율 4번 문항에 반드시 등장해야 할 요소와 4번 문항의 큰 틀을 이해한다

Why

각 대학교의 자기소개서에는 공통 1, 2, 3번 문항에서 물어볼 수 없었던 해당 대학에서 매우 중요하게 생각하는 역량을 자율 4번 문항에서 보여줄 것을 요구하고 있습니다. 따라서 지원자는 자신이 지원하는 대학의 4번 문항에서 요구하는 바를 잘 이해하여 해당 대학에서 강조하는 역량과 개성을 잘 보여주어야 합니다.

이번 Step 07에서는 대학별 4번 문항의 예시를 살펴보며 각각 어떤 요소를 강조하고 있으며, 그에 따라 어떤 항목을 등장시켜야 하는지에 대해 알아보도록 하겠습니다.

How

✏️ 4번 문항을 제대로 이해한다

자기소개서의 공통 1, 2, 3번 문항과는 달리 자율 4번 문항은 대학교별로 다릅니다. 그러나 4번 문항에서는 공통으로 해당 학교 및 학과에 대한 이해를 바탕으로 자신의 전공 적합성을 표현해야 합니다. 그뿐만 아니라 4번 문항은 형식적인 측면에서 공통문항보다는 자유로워서 공통문항에서는 보여주지 못한 자신의 개성을 충분히 보여줄 기회이기도 합니다.

유스쿨 멘토/파트너들은 설문조사를 통해서 4번 문항에서 반드시 표현해야 하는 요소들을 '해당 학교 및 학과에 대한 특수한 관심과 자신의 전공 적합성, 공통문항에서 보여주지 못했던 자신의 개성'으로 제안했습니다.

자기소개서 자율 4번 문항에 반드시 등장해야 할 요소

- 해당 학교 및 학과에 대한 특수한 관심과 이해
- 해당 학교 및 학과의 커리큘럼에 맞는 전공 적합성
- 공통문항에서 보여주지 못했던 자신의 개성

각 대학별 자율 4번 문항의 예시

학교	강조역량	4번 문항 예시
건국대학교	지원동기, 노력 과정	해당 모집단위에 지원하게 된 동기와 지원하기 위해 노력한 과정을 구체적으로 기술하시오. (2019)
경희대학교	지원동기, 노력 과정	해당 모집단위에 지원하게 된 동기와 지원하기 위해 노력한 과정을 구체적으로 기술해 주시기 바랍니다. (2020)
고려대학교	지원동기, 본인 어필	해당 모집단위 지원동기를 포함하여 고려대학교가 지원자를 선발해야 하는 이유를 기술해 주시기 바랍니다. (2020)
동국대학교	지원동기, 진로계획	자신의 노력과 역량을 바탕으로 해당 전공(학부, 학과)에 대한 지원동기 및 진로계획을 구체적으로 기술하십시오. (2020)
서강대학교	학업 및 진로계획	지원 전공을 선택한 이유와 대학 입학 후 학업 또는 진로계획에 대해 기술하기 바랍니다. (2020)

서울대학교	영향을 준 책	고등학교 재학 기간(또는 최근 3년간) 읽었던 책 중 자신에게 가장 큰 영향을 준 책을 3권 이내로 선정하고 그 이유를 기술하여 주십시오. (2020)
서울시립대학교	지원동기, 진로계획	지원동기와 향후 진로계획에 대해 구체적으로 기술해 주시기 바랍니다. (2020)
성균관대학교	성장환경, 지원동기, 노력 과정, 영향을 준 콘텐츠	다음 중 하나를 선택하여 기술해 주시기 바랍니다. (2020) • 본인의 성장환경 및 경험이 자신에게 미친 영향 • 지원동기 및 진로를 위해 노력한 부분 • 본인에게 영향을 미친 유·무형의 콘텐츠 (인물, 책, 영화, 음악, 사진, 공연 등)
숭실대학교	지원동기, 학업 및 진로계획	지원동기와 대학 입학 후 학업 계획 및 향후 진로 계획에 대해 기술해 주시기 바랍니다. (2020)
아주대학교	지원동기, 도전경험	지원 전공을 선택한 이유와 자신의 목표를 이루기 위해 고등학교 재학 중 도전한 경험에 대해 구체적으로 기술해 주시기 바랍니다. (2020)
연세대학교	지원동기, 노력 과정	해당 모집단위에 지원하게 된 동기와 지원하기 위해 노력한 과정을 구체적으로 기술하시오. (2020)
유니스트	지원동기, 노력 과정	UNIST에 지원한 동기와 입학하기 위해서 고등학교 재학 기간 동안 들였던 노력, 열정, 끈기 등에 대해서 활동중심으로 상세히 기술해 주시기 바랍니다. (2019)
인하대학교	지원동기, 준비과정	희망전공에 지원한 동기와 준비과정을 기술해 주시기 바랍니다. (2019)
중앙대학교	지원동기, 노력 과정	해당 모집단위에 지원하게 된 동기와 지원하기 위해 노력한 과정을 구체적으로 기술해 주시기 바랍니다. (2019)

카이스트	진로계획, 노력한 과정, 자율 작성	다음 두 문항 모두 작성 (2020) 1. 본인의 꿈(목표)은 무엇이며, 그것을 이루기 위해 지금까지 기울인 노력과 앞으로의 계획을 기술해 주시기 바랍니다. ※ 꿈을 이루기 위하여 KAIST를 선택한 이유와 그 과정에서 예상되는 역경을 포함하여 작성해 주시기 바랍니다. 2. 위 문항 외에 작성하고 싶은 내용을 자유롭게 기술해 주시기 바랍니다.
홍익대학교	지원동기, 학업 및 진로계획	지원동기 및 대학 입학 후 학업 계획과 향후 진로계획에 대해 기술해 주시기 바랍니다. (2019)

위 예시에 없는 학교를 지원할 때는 4번 문항을 직접 조사하여 사용하시기를 부탁드립니다. 그뿐만 아니라 예시에 포함된 학교도 문항의 세부적 내용이나 글자 수에 차이가 있을 수 있습니다. 더불어 매년 자율 문항이 변경될 수 있으니 해당 표는 참고용으로 활용하시고 명확한 문항 숙지하시기 바랍니다.

✎ 4번 문항의 큰 틀을 이해한다

위 예시에 등장한 4번 문항의 키워드를 정리하면 4번 문항에서는 주로 **'지원동기'**, **'학업 계획'**, **'자신에게 영향을 미친 소재 및 경험'**을 기술할 것을 요구하고 있습니다. 이러한 요구와 함께 앞서 4번 문항에 반드시 등장해야 할 요소로 제시되었던 '해당 학교 학과에 대한 특수한 관심과 이해', **'해당 학교 학과의 커리큘럼에 맞는 전공 적합성'**, **'공통문항에서 보여주지 못했던 자신의 개성'**이 잘 드러나게 써야 합니다.

Step 08에서 다룰 초안 작성하기 단계에서는 4번 문항에서 주로 다루는 지원동기, 학업 계획, 본인에게 영향을 미친 소재 및 경험의 세 가지를 각각 어떻게 작성해야 할지 안내하고 있으므로, 자신의 지원 대학에 맞게 선택적으로 교과서를 사용하시기 바랍니다.

자기소개서 대학별 자율 4번 문항의
초안을 작성한다

Why

대학별 4번 문항을 분석한 결과 4번 문항에서는 주로 지원동기와 학업 계획, 본인에게 영향을 미친 소재 및 경험을 기술할 것을 요구한다는 사실을 알 수 있었습니다.

공통 1, 2, 3번의 문항에서 보여줘야 했던 역량들이 각각 달랐던 것처럼 4번 문항의 대학별 키워드에 따라 적절한 평가 기준(역량)이 달라집니다. 따라서 우리는 자신의 지원 대학의 4번 문항이 요구하는 역량에 가장 적합한 소재를 찾아 그 소재를 대학별 키워드에 맞추어 내용을 구체화해야 합니다.

이와 같은 과정을 거치면 자연스럽게 문항과 가장 잘 어울리는 소재를 파악하고 이를 바탕으로 자기소개서 초안을 완성할 수 있을 것입니다.

How

익힘책 자기소개서 12, 13, 14번 참조

✏️ 자기소개서 자율 4번 문항 – 지원동기 사례의 내용 구성 파악

1) 지원 학교나 학과가 꿈의 달성에 영향을 주는 부분을 언급한다

'지원동기'는 그 학교나 학과에 지원하게 된 이유를 의미합니다. 따라서 지원동기와 관련된 문항은 해당 학교나 학과가 자신에게 왜 필요한지를 설명해야 하는 문항이라고 할 수 있습니다.

이때 학교나 학과가 자신에게 어떤 영향을 미칠지 단순하게 설명하는 것보다는 자신의 진로를 달성하는 데에 미치는 영향에 대해서 상세하게 설명하는 것이 효과적입니다.

실제로 유스쿨 멘토/파트너들의 대부분은 지원동기에서 학교나 학과의 특색이 자신의 진로성취와 발전에 어떤 영향을 미칠지 기대하는 바를 작성했다고 답변했습니다. 이런 영향을 구체적으로 설명한다면 지원한 학교나 학과가 자신에게 얼마나 필요한지 언급할 수 있습니다.

따라서 지원동기 부분에는 자신의 꿈(진로)과 관련하여 학교나 학과에서 어떤 영향을 받을 수 있는지를 적는 것이 중요합니다.

2) 꿈을 가지게 된 계기와 꿈을 이루기 위해 노력한 과정을 언급한다

자신의 진로에 대한 자세한 설명 없이 학교나 학과의 특색이 자신에게 어떤 영향을 미칠지에 대한 내용을 작성하면 독자의 관점에서 지원자의 진로와 진학의 방향이 맹목적으로 느껴져 진정성을 느끼기 어려울 수 있습니다.

따라서 해당 학교의 학과가 자신의 진로성취를 위해 필수적임을 설득력 있게 전달하기 위해서는 자신이 이 꿈(진로)을 가지게 된 계기와 그것을 이루기 위해 고민하고 노력한 과정을 설명하여 진정성과 완결성을 높여야 합니다.

✏️ 4번 문항의 '지원동기'에 사용할 소재를 구체화한다

다음 제시된 유스쿨 멘토/파트너들의 사례를 통해 4번 문항 '지원동기'의 구체적인 예시에서 활동 내용과 진로가 어떻게 연결되는지에 대해 이해하고, 〈**익힘책 자기소개서 12번**〉을 작성해봅시다.

유스쿨 멘토/파트너들의 다수는 지원동기에서 '**꿈을 갖게 된 계기**', '**그 꿈을 이**

루기 위해 고민하고 노력한 과정', '고민과 노력을 통해 갖게 된 비전'을 작성할 것을 추천했습니다. 이때 '꿈을 이루기 위해 고민하고 노력한 과정'은 고교 3년 재학 중에 한 활동 및 경험 중 지원 전공 및 진로와 관련된 것을 의미하고, '비전'은 이러한 경험을 통해 구체화 된 진로를 의미합니다.

앞서 거듭 말씀드렸던 자기소개서의 가장 논리적인 구성인 '역할수행의 계기-역할수행-결과'의 구성은 4번 문항에도 그대로 적용할 수 있습니다.

자기소개서 자율 4번 문항 '지원동기'의 구성

- **역할수행의 계기**: 꿈을 갖게 된 계기
- **역할수행**: 꿈을 이루기 위해 고민하고 노력한 과정
- **역할수행의 결과**: 고민과 노력을 통해 갖게 된 비전

🖊 지원동기에 활동 소재를 구체화하는 과정 ①

먼저 나의 진로(꿈)를 〈익힘책 자기소개서 12번〉의 '4번 문항의 지원동기에 활동 소재를 구체화하는 과정1'에 작성합니다.

다음 칸에는 그 꿈을 갖게 된 명확한 계기를 작성하고, 만약 계기가 분명하지 않다면 자신의 활동 중 꿈을 가지게 된 계기와 연결할 수 있는 소재를 찾습니다. 계기를 작성한 이후에는 그 꿈(진로)에 관해서 고민하고 노력한 일련의 과정을 정리할 수 있도록 합니다.

Example 1 　　　　　 익힘책 자기소개서 12번 모범 사례

연세대학교 경영학과 강지훈 멘토의 사례

＊ 4번 문항의 '지원동기'에 활동 소재를 구체화하는 과정1

꿈(진로)	해당 꿈을 가지게 된 계기	고민하고 노력한 과정
빅데이터 전문 경영컨설턴트	막연히 경영컨설턴트를 희망하던 중 4차 산업혁명과 관련된 수업에서 빅데이터에 관해 알게 되었고, 이에 흥미를 느껴 빅데이터를 활용한 경영컨설팅으로 비전을 확립함.	해당 내용과 관련된 신문기사나, 강의, 서적, 경영학과의 연관성을 찾아보면서 빅데이터 관련 산업의 현황이나 비전에 관해서 탐구함.

강지훈 멘토의 진로희망은 '빅데이터 전문 경영컨설턴트'였습니다. 그래서 이러한 진로를 갖게 된 계기를 생각해보니 여러 경험 중에서도 4차 산업혁명과 관련된 수업에서 빅데이터를 접한 경험을 떠올릴 수 있었습니다.

이 수업에서 강지훈 멘토는 빅데이터가 4차 산업기술과 결합하여 정보를 수집하는 방법과 그 데이터를 수치화하고 분석하는 과정을 다뤘던 것이 가장 기억에 남았습니다. 또한, 그렇게 분석된 정보를 통해서 마케팅을 진행하면 불필요한 비용을 줄일 수 있고 잘못된 판단을 내리지 않을 수 있다는 내용도 인상 깊었습니다.

이 수업을 통해서 빅데이터에 굉장히 매료되었고 이후에 이 꿈에 대한 확신을 얻기 위해서 산업의 현황과 경영학과와의 연관성 탐구도 진행했습니다.

그래서 '지원동기'의 구성에 대한 이해를 바탕으로 〈익힘책〉의 꿈(진로) 부분에 빅데이터 전문 경영컨설턴트를 작성했습니다. 또한, 해당 꿈을 가지게 된 계기에는 빅데이터를 처음 접했던 내용을 담았습니다. 마지막으로 고민하고 노력한 과정에는 해당 산업의 현황을 중심으로 여러 매체와 경영학이라는 학문을 중심으로 비전을 탐구하는 과정을 담았습니다.

Example 2　　　　　　　　　**익힘책** 자기소개서 12번 모범 사례

한양대학교 신소재공학부 김재우 파트너의 사례

✳ 4번 문항의 '지원동기'에 활동 소재를 구체화하는 과정1

꿈(진로)	해당 꿈을 가지게 된 계기	고민하고 노력한 과정
고고도 태양광 무인기 공학자	한 광고를 본 후 공익을 위한 과학 기술 개발에 힘쓰고 싶다고 생각하여 고고도 태양광 무인기 공학자를 꿈꾸게 됨.	평소 관심이 있던 항공기술을 바탕으로 공익을 실천할 방안을 조사해봄. 페이스북 '아퀼라'가 고고도 태양광 무인기로서 아프리카 같은 오지에 인터넷을 보급한다는 기사를 접함. 이후 이와 관련된 추가적인 조사를 진행하며 칼럼 '페이스북 프로젝트: 전 세계에 인터넷을 보급한다'를 작성함.

김재우 파트너는 자신의 미래 진로가 '고고도 태양광 무인기 공학자'였습니다. 그래서 그 진로를 꿈꾸게 된 계기를 생각해보니 여러 경험 중에서도 기술을 통해 할아버지께서 북녘 고향의 땅을 체험해보는 광고를 본 후 공익을 위한 과학 기술 개발에 힘쓰고 싶다고 생각한 경험을 떠올릴 수 있었습니다.

공익을 위한 과학 기술 개발에 힘쓰고 싶다고 생각하게 된 후 평소 관심이 있던 항공기술을 바탕으로 공익을 실천할 방안을 조사하였고, 그 결과 페이스북 '아퀼라'가 고고도 태양광 무인기로서 아프리카 같은 오지에 인터넷을 보급한다는 기사를 접할 수 있었습니다. 그리고 이에 대한 관심이 깊어져 관련된 추가 조사를 진행하면서 칼럼 '페이스북 프로젝트: 전 세계에 인터넷을 보급한다'를 작성해보기도 했습니다.

그래서 '지원동기'의 구성에 대한 이해를 바탕으로 〈익힘책〉의 꿈(진로) 부분에 고고도 태양광 무인기 공학자를 작성했습니다. 또한, 해당 꿈을 가지게 된 계기에는 광고를 본 후 공익을 위한 과학 기술 개발에 힘쓰고 싶다고 생각하게 된 내용을 담았고, 고민하고 노력한 과정에는 평소 관심이 있던 항공기술을 바탕으로 공익을

실천할 방안에 대해 조사한 과정을 담았습니다.

🖋 지원동기에 활동 소재를 구체화하는 과정 ②

과정 ①에서 진행한 것을 바탕으로 지원동기에 가장 어울리고, 비전을 잘 구체화시킬 수 있을 만한 소재를 선정합니다.

그다음 앞서 정리한 내용과 그 꿈(진로)에 대해 고민하고 노력한 일련의 과정을 배우고 느낀 점과 함께 시간순으로 정리합니다. 마지막으로 이러한 과정을 통해 심화된 진로를 비전으로서 제시하여 **〈익힘책 자기소개서 12번〉**의 '4번 문항의 지원동기에 활동 소재를 구체화하는 과정2'에 작성합니다.

Example 1

익힘책 자기소개서 12번 모범 사례

연세대학교 경영학과 강지훈 멘토의 사례

＊ 4번 문항의 '지원동기'에 활동 소재를 구체화하는 과정2

꿈(진로)	빅데이터 전문 경영컨설턴트

해당 꿈을 가지게 된 계기
막연히 경영컨설턴트를 희망하던 중 4차 산업혁명과 관련된 수업에서 빅데이터에 관해 알게 되었고, 이에 흥미를 느껴 빅데이터를 활용한 경영 컨설팅으로 비전을 확립함.

진로에 대해 고민하고 노력한 과정 및 배우고 느낀 점
막연히 경영컨설턴트를 희망하던 중 4차 산업혁명과 관련된 수업에서 빅데이터에 관해 알게 됨. (진로를 가지게 된 계기) 4차 산업혁명과 관련된 수업에서 빅데이터가 불확실성이 난무하는 사회과학적 현상에 관해서 예측하고 분석할 수 있다는 사실을 알게 되었고 빅데이터를 활용한 사례나 방법들을 찾아보게 되었음. (계기를 바탕으로 노력하고 고민한 과정) 조사 도중 우리나라는 아직 빅데이터 기반 사업들이 활성화되지 못했다는 사실을 알게 됨. 이를 통해 내가 생각하는 컨설턴트로서의 비전을 빅데이터를 활용한 기업 컨설팅으로 확립할 수 있었고, 한국 기업 경영에서 빅데이터를 활용하는 컨설턴트가 되겠다고 다짐함. (비전, 배우고 느낀 점)

강지훈 멘토는 **과정** ①에서 진행한 것을 바탕으로 지원동기에 어울리도록 비전을 잘 구체화시키기 위해 진로에 대한 고민 과정과 배우고 느낀 점을 작성했습니다.

'경영컨설턴트'라는 진로를 희망하다가 '빅데이터 전문 경영컨설턴트'로 꿈을 구체화하게 된 여러 계기 중 4차 산업혁명과 관련된 수업에서 빅데이터에 관해 알게 되어 해당 기술에 대한 흥미를 느끼게 되었던 경험을 진로를 가지게 된 계기로 작성했습니다.

해당 계기를 바탕으로 빅데이터를 활용한 사례나 방법들을 찾아보며 자신의 흥미에 대해 탐구하였고 이 과정에서 빅데이터에 관련한 새로운 사실을 알게 되어 빅데이터를 활용하는 컨설턴트가 되겠다는 비전을 가지게 되었습니다.

Example 2

익힘책 자기소개서 12번 모범 사례

한양대학교 신소재공학부 김재우 파트너의 사례

＊ 4번 문항의 '지원동기'에 활동 소재를 구체화하는 과정2

꿈(진로)	고고도 태양광 무인기 공학자
해당 꿈을 가지게 된 계기	
한 광고를 본 후 공익을 위한 과학 기술 개발에 힘쓰고 싶다고 생각하여 고고도 태양광 무인기 공학자를 꿈꾸게 됨.	
진로에 대해 고민하고 노력한 과정 및 배우고 느낀 점	
Vworld와 HMI 등의 기술을 통해 할아버지께서 북녘 고향의 땅을 체험해보는 광고를 보며 '공익을 위한 과학 기술 개발에 힘쓰고 싶다'는 목표를 갖게 됨. (진로를 가지게 된 계기) 평소 관심이 있던 항공기술을 바탕으로 공익을 실천할 방안을 조사해봄. 페이스북 '아퀼라'가 고고도 태양광 무인기로서 아프리카 같은 오지에 인터넷을 보급한다는 기사를 접함. 이후 이와 관련된 추가적인 조사를 진행하며 칼럼 '페이스북 프로젝트: 전 세계에 인터넷을 보급한다'를 작성해 봄. (계기를 바탕으로 진로를 구체화하기 위해 노력한 과정) 칼럼을 작성하는 과정에서 고고도 태양광 무인기 기술이 내가 추구하는 '공익을 실현하는 항공기술'이 될 수 있으리라 생각하였고, 이에 고고도 태양광 무인기 공학자가 되어 공익을 실현하고 싶다는 생각을 가짐. (비전)	

김재우 파트너는 **과정** ①에서 진행한 것을 바탕으로 지원동기에 어울리도록 비전을 잘 구체화시키기 위해 진로에 대한 고민 과정과 배우고 느낀 점을 작성했습니다.

과학 기술을 통해 할아버지께서 북녘 고향의 땅을 체험해보는 광고를 보며 '공익을 위한 과학 기술 개발에 힘쓰고 싶다'는 목표를 갖게 된 경험을 진로를 가지게 된 계기로 작성했습니다.

해당 계기를 바탕으로 평소 관심이 있던 항공기술을 이용하여 공익을 실천할 방안을 조사했고, 그와 관련된 칼럼을 작성하는 과정에서 고고도 태양광 무인기 기술이 공익을 실현하는 항공기술이 될 수 있으리라 생각하였습니다. 이에 고고도 태양광 무인기 공학자가 되어 공익을 실현하고 싶다는 비전을 가지게 되었습니다.

✒️ 지원동기 추천 서술방식과 Case 분석

이제는 실제 자소서 분석 예시를 통해 서술방식을 파악하고, 위에서 구체화한 소재를 이용해 자기소개서 초안을 작성합니다. 앞서 말했듯 유스쿨 멘토/파트너들이 집단지성을 통해 정리한 4번 문항 '지원동기'의 이상적인 구조는 '**꿈을 갖게 된 계기 – 그 꿈을 이루기 위해 고민하고 노력한 과정 – 고민과 노력을 통해 갖게 된 비전**'입니다. 유스쿨 멘토/파트너의 4번 문항 예시를 통해 지원동기를 효과적으로 표현하는 자기소개서 서술방식을 확인해봅시다.

첫 번째 사례에서는 재래시장 방문을 통해 기업이 독점과 같은 사회 문제를 일으킬 수 있다는 것을 깨닫고, 기업과 시장이 상생하는 방안에 대해 고민하게 된 것을 꿈을 갖게 된 계기로 작성했습니다. 꿈을 이루기 위해 고민하고 노력한 과정으로 신선식품에 대해 조사하고 느낀 점을 작성했으며 기업과 사회에 모두 이익을 가져다줄 수 있는 CSR 컨설턴트라는 비전을 제시했습니다. 또한, 자신의 진로와 지원 대학의 지원 학과와의 연관성을 제시하여 설득력을 높였습니다.

Example 1

자기소개서 자율 4번 문항 완성본

서울시립대학교 경영학부 노승규 파트너의 사례
(숭실대학교 2019학년도 4번 문항)

전공 심화탐구를 목적으로 학교 근방의 지역 시장을 답사하여 경영 전략 파악 및 분석을 해보고자 했던 탐구 프로젝트에서 계획과는 다른 정보를 얻었습니다.

시장 상인과의 인터뷰를 진행하면서 인근 지역에의 대형마트 설립으로 인한 재래시장 이용자 감소가 소상공인들에게 손해를 끼치고 있음을 알게 되었습니다. 이를 통해 기업이 독점과 같은 사회 문제를 일으킬 수 있다는 것을 깨닫고, 기업과 시장이 상생하는 방안에 대해 고민했습니다.

이후 관련 자료를 찾아보던 중 신선식품은 전통시장, 공산품은 SSM에서 구매하게끔 하고 온라인 주문과 배달 서비스까지 공동으로 운영하는 수유시장과 SSM의 긍정적 협력 사례를 알게 되었습니다.

골목상권과 대형마트 간의 성공적인 공생을 이루었을 뿐만 아니라 지역 시장의 활성화가 이후 지역의 발전으로까지 이어진 것을 확인하고, 기업의 작은 배려와 관심이 이윤 창출에서 벗어나 더 큰 가치를 만들어낼 수 있다는 사실을 이해할 수 있었습니다. 이를 계기로 단순 이익 추구를 위한 경영컨설턴트가 아닌 기업과 사회에 모두 이익을 가져다줄 수 있는 다소 새로운 방식의 기업 운영 방향을 제공하는 것에 매력을 느껴 CSR 컨설턴트의 꿈을 가지게 되었습니다.

저는 이러한 활동 경험을 바탕으로 숭실대학교 경영학부에 진학하여 기업 사례 연구 공부를 계속하고자 합니다. 기업들이 사회적 책무를 다하는 사례와 그로부터 파생된 긍정적 결과에 관한 내용을 조사하며 실용적 지식의 폭을 넓히고 싶습니다. 숭실대학교만의 '공동체'에 중점을 둔 가르침은 기업과 사회의 관계를 탐구하고자 하는 제게 특별함을 부여합니다. 그 특별한 배움은 기업의 윤리적 역할에 대한 조언과 실현을 주도하며 사회 문제의 해결방안을 제시하는 CSR 컨설턴트라는 꿈을 이루는 데 큰 보탬이 될 것입니다.

사회 통합 역량과 실천적 경영 지식을 조화시켜 더 나은 세상을 만드는 숭실대학교에서의 배움이 기업의 사회적 책임을 실현해 인류 사회에 이바지하는 제 꿈을 이루기 위한 첫걸음이 되리라 생각합니다.

Example 2

한양대학교 신소재공학부 김재우 파트너의 사례
(경희대학교 2019학년도 4번 문항)

Vworld와 HMI 등의 기술을 통해 할아버지께서 북녘 고향의 땅을 체험해보는 광고를 보며 '공익을 위한 과학 기술 개발에 힘쓰고 싶다'고 생각했습니다.

평소 항공기술에 관심이 있었던 저는 공익을 실현할 방안을 조사해보았습니다. 그 과정에서 고고도 태양광 무인기를 통해 인터넷을 보급한다는 기사를 접하며 이 기술이 제가 추구하는 공익을 실현할 수 있는 항공기술이 될 수 있으리라 생각했고 이에 고고도 태양광 무인기 공학자라는 꿈을 갖게 되었습니다.

무인기 공학자에 대해 알아가며 항공기 재료, 역학, 제어 등의 지식을 갖추어 고고도 태양광 무인기의 설계 분야를 연구하고 싶다는 생각을 하였습니다.

연구를 위해서는 기계공학과에 진학하여 재료역학, 구조 역학 등의 전공 학습을 통해 항공기를 이루는 기계 전반 요소에 관한 지식을 갖추어야 한다 생각했고 이에 경희대학교 기계공학과에 지원하였습니다. 학부 과정을 마친 후 항공기 설계 연구실에 들어가 무인기 개발을 이루어 내고 싶었던 저는 경희대의 연구실 중 공력 최적 설계 연구실이 이러한 꿈을 실현하기에 최적의 장소임을 알았습니다. 연구 과정에서 여러 학문이 연계된 항공기를 탐구하기 위해서는 외국어 역량과 과학 기술을 다각적으로 보는 안목이 필요하다고 생각하였고 이를 갖추기 위해 노력하였습니다.

두 번째 사례에서는 한 광고를 통해 '공익을 위한 과학 기술 개발에 힘쓰고 싶다'고 생각한 경험을 꿈을 갖게 된 계기로 작성했습니다.

꿈을 이루기 위해 고민하고 노력한 과정으로 평소 관심 있던 항공기술을 통해 공익을 실현할 방안을 조사해보고, 공익을 실현하는 고고도 태양광 무인기 공학자라는 비전을 제시했습니다. 또한, 자신의 진로와 지원 대학의 지원 학과와의 연관성을 제시하여 설득력을 높였습니다.

✏️ 자기소개서 자율 4번 문항 – 학업 계획의 내용 구성 방향성 파악

1) 학업에 대한 관심으로 진행한 탐구의 결과를 전공과 연결한다

학업 계획은 지원자 자신이 대학에 진학한 후에 어떻게 주체적으로 학업을 이어 갈지에 대한 질문입니다. 즉, 학업 계획이 결국 자신의 진로나 향후 계획과도 연관이 있다고 볼 수 있습니다. 그런데 모든 사람의 진로나 향후 계획이 갑자기 생기지는 않습니다. 만약 개연성 없이 갑작스럽게 어떤 꿈을 이루기 위해 공부를 하겠다는 식의 서술을 전개한다면 평가하는 사람이 이해하기 어려울 수 있습니다. 따라서 먼저 학업에 관심을 가지게 된 계기에 대해서 서술해야 합니다.

실제로 유스쿨 멘토/파트너들의 대부분은 학업 계획과 관련된 문항에 단순히 학업에 대한 계획만이 아니라 이전에 학업에 관심을 가지게 된 계기도 같이 언급했다고 답변했습니다.

계기는 일반적으로 두 가지 방법으로 서술할 수 있습니다.

첫 번째로는 고교학업이나 탐구활동 등을 통해 발생한 지적 호기심을 해결하고자 노력했지만, 자신의 학업 수준이나 능력의 부족으로 해결하지 못했던 경험을 이후 연관 학과에 진학해서 해결하는 방법입니다.

두 번째로는 관심 분야나 목표의 탐구 결과로 발생한 새롭거나 구체화된 흥미나 목표 등을 달성하기 위한 과정으로서 대학에 진학하여 다양한 기회와 도움을 얻는 방법입니다.

2) 지원 학교나 학과로부터 얻을 수 있는 자신의 진로 달성을 위한 도움을 구체적으로 언급한다

앞서 '4번 문항 제대로 이해하기'에서 자기소개서 4번 문항에 반드시 등장해야 할 요소로 '해당 학교 학과에 대한 특수한 관심과 이해', '해당 학교 학과의 커리큘럼에 맞는 전공 적합성' 등을 제시했었습니다. 학업 계획에서도 이와 마찬가지로 위의 내용을 강조할 필요가 있습니다. 만약 학업 계획에서 자신의 진로나 관심사에 대한 경험적, 지식적 도움을 지원한 학교를 통해서 획득할 수 있다는 식의 서술을 구체적으로 작성한다면 자연스럽게 위의 요소들을 언급할 수 있습니다.

✎ 4번 문항의 '학업 계획'에 사용할 소재를 구체화한다

아래 제시된 사례를 통해 학업 계획과 관련된 문항의 구체적인 예시와 학업에 대한 관심으로 진행한 탐구의 결과가 전공과 어떻게 연결되는지에 대해 이해하고, **〈익힘책 자기소개서 13번〉**을 작성해봅시다.

학업 계획의 구성 또한 앞서 제시한 논리적인 흐름을 크게 벗어나지 않습니다. 희망 진로와 꿈을 갖게 된 계기를 중심으로 지원동기를 구성한 것과 같이 학업 계획은 해당 전공을 공부하고자 하는 동기를 중심으로 구성할 수 있습니다.

합격자들은 학업 계획을 작성할 때 **'학업에 관심을 가지게 된 계기'**와 **'주체적으로 그 관심을 확장한 경험'**, **'이후 대학교 교육과정을 바탕으로 자신이 관심을 가진 부분과 관련하여 어떻게 학습할 것인지'**를 서술할 것을 조언했습니다.

이를 '역할수행의 계기 – 역할수행 – 역할수행의 결과' 구조에 적용하면 다음과 같이 정리할 수 있습니다.

자기소개서 자율 4번 문항 '학업 계획'의 구성

- **역할수행의 계기**: 학업에 관심을 가지게 된 계기
- **역할수행**: 관심을 가지고 탐구한 과정, 탐구 결과*
- **역할수행의 결과**: 목표 달성을 위해 해당 대학교의 교육과정을 통해 얻을 수 있는 도움

✎ 학업 계획에 활동 소재를 구체화하는 과정 ①

먼저 〈익힘책 자기소개서 6번〉의 의미 있는 활동 정리에서 높은 점수를 부여했던

---

* 여기서 탐구 결과란 지적 호기심, 새로운 최종 목표, 관심사 등을 포함하는 개념이다.

활동 중 학업에 관심을 가지게 된 계기가 두드러지는 활동을 선정해 보도록 합시다.

이후 학업에 관심을 가지게 된 계기를 〈익힘책 자기소개서 13번〉의 '4번 문항의 학업 계획에 활동 소재를 구체화하는 과정1'에 작성하고 탐구 과정 및 방식을 간단히 정리합니다.

Example 1

서강대학교 미디어커뮤니케이션학부 허지원 멘토의 사례

＊ 4번 문항의 '학업 계획'에 활동 소재를 구체화하는 과정1

학과/학부	학업에 관심을 가지게 된 계기	탐구 과정 및 방식
커뮤니케이션	언론자유지수 보고서에서 한국이 부분언론자유국으로 평가되었다는 기사를 읽었을 때 그 이유에 관해 의구심이 생김.	교수님들께 자문한 뒤, 관련 서적으로 『한국 언론의 품격(박재영 외)』, 『우리가 싫어하는 생각을 위한 자유(앤서니 루이스)』를 읽음.

허지원 멘토는 〈익힘책 자기소개서 6번〉에서 높은 점수를 부여했던 활동 중 한국이 부분언론자유국으로 평가된 이유에 대해 의구심을 가지고 탐구했던 활동을 학업에 관심을 가지게 된 계기로 선정하여 작성하였고, 궁금증을 해소하기 위해 교수님들께 자문하여 관련 서적들을 읽었던 경험을 탐구 과정 및 방식에 작성했습니다.

Example 2

한양대학교 신소재공학부 김재우 파트너의 사례

＊ 4번 문항의 '학업 계획'에 활동 소재를 구체화하는 과정

학과/학부	학업에 관심을 가지게 된 계기	탐구 과정 및 방식
기계공학부	현재 무인기의 GPS 시스템의 문제점에 대해 호기심이 생김.	물리 과제연구 활동을 통해 현재 GPS 제어의 문제점에 대해 알아보고 이를 개선할 수 있는 기술을 알아봄.

김재우 파트너는 〈익힘책 자기소개서 6번〉에서 높은 점수를 부여했던 활동 중 현재 무인기의 GPS 시스템의 문제에 대해 탐구한 활동을 학업에 관심을 가지게 된 계기로 선정하여 작성했습니다. 해당 활동을 하면서 생긴 궁금증을 해소하기 위해 물리 과제연구 활동에서 현재 GPS 제어의 문제점에 대해 알아보고 이를 개선할 수 있는 기술을 알아보았고, 이러한 과정을 탐구 과정 및 방식에 작성했습니다.

✏️ 학업 계획에 활동 소재를 구체화하는 과정 ②

이번에는 **과정** ①에서 정리한 것을 토대로 학업 계획을 구체화시켜보도록 하겠습니다.

〈익힘책 자기소개서 13번〉의 '4번 문항의 학업 계획에 활동 소재를 구체화하는 과정2'에서는 '탐구 결과'와 '목표 달성을 위해 해당 대학교의 교육과정을 통해 얻을 수 있는 도움'을 정리해야 합니다.

Example 1   익힘책 자기소개서 13번 모범 사례

서강대학교 미디어커뮤니케이션학부 허지원 멘토의 사례

＊4번 문항의 '학업 계획'에 활동 소재를 구체화하는 과정2

학과/학부	커뮤니케이션
학업에 관심을 가지게 된 계기	

언론자유지수 보고서에서 한국이 부분언론자유국으로 평가되었다는 기사를 읽었을 때 그 이유에 관해 의구심이 생김.

구체화하는 과정

언론에 대한 기대가 컸던 만큼, 언론자유지수 보고서에서 한국이 부분언론자유국으로 평가됐다는 기사를 읽었을 때 의구심이 생김. (학업에 관심을 가지게 된 계기)
교수님들께 자문하던 중, 연락이 닿은 한 교수님으로부터 측정방식에 주목하라는 조언을

듣고 보고서에서 참조한 설문지들을 분석함. 이 과정에서 과거 언론규제를 목적으로 제정된 법이 아직도 남아있고 현재 언론의 자유에 영향을 미치고 있는 것을 깨닫게 됨. (관심을 가지고 탐구한 과정)

이후 관련 도서를 읽으며 본질적 측면에서는 언론법제에 대한 논의가 제대로 이루어지지 못하고 있다는 메시지를 통해 한국 언론에 개선할 점이 많다고 느낌. (탐구 결과)

학부의 실무교육과 언론 정보학 트랙의 전문교과목을 통해 실현 가능한 개선책을 제시하는 연구자로서의 기반을 마련할 것임. (목표 달성을 위해 해당 대학교의 교육과정을 통해 얻을 수 있는 도움)

Example 1의 허지원 멘토는 **과정** ①에서 진행한 것을 바탕으로 학업 계획에 적합하도록 지적 호기심의 발생과 그것에 대한 탐구로 이어지는 과정을 작성했습니다.

평소 언론에 대한 기대가 컸기에 언론자유지수 보고서에서 한국이 부분언론자유국으로 평가됐다는 기사를 읽었을 때 지적 호기심이 발생했고, 교수님들께 자문하여 분석하는 탐구 과정에서 과거 언론규제를 목적으로 제정된 법이 아직도 남아있고 현재 언론의 자유에 영향을 미치고 있는 것을 깨닫게 되었습니다.

이후 관련 도서를 읽는 심화된 탐구활동을 통해 한국 언론에 개선할 점이 많다고 느꼈습니다. 이에 지원 대학교의 지원 학과의 교육과정을 통해 실현 가능한 개선책을 제시하는 연구자로서의 기반을 마련할 것이라는 구체적인 계획을 세웠습니다.

Example 2의 김재우 파트너는 **과정** ①에서 진행한 것을 바탕으로 학업 계획에 적합하도록 지적 호기심의 발생과 이에 관한 탐구로 이어지는 과정을 작성했습니다.

평소 고고도 태양광 무인기에 대한 관심이 컸기에 현재 무인기의 GPS 시스템에 어떤 문제가 있는지에 대해 지적 호기심이 생겼고, 이후 논문 분석을 통해 좌표에 대한 의존으로 오차가 발생함을 알게 되어 추가적인 조사를 통해 해당 문제의 개선 방안을 찾아보며 탐구를 진행했습니다.

Example 2
익힘책 자기소개서 13번 모범 사례

한양대학교 신소재공학부 김재우 파트너의 사례

＊4번 문항의 '학업 계획'에 활동 소재를 구체화하는 과정2

학과/학부	기계공학부
학업에 관심을 가지게 된 계기	
현재 무인기의 GPS 시스템의 문제점에 대해 호기심이 생김.	
구체화하는 과정	

고고도 태양광 무인기에 관심을 가지던 중 현재 무인기의 GPS 시스템에 어떤 문제가 있는지 의문을 가지게 됨. (학업에 관심을 가지게 된 계기)

논문 분석 활동을 통해 현재 GPS 제어의 경우 영상 인식 분석이 되지 않아 그림을 판별하지 못하고, 오로지 좌표에 의존하기에 오차가 발생한다는 문제를 알게 됨. (관심을 가지고 탐구한 과정)

DBpia에서 논문을 찾아보며 이와 같은 GPS 시스템의 문제를 개선할 수 있는 방안을 찾아봄. 이에 영상인식 기반 GPS 시스템을 알고 영상 인식 GPS 시스템 알고리즘을 분석하여 물리 과제연구 시간에 발표함. 이후 추가적으로 어떤 방식을 통해 GPS 시스템을 보완할 수 있는지에 대한 의문을 가짐. (탐구 결과)

기계정보 공학 전공 학습을 통해 역학 분야와 소프트웨어 분야를 함께 공부할 수 있다는 점이 매력적으로 다가옴. 특히 기존의 PID, GPS 제어 기술의 문제점을 되짚어 보고 이를 보완한 영상인식 기반 제어 체계를 배울 수 있는 연구실에 관심을 갖게 됨. 이를 통해 고고도 태양광 무인기의 GPS 체계를 이해할 것임. (목표 달성을 위해 해당 대학교의 교육과정을 통해 얻을 수 있는 도움)

또한, 탐구 과정을 통해 GPS 시스템의 보완 방법에 대한 추가적인 호기심이 생겼고 이를 지원 대학교 전공의 교육과정을 통해 해소하려는 구체적인 계획을 세웠습니다.

🖉 학업 계획 추천 서술방식과 Case 분석

이제는 실제 자소서 분석 예시를 통해 서술방식을 파악하고, 위에서 구체화한 소재를 이용해 자기소개서 초안을 작성합니다. 앞서 말했듯 유스쿨 멘토/파트너들이 집단지성을 통해 정리한 4번 문항 **'학업 계획'의 이상적인 구조는 '학업에 관심을 가지게 된 계기 – 관심을 가지고 탐구한 과정 – 탐구 결과 – 목표 달성을 위해 해당 대학교의 교육과정을 통해 얻을 수 있는 도움'**입니다.

유스쿨 멘토/파트너의 4번 문항 예시를 통해 학업 계획을 효과적으로 표현하는 자기소개서 서술방식을 확인해봅시다.

Example 1

자기소개서 자율 4번 문항 완성본

경희대학교 소프트웨어융합학과 박재훈 멘토의 사례
(숭실대학교 2018학년도 4번 문항)

어릴 적부터 저는 호기심이 많았습니다. 무언가를 탐구해 원리와 이유를 알아내는 것은 제게 무척 즐거운 일입니다. 항상 무엇이든지 '왜 그럴까?'라는 질문을 끊임없이 던지곤 했습니다.

그런 제게 직관적일 수 있는 의사 결정에 합리적인 근거를 부여해주는 빅데이터는 흥미롭게 다가왔습니다. 스마트폰이 보급됨에 따라 데이터 생성량이 급증하고, 이를 분석해 사람들의 행동 패턴이나 심리를 분석할 수 있다는 점은 제게 데이터과학자라는 꿈을 갖게 해주었습니다.

이후 빅데이터를 공부하면서 데이터 분석 기법 중 인공신경망에 특히 관심을 갖게 되었습니다. 컴퓨터의 연산 속도를 바탕으로 수많은 가중치를 설정해가며 최적의 값을 찾는다는 방식이 무척 신선했습니다. 배운 것에 그치지 않고 인공신경망을 이용해 비트코인 가격을 예측하는 모형을 개발해보았으며, 이를 통해 인공지능 개발자로 진로를 굳힐 수 있었습니다. 제 꿈은 인공지능 판사나 상담사처럼 편리함 이상의 가치를 주는 인공지능을 개발하는 것입니다.

이를 위해 1학년 때는 Sw, 역사, 철학 등 다양한 과목을 공부하고 싶습니다. 그리고 2학년 때에 미래사회융합전공으로 빅데이터를 공부하고, 주전공으로 소프트웨어학부를 선택해 데이터 분석과 프로그래밍을 공부할 것입니다.

제 대학 생활의 목표는 인공지능 상담사를 개발하는 것입니다. 메신저나 검색 기록을 분석해 사용자의 우울증과 같은 심리 질환 여부를 알아내고, 상담도 해주는 인공지능을 개발하고자 합니다. 이를 위해 자연어 처리와 기계학습을 공부할 것입니다. 또한, 심리학

지식도 필요하다고 생각하므로 교양 과목으로 공부하고 싶습니다.

대학을 졸업한 후에는 대학원에 진학해 인공지능을 더 깊게 공부할 것입니다. '제리 카플란 인공지능의 미래'에서 인공지능이 사회적 차별을 일으킬 수 있다는 사실을 알 수 있었습니다. 그래서 대학원 졸업 후에는 모두가 공평하게 기술의 혜택을 받는 것을 목표로 인공지능 개발 회사를 창업하고 싶습니다. 숭실대학교에 입학하는 것은 이러한 목표들의 시작이 될 것으로 생각합니다.

첫 번째 사례에서는 자신의 특성으로서의 지적 호기심으로 빅데이터의 '의사 결정에 합리적인 근거를 부여해준다'는 특성에 매료되고, 그로 인해 데이터과학자라는 진로를 희망하게 되어 관련 학업에 관심을 가지게 되었음을 계기로 드러내고 있습니다.

이에 빅데이터에 대해 탐구하였고 인공신경망에 관심을 갖게 되어 인공지능 개발이라는 목표를 가지게 되었습니다. 이 목표를 위한 과정으로서 대학에서 인공지능 상담사를 개발하는 것을 희망했으며 이를 달성하기 위해 대학에서 할 수 있는 공부들과 이후의 계획을 나열하여 완결성을 높였습니다.

Example 2   자기소개서 자율 4번 문항 완성본

서강대학교 커뮤니케이션학부 허지원 멘토의 사례
(서강대학교 2017학년도 4번 문항)

언론의 역할은 대중이 관심 두지 않는 소수자의 입장을 대변하고 관련 논의를 주도하는 것이라고 생각했습니다. 언론에 대한 기대가 컸던 만큼 언론자유지수가 한국을 부분언론자유국으로 평가했다는 기사를 읽었을 때 의구심도 컸습니다.

그 이유가 궁금해서 40여 명의 대학교수님께 메일을 보냈습니다. 연락이 닿은 한 교수님으로부터 측정방식에 주목하라는 조언을 듣고 보고서에서 참조한 설문지를 분석했습니다. 정치, 경제, 법적 환경에 대한 질문이 다수 포함된 것을 알게 되어 한국

언론을 둘러싼 환경에 관심을 갖게 되었습니다.

『한국 언론의 품격(박재영 외)』을 읽으며, 과거 언론규제를 목적으로 제정된 법이 아직도 남아있다는 것을 알게 됐습니다. 본질적 측면에서는 언론법제에 대한 논의가 제대로 이루어지지 못하고 있다는 메시지를 통해 한국 언론에 개선할 점이 많다고 느꼈습니다.

이후 언론법제에 대한 관심으로 『우리가 싫어하는 생각을 위한 자유(앤서니 루이스)』를 읽었습니다. 현재 미국에서 엄격히 보장되는 언론자유는 오랜 시간에 걸친 논의를 통해 조성된 언론환경에서 비롯됨을 깨닫고 한국 내 언론환경에 대한 논의가 필요함을 느꼈습니다.

논문과 책을 읽으며 실효성 있는 연구를 위해서는 전문지식과 언론현장에 대한 이해가 필요함을 깨달았습니다. 서강대학교 커뮤니케이션학부에서 제공하는 실무교육과 언론정보학 트랙의 전문교과목은 실현 가능한 언론 개선책을 제시하는 연구원으로 성장하는 데 도움이 될 것입니다.

앞으로 언론환경 개선에 도움이 되는 연구를 통해 논의를 주도하며 사회적 약자의 소외를 비롯한 사회 문제를 자유롭게 보도하는 언론을 만드는 데 이바지하고 싶습니다. 대학에서는 소수자 등 특정 주제와 관련된 보도를 분석하는 데 필요한 프레임이나 범주화 분석 같은 연구방법에 대해 공부할 것입니다. '미디어와 법' 교과목과 해외미디어 탐방 사업을 통해 한국과 다른 나라의 언론법제를 비교하는 연구를 하고 싶습니다. 이후 학·석사 연계과정을 통해 언론자유와 언론환경에 대한 학습에 깊이를 더해 나가겠습니다.

두 번째 사례에서 허지원 멘토는 평소 언론에 대한 기대가 컸던 만큼 언론자유지수가 한국을 부분언론자유국으로 평가했다는 기사를 읽었을 때 생긴 지적 호기심을 학업에 관심을 가지게 된 계기로 제시했습니다.

이어서 여러 교수님께 자문하고 논문과 책을 읽으며 탐구를 진행했습니다. 이러한 탐구 과정을 통해 언론법제와 관련하여 한국 언론에 개선할 점이 많다고 느꼈고, 실효성 있는 연구를 위해서는 전문지식과 언론현장에 대한 이해가 필요함을 깨달았습니다.

마지막으로 지원 대학교 학과의 교육과정을 통해 관심 분야에 대한 연구를 계획하고 구체적인 진로를 제시하며 완결성을 높였습니다.

✏️ 자기소개서 자율 4번 문항 – 본인에게 영향을 미친 소재 및 경험의 내용 구성 방향성 파악

1) 본인에게 영향을 미친 소재가 본인을 변화시킨 부분에 대해서 집중해서 서술하라

'본인에게 영향을 미친 소재'와 관련된 문항은 소재의 질적인 측면보다는 그 소재가 본인에게 어떻게 영향을 미쳤는지에 대해서 묻는 문항입니다. 그래서 소재가 본인에게 미친 영향을 중심으로 작성해야 합니다.

실제로 유스쿨 멘토/파트너들도 본인에게 영향을 미친 소재를 작성할 때는 본인을 변화시킨 부분에 집중하면서 서술했다고 답했습니다. 따라서 어떤 소재든지 그 소재를 통해서 본인이 변화한 사례를 위주로 본인에게 영향을 미친 소재와 관련된 문항을 작성하시기를 바랍니다.

✏️ 4번 문항의 '본인에게 영향을 미친 소재 및 경험'에 사용할 소재를 구체화한다

아래 제시된 사례를 통해 본인에게 영향을 미친 소재와 경험에 관련된 문항의 구체적인 예시와 본인을 변화시키는 과정에 대해 이해하고, 〈익힘책 자기소개서 14번〉을 작성해봅시다.

유스쿨 멘토/파트너들은 본인에게 영향을 미친 소재 및 경험에 대해 작성할 때 전공 적합성과 가치관의 변화가 중요한 요소라고 조언했습니다. 이러한 유형의 문항을 작성할 때는 '역할수행의 계기 – 역할수행 – 역할수행의 결과'의 구조를 기반으로 하여 **'소재 및 경험을 접하게 된 계기', '관련 소재의 내용 및 경험에서의 본인의 역할수행', '가치관의 변화 및 해당 가치관이 본인에게 미친 영향'**을 작성해야 합니다.

자기소개서 자율 4번 문항 '영향을 미친 소재 및 경험'의 구성

- **역할수행의 계기**: 소재 및 경험을 접하게 된 계기
- **역할수행**: 관련 소재의 내용 및 경험에서의 본인의 역할수행
- **역할수행의 결과**: 가치관의 변화 및 가치관이 본인에게 미친 영향

🖊 학업 계획에 활동 소재를 구체화하는 과정 ①

먼저 〈익힘책 자기소개서 6번〉의 의미 있는 활동 정리에서 높은 점수를 부여했던 활동 중 본인의 가치관 변화에 영향을 미친 소재 및 활동을 선정해 보도록 합시다.

이후 이 활동을 하게 된 계기나 관련 소재를 접하게 된 계기를 〈익힘책 자기소개서 14번〉의 '4번 문항의 본인에게 영향을 미친 소재 및 경험을 구체화하는 과정1'에 작성하고 탐구 과정 및 방식을 간단히 정리합니다.

Example 1　　　　　　　　　　　　　　　　**익힘책** 자기소개서 14번 모범 사례

연세대학교 경영학과 강지훈 멘토의 사례

✳ 4번 문항의 '본인에게 영향을 미친 소재 및 경험'을 구체화하는 과정1

소재	해당 소재를 접하게 된 계기	변화된 본인의 가치관(생각)
프란츠 카프카의 『변신』	'교내인문학 PT 대회'를 위한 도서 선정을 고민하던 중 소외된 인간의 모습을 잘 반영한 이 책의 내용이 인문학적인 내용을 잘 담고 있다고 생각함.	인문학적 요소를 마케팅에 활용할 경우 좋은 효과를 얻을 수 있음을 알게 됨.

강지훈 멘토는 〈익힘책 자기소개서 6번〉에서 높은 점수를 부여했던 활동 중 본인의 가치관 변화에 영향을 미친 소재로 프란츠 카프카의 『변신』을 선정했습니다.

해당 소재에 대해 떠올린 결과 '교내인문학 PT 대회'를 위한 도서 선정을 고민하던 중 소외된 인간의 모습을 잘 반영한 이 책이 인문학적인 내용을 잘 담고 있다고 생각하여 해당 도서를 접하게 되었음을 계기로 작성했고, 책을 읽고 나서 인문학적 요소를 마케팅에 활용할 경우 좋은 효과를 얻을 수 있음을 알게 되어 인문학적인 학업의 중요성을 깨닫게 되었습니다.

Example 2　　　　　　　　　　　　　　　익힘책 자기소개서 14번 모범 사례

서울대학교 생명과학부 이재희 파트너의 사례

* 4번 문항의 '본인에게 영향을 미친 소재 및 경험'을 구체화하는 과정1

소재	해당 소재를 접하게 된 계기	변화된 본인의 가치관(생각)
크리스퍼 유전자가위	모션 애니메이션으로 해당 소재를 접하고, 기술개발자의 저서를 통해 이를 심화시킴.	생명공학, 특히 유전자를 다루는 학문은 생명과학만의 분야가 아니라 경제학, 생태학 등을 융합하여 결론을 도출해야 하는 학문임. 따라서 융합적인 학문의 이해를 통해 올바른 윤리 가치관을 가진 생명공학자가 되어야 함.

이재희 파트너는 〈익힘책 자기소개서 6번〉에서 높은 점수를 부여했던 활동 중 본인의 가치관 변화에 영향을 미친 소재로 크리스퍼 유전자가위를 선정했습니다.

해당 소재에 대해 떠올린 결과 크리스퍼의 개발자인 다우드나 교수의 TED 강연에 깊은 감명을 받아 크리스퍼의 기술을 연구하기 위한 학문을 찾으며 모션 애니메이션으로 해당 소재를 접하고, 나아가 기술개발자의 저서를 읽으며 해당 소재를 접하게 되었음을 상기했습니다.

여러 매체를 통해 크리스퍼 기술에 대해 알아보고 생명공학이라는 학문이 생명과학 기술만으로 함부로 통제할 대상이 아니라고 생각하며 생명공학자는 융합적인 학문의 이해를 통해 올바른 윤리 가치관을 가져야 한다고 생각했습니다.

✏️ 학업 계획에 활동 소재를 구체화하는 과정 ②

〈익힘책 자기소개서 14번〉의 '4번 문항의 본인에게 영향을 미친 소재 및 경험을 구체화하는 과정2'에서는 **과정 ①**에서 정리한 계기와 결과를 연결해 줄 역할수행을 포함하여 4번 문항을 구체화하도록 하겠습니다.

Example 1 익힘책 자기소개서 14번 모범 사례

연세대학교 경영학과 강지훈 멘토의 사례

* 4번 문항의 '본인에게 영향을 미친 소재 및 경험'을 구체화하는 과정2

소재	프란츠 카프카의 『변신』

해당 소재를 접하게 된 계기

'교내인문학 PT 대회'를 위한 도서 선정을 고민하던 중 소외된 인간의 모습을 잘 반영하여 책이 인문학적인 내용을 잘 담고 있다고 생각함.

구체화하는 과정

'교내인문학 PT 대회'를 위한 도서 선정을 고민하던 중 소외된 인간의 모습을 잘 반영한 이 책이 인문학적인 내용을 잘 담고 있다고 생각함. (역할수행의 계기)
책을 자세히 연구하던 중 벌레로 변한 주인공 그레고리의 모습이 소외된 현대인의 모습과 닮았다고 생각함. 또한, 가족과 소통하려는 그레고리의 모습에서 타인과 소통하기 위해 노력하는 현대인과의 공통점을 발견함. (역할수행 1)
이에 확정된 개념으로 현대인들이 SNS를 사용하는 이유에 대해서 분석하고 SNS 관련 회사들이 인간의 욕구를 잘 활용했다는 사실을 깨달음. (역할수행 2)
사회적인 문화에 관통하는 소재를 사업의 마케팅 요소로 활용하기 위해 인문학적인 학업의 중요성을 깨달음. (역할수행의 결과)

강지훈 멘토는 **과정 ①**에서 진행한 것을 바탕으로 본인에게 영향을 미친 소재 및 경험에 적합하도록 해당 소재 및 경험을 접하게 된 계기와 역할수행 그리고 그 결과로 4번 문항을 구체화했습니다.

'교내인문학 PT 대회'를 위한 도서 선정을 고민하던 중 프란츠 카프카의『변신』을 읽게 되었고, 책에 대한 연구를 통해 주인공과 현대인의 공통점을 발견하고 그와 관련하여 현대인의 SNS에 대해 생각한 바를 역할수행으로 구체화했습니다. 마지막으로 사회적인 문화에 관통하는 소재를 사업의 마케팅으로 활용하기 위해 인문학적인 학업의 중요성을 깨달았다는 활동 결과를 제시하며 본인에게 영향을 미친 소재를 구체화시켰습니다.

Example 2 　　　　　　　　　　　　　　**익힘책** 자기소개서 14번 모범 사례

서울대학교 생명과학부 이재희 파트너의 사례

＊4번 문항의 '본인에게 영향을 미친 소재 및 경험'을 구체화하는 과정2

소재	크리스퍼 유전자가위

해당 소재를 접하게 된 계기
모션 애니메이션으로 해당 소재를 접하고, 기술개발자의 저서를 통해 이를 심화시킴.

구체화하는 과정
크리스퍼 기술을 알게 되어 이를 연구하는 생명공학자가 되고 싶다는 마음을 가짐. 따라서 이를 연구하는 데 필요한 학문을 찾기 시작함. (역할수행의 계기) 저자의 책과 여러 매체에서 한 강의를 통해 크리스퍼 기술이 불러올 나비효과 및 윤리적인 결과를 알아봄. 또한, 말라리아모기의 박멸과 같은 생태학적 이슈에 대해 생각해보면서 이것이 파생해올 미래에 대해 고찰해봄. (역할수행) 유기체의 게놈이라는 것은 유전자가위 기술을 통해 함부로 통제할 대상이 아니라는 것을 인지하였으며 여러 국제회의 및 다양한 분야 전문가들의 회의를 통해 생태계에 악영향을 미치지 않을 결론을 내야 한다는 결론을 냄. (역할수행의 결론)

이재희 파트너는 크리스퍼 기술을 알게 되어 이를 연구하는 생명공학자가 되고 싶어서 이를 연구하는 데 필요한 학문을 찾기 시작했습니다.

여러 매체를 통해 크리스퍼 기술의 윤리적 결과와 여러 생태학적 이슈에서 파

생될 미래에 대해 고찰한 과정을 역할수행으로 구체화하였고, 유기체의 게놈은 생명과학 기술만으로 함부로 통제해서는 안 되며, 엄밀한 논의를 통해 생태계에 악영향을 미치지 않을 결론을 내어야 한다는 생각을 제시하며 본인에게 영향을 미친 소재를 구체화했습니다.

✏️ 본인에게 영향을 미친 소재의 추천 서술방식과 Case 분석

이제는 실제 자소서 분석 예시를 통해 서술방식을 파악하고, 위에서 구체화한 소재를 이용해 자기소개서 초안을 작성합니다. 앞서 말했듯 유스쿨 멘토/파트너들이 집단지성을 통해 정리한 4번 문항 '본인에게 영향을 미친 소재 및 경험'의 이상적인 구조는 '**소재 및 경험을 접하게 된 계기 – 관련 소재의 내용 및 경험에서의 본인의 역할수행 – 가치관의 변화 및 해당 가치관이 본인에게 미친 영향**'입니다.

유스쿨 멘토/파트너의 4번 문항 예시를 통해 본인에게 영향을 미친 소재 및 경험을 효과적으로 표현하는 자기소개서 서술방식을 확인해봅시다.

Example 1

자기소개서 자율 4번 문항 완성본

연세대학교 경영학과 강지훈 멘토의 사례
(성균관대학교 2018학년도 4번 문항)

1학년 때 '교내인문학 PT 대회'에서 프란츠 카프카의 『변신』을 읽고 '인간의 본성을 이해하고 사용한 SNS의 성공 요인'이라는 주제로 발표했습니다.

저는 벌레로 변한 주인공 그레고리의 모습이 소외된 현대인의 모습과 닮았다고 생각했습니다. 또한, 가족과 소통하려는 그레고리의 모습에서도 타인과 소통하기 위해 노력하는 현대인과의 공통점을 발견할 수 있었습니다. '현대인들이 소외를 극복하기 위한 수단으로 SNS를 주로 사용한다'는 뉴스를 접한 뒤, 이에 착안해서 저는 '인간의 본성을 잘 이해하고 사용한 SNS의 성공 요인'에 대해 분석해보았습니다.

발표에서 그레고리가 소통의 연결고리를 찾지 못해 방황한 점을 부각하며 오늘날 SNS가 현대인들의 소통 욕구를 만족시킬 수 있는 연결고리를 제공하며 성공했다고 밝혔습니다. 인간의 욕구에 대한 분석을 통해 인간 욕구가 세상의 문화 변화에 미치는 영향에 대해서 깨달았습니다. 나아가 기업의 효율적 경영을 이끌고자 사람과 세상을 이해하는 힘의 필요성과 21세기 사회의 문화를 관통하는 소재를 찾기 위해 인문학적인 시야를 확보해야 함을 느낄 수 있었습니다.

첫 번째 사례에서는 교내 대회에 참여하기 위해 프란츠 카프카의 『변신』을 읽은 것을 소재를 접하게 된 계기로 제시했습니다. 주인공과 현대인의 모습이 '소외'의 측면에서 유사하다고 느꼈고, 현대인은 이러한 소외를 극복하기 위한 수단으로 SNS를 주로 사용한다는 점에서 SNS의 성공 요인을 밝히며 소재에 대한 역할수행을 구체화했습니다.

또한, 소재와 관련된 활동을 통해서 인간 욕구가 세상의 문화 변화에 미치는 영향에 대한 깨달음을 언급하였고 더 나아가 진로를 위해 필요한 자질에 대해 느낀 바를 제시하며 본인에게 영향을 미친 소재를 효과적으로 서술하고 있습니다.

Example 2

자기소개서 자율 4번 문항 완성본

서울대학교 생명과학부 이재희 파트너의 사례
(서울대학교 2019학년도 4번 문항)

『크리스퍼가 온다』는 '크리스퍼라는 파도를 향해 헤엄쳐나가 올라타야 한다.'라는 말을 한 크리스퍼의 개발자인 다우드나 교수의 TED 강연에 깊은 감명을 받아 출간되자마자 읽은 책입니다.
저는 책에서 소개한 다양한 정보들이 결국 크리스퍼가 요구하는 '통섭의 중요성'을 일러준다고 느꼈습니다. 원래 저는 크리스퍼를 유전학이라는 좁은 범위에서 이해하고 있었습니다. 그러나 말라리아 게놈 편집에서 세포학과 생태학을 비롯한 학문적 요인들이 복합적으로 작용하는 것을 본 후, 기술의 응용에 생명과학의 포괄적인 이해가 중요하다는 사실을 깨달았습니다.

또한, 책에서 언급된 국제회의와 기술의 전망을 읽고, 안전성과 윤리의 문제로 생식세포 편집을 제한하기에는 크리스퍼의 잠재성이 무궁무진하다는 생각을 했습니다. 덕분에 생식세포 편집에 대한 긍정적인 태도를 보이게 되었으나 긍정적 전망의 이면에는 항상 악용 가능성이 존재하는 것 역시 깨달았으며, 기술의 공론화에 힘써 크리스퍼를 올바른 방향으로 이끌 과학자가 되겠다고 다짐했습니다.

두 번째 사례에서는 크리스퍼의 개발자, 다우드나 교수의 TED 강연에 깊은 감명을 받아 해당 도서(『크리스퍼가 온다』)를 읽게 되었다며 소재(책)를 접하게 된 계기를 제시하고 있습니다.

책에서는 '통섭의 중요성'을 강조하고 있으며 다양한 학문의 복합적 작용을 경험한 후, 기술의 응용에 있어 생명과학의 포괄적인 이해가 중요하다는 사실을 깨달았음을 제시하며 소재가 본인에게 미친 영양에 대해 말하고 있습니다.

또한, 책을 읽고 크리스퍼의 무한한 잠재성을 인지하여 긍정적 태도를 형성함과 동시에 악용 가능성을 인지하여 해당 기술을 올바른 방향으로 이끌 과학자가 되겠다는 다짐으로 마무리하여 완결성을 높였습니다.

초안을 바탕으로 여러 차례 수정하여
최종안을 퇴고한다

Why

"두괄식으로 작성하세요.", "짧게 쓰세요.", "일관성 있게 쓰세요." 등 대입 자기소개서 작성법을 다루고 있는 기존의 책들은 대부분 서술 방법을 중심적으로 다루고 있습니다.

하지만 이와 같은 글쓰기 원칙들은 자소서에만 해당하는 것이 아니라 당장 포털사이트에 '글 잘 쓰는 방법'이라고 치면 나오는 기본적인 팁입니다.

결국 자기소개서만의 획일화된 서술 방법은 없습니다. '꼭 지켜줬으면 하는 방법론'만 다루기 때문에 별도의 자소서 서술 방법에 대한 내용을 담고 있지 않습니다.

다만 유스쿨에서는 추후에 SNS를 통해서 실제 유스쿨 2년 동안의 멘토링 데이터를 통해 도출한 7대 자소서 작문 오류 사례(작문 내용 요소 부족, 소재 선택 오류, 비논리적, 반복, 문항 이해 부족, 문장 구조 정리 필요, 모호함, 나열 등)를 보여주고 이를 피해서 서술하는 방법을 다룰 예정입니다.

이번 Step 09에서는 자기소개서의 수정과 퇴고 과정에서 참고하면 좋을 방법을 중심으로 안내하겠습니다.

✏️ 1차 초안은 정해진 글자 수보다 많이 작성한다

자기소개서는 정해진 글자 수가 있으므로 학생들은 그 글자 수에 맞춰서 글을 작성하려고 많은 노력을 합니다. 하지만 실제로 글을 쓰다 보면 담고 싶은 말이 너무 많아서 글자 수를 초과하거나 할 말이 너무 없어서 글자 수를 채우지 못하는 경우가 발생합니다.

글을 쓰는 것 자체만으로도 부담이 큰데 글자 수까지 맞추려고 한다면 내용 구성 자체가 어려워질 수 있습니다. 따라서 처음부터 글자 수를 줄이려고 하지 말고, 글자 수를 초과할 때는 **'역할수행의 계기 – 역할수행 – 역할수행의 결과'**의 **초안 구성 원칙**을 잘 지켜서 수정하는 방법으로 줄이면 됩니다.

보통 멘토링을 진행할 때는 멘티에게 1차 초안은 공통 1, 3번은 1,500자 이내, 공통 2번은 2,000자 이내로 작성하도록 권장하고 있습니다. 또한, 글자 수를 맞추기 위해서 적절하지 않거나 자기소개서의 소재로 부적합한 소재를 사용하는 일은 절대 해서는 안 됩니다. 위의 구성 원칙에 따라 소재로 선택한 부분을 충실히 쓰는 데 집중해야 합니다.

특히 자기소개서는 나중에 **'면접 기초 자료'**로 활용되기 때문에 충분한 시간을 가지고 정확하고 진실되게 작성해야 즉각적인 답변이 필요한 면접 상황에 잘 대비할 수 있습니다.

✏️ 글자 수를 줄이려면 혼자서 소리 내어 읽어보고 지인에게 읽어준다

모든 글이 마찬가지이지만, 자기소개서는 특히 읽는 사람을 위주로 작성해야 합니다. 따라서 글을 쓴 본인이 문장을 크게 소리 내서 읽었을 때 중간에 호흡이 모자라거나 툭툭 끊긴다면 그 문장은 너무 긴 것입니다. 만약 그렇다면 문장 자체에서 꼭 필요한 내용만 남기거나 문장 자체를 두 문장으로 나누어야 합니다. 이상적인 자기소개서의 문장은 주어와 서술어가 멀리 떨어져 있지 않은 문장입니다.

다음 방법으로는 내 자기소개서의 내용을 전혀 모르는 지인 앞에서 자기소개서를 읽는 것입니다. 이때 공통 1, 3번은 한 번에 전체를 읽고, 2번 문항은 전체가 아닌 소재별로 읽습니다.

그리고 자기소개서의 내용을 들은 지인에게 "내가 어떤 활동을 했는지?", "내가 이 활동을 왜 했는지?", "내가 활동에서 배우고 느낀 점이 무엇인지?"를 묻습니다. 그리고 이 세 가지 질문에 대해 각각 하나씩의 답변이 나오지 않는다면 내 자기소개서는 '초안 구성의 원칙'을 지키지 않았거나 그 원칙은 지켰으나 역할수행의 계기, 역할수행, 역할수행의 결과가 2~3개로 서술되어 있어서 헷갈리는 상황입니다. 앞서 말씀드린 것처럼 자기소개서에서는 될 수 있으면 서로 연관성 있는 '역할수행의 계기 – 역할수행 – 역할수행의 결과'가 문항별로 1개씩 서술된 것이 좋습니다.

입학처의 자기소개서 평가자는 2~3가지의 '역할수행의 계기 – 역할수행 – 역할수행의 결과'가 한 번에 나오면 그것을 분석하고 나누어서 읽을 만큼 시간이 많지 않다는 점을 꼭 기억해야 합니다.

읽기 쉬운 글을 만들기 위해 주변 지인에게 피드백을 받는다

앞서 소리 내서 읽는 과정을 거쳐서 자기소개서의 글자 수를 줄였다면, 이번에는 지인에게 글을 보여주고 피드백을 받습니다.

이때 지인은 친구, 부모님, 형제자매, 교사 등 누구든 좋습니다. 오히려 그 사람이 누구인지보다는 하나의 글에 대해서 피드백을 받을 때는 적어도 **'2명 이상'**에게 피드백을 받는 것을 추천합니다. 한 명이 읽었을 때는 주관적 평가를 배제할 수 없기 때문입니다.

한 번에 읽기에 어려운 문장이 있는지?

글 자체에서 논리적으로 말이 안 되는 내용이 있는지?

중간에 내용이 반복되는 부분이 있는지?

나열되었다고 느껴지는 부분이 있는지?

내용 자체가 모호하다고 느껴지는 부분이 있는지?

처음 읽기에는 이해가 어려운 부분이 있는지?

또한, 피드백을 해주는 지인에게는 다음의 피드백 기준을 제공합니다. 해당 기준에서 피드백 받은 내용이 있다면 최대한 반영하는 것이 좋습니다. 그리고 수정결과를 다시 피드백 받아서 더는 위의 기준에 걸리지 않을 때까지 수정을 반복합니다.

단, 지인에게 글의 내용 자체에 대한 평가는 부탁하지 않습니다. 지인 피드백의 목적은 '**내용 자체의 개선**'이 아니라 '**내용 전달의 여부**'이기 때문입니다. 그리고 자기소개서의 문항별 역량에 대한 이해가 부족한 사람이 피드백하는 것은 큰 의미가 없을 수 있으니 주의해야 합니다.

🖉 문항별로 '핵심 역량'이 표현되었는지 계속해서 확인한다

이전 과정들을 통해 '**내용 전달**'을 위한 수정을 진행했다면, 이제는 '**내용 자체**'에 대한 수정을 진행해야 합니다. 즉, 문항별로 드러나야 하는 핵심 역량(1번: 학업역량, 2번: 발전 가능성 & 전공 적합성, 3번: 인성)을 잘 담아낼 수 있도록 수정하는 것을 의미입니다. 그리고 유스쿨 저자들은 이를 위해 크게 3가지 방법을 제시했습니다.

첫 번째, 멘토와 멘티 관계의 형성입니다. 꼭 멘토가 유스쿨의 멘토일 필요는 없습니다. 멘토는 학교의 교사가 될 수도 있고 학교 밖의 컨설턴트, 강사, 대학생이 될 수도 있습니다.

단, 멘토는 1) 자기소개서 첨삭 경험이 있고, 2) 2회 이상 지속해서 자기소개서에 피드백을 줄 수 있고, 3) 피드백에 '문제점'과 '개선방안'을 함께 제시할 수 있는 사람이어야 합니다. 이와 같은 3가지 조건에 부합하지 않으면 오히려 피드백을 받는 것이 독이 될 수 있습니다. 따라서 먼저 자기소개서의 첨삭을 한번 받아보고 자신의 멘토로 정할지 결정하는 것이 좋습니다.

두 번째, 자기소개서 스터디 운영입니다. 여기서 말하는 스터디는 학생부 종합전형을 준비하는 친구들 3~4명이 정기적으로 모여서 서로의 자기소개서를 검토해주고, 피드백을 공유하며, 그 결과를 바탕으로 수정하는 방식의 모임입니다. 이는 저희 유스쿨 저자들이 집단지성 첨삭 회의를 하는 방식과도 같고, 입학사정관이 서류를 평가하는 절차와도 매우 유사합니다. 이때 절대로 온라인 회의를 운영하지 않습니다. 온라인으로 정보를 공유하면 유출의 가능성도 있고, 자기소개서는 오랜 시간 동안 읽을 글이 아니기 때문입니다. 수정한 자기소개서를 현장에서 바로 공유하여 한 문항당 10분씩 지정해서 함께 읽고, 서로 피드백을 주고받는 형식이 가장 좋습니다. 만약 스터디원들이 모두 〈학생부 종합형 교과서〉의 What 3의 내용(문항별 핵심 역량, 초안 구성 원칙)을 숙지하고 있다면 효율이 높은 회의를 진행할 수 있습니다.

세 번째, 합격자 자기소개서와의 비교 분석입니다. 사정상 멘토를 찾기도 어렵고 스터디를 구성하기 어려울 수 있습니다. 이때는 어쩔 수 없이 혼자서 자기소개서를 수정해야 합니다. 다만 아시다시피 학생부 종합전형은 자기소개서만으로 합격 여부를 결정하는 전형이 아닙니다. 따라서 자신의 자기소개서 내용이 조금 부족하다고 판단되면 참고할 만한 합격자들의 자기소개서를 찾아 분석하는 작업이 필요합니다. 이를 위해 What 3의 내용을 바탕으로 합격자의 자기소개서를 분석하여 문항별 핵심 역량을 어떻게 표현하는지 알아낼 수 있습니다. 참고할 만한 자기소개서를 뽑아냈다면 이제 그 자기소개서와 본인의 자기소개서를 비교하여 자신의 자기소개서를 수정합니다. 단, 절대로 합격자들의 자기소개서와 똑같이 작성해서는 안 됩니다.

✐ 부분만 수정해도 전체를 다시 확인해야 하고, 수정할 때마다 썼던 글은 남겨놓는다

여러 번의 피드백을 통해서 자기소개서를 수정하다 보면 수정하는 과정 자체가 귀찮아서 피드백을 받은 부분만 수정하는 수가 있습니다. 실제로 위 문제는 유스쿨 저자들이 2년 동안 멘토링을 진행하면서 소속 멘토들이 가장 속상함을 느꼈던 부분 중 하나입니다.

잘 쓰인 글은 하나의 생명체와 비슷합니다. 모든 단어, 문장이 서로와 연결되어서 하나의 주제를 형성합니다. 그러므로 한 부분만 피드백을 받아서 그 부분을 개선방안에 맞게 수정했다 하더라도 다시 한번 전체 내용을 읽고 어색함이 없는지 확인해야 합니다.

또한, 글을 쓰다 보면 예전에 사용했던 자기소개서의 내용이나 표현 방법을 재사용하거나 참고하는 경우가 많이 발생합니다. 따라서 꼭 본인이 썼던 자기소개서를 '1차 수정본', '2차 수정본'과 같은 이름으로 저장하여 기존 자기소개서의 원본을 남겨놓기를 추천합니다.

Chapter 2
면접

축하드립니다! 만약 여러분이 면접 단원을 시작하셨다면, 적어도 3년 동안 열심히 준비했던 수시 입시가 마무리되었거나 서류 평가 단계에 합격하셨을 것입니다. 이제 합격의 고지가 얼마 남지 않았으므로 최선을 다하여 면접을 준비하도록 하겠습니다.

본 책에서 다루고 있는 면접은 제출서류를 기반으로 진행되는 '인·적성 면접'에 해당합니다. 만약 자신이 응시하는 면접의 유형이 '제시문 면접'일 경우에는 해당 단원의 내용을 선택적으로 이용해야 하며 제시문 면접에 대한 별도 준비가 필요함을 미리 알려 드리겠습니다.

What 1

학교와 학과의 인재상과 3년 교내활동의 연관성 탐색

　　면접을 본격적으로 준비하기 전에 학교 및 학과의 인재상을 조사합니다. 앞으로 질문에 대한 답변을 준비할 때 본인이 얼마나 지원 학교와 학과에 적합한 학생인지를 드러낼 필요가 있습니다.

　　이를 위해 지원한 학교 및 학과의 인재상을 탐색하고, 이에 맞춰 답변을 준비해야 합니다. 이러한 과정을 통해 지원동기의 당위성을 부여하고, 활동을 근거로 적합한 인재임을 구체적으로 나타낼 수 있습니다.

　　따라서 이 장에서는 학교 및 학과의 인재상을 조사하는 구체적인 경로를 알아보고 인재상에 알맞게 활동을 정리하는 과정을 진행하겠습니다.

Step 01

자기소개서 What 1의
Step 03, 04 선행 필요

지원하고자 하는
학교 및 학과의
인재상을 조사한다

Why

인재상은 학교와 학과에서 선발하고자 하는 이상적인 학생의 모습을 드러내는 지표이며, 지원자가 인재상에 규정된 역량을 갖추고 있는지는 면접 평가의 핵심적인 기준 중 하나입니다.

따라서 면접 과정에서 자신이 해당 학교 및 학과의 인재상에 부합하는 인재라는 것을 드러낼 필요가 있습니다. 자기소개서를 쓸 때 지원 학과가 비슷한 경우, 공통 문항을 학교마다 다르게 쓸 필요가 없었지만, 면접을 준비할 때는 면접을 볼 대학과 학과에 맞춰 조금씩 답변 내용을 다르게 준비해야 합니다.

그 과정에서 중요한 것이 바로 인재상에 대한 조사입니다. 지원 학교 및 학과의 인재상을 조사하고 학교 및 학과에서 요구하는 역량을 도출한 후에 이를 반영하여 답변을 준비해봅시다.

✏️ **다양한 경로를 통해 지원 학교 및 학과의 인재상을 조사하고 정리한다**

먼저 구체적이고 직접적인 **학과의 인재상**을 조사합니다. 지원 학과의 홈페이지에서 학과소개나 공지사항 등을 참고하면 학과 인재상을 조사할 수 있습니다.

만약 학과 인재상을 찾을 수 없다면 **학교의 인재상**을 조사합니다. 학교 인재상 또한 지원 학교의 홈페이지의 학교 소개 또는 공지사항 등을 참고하여 조사할 수 있습니다. 여기에서도 인재상을 찾기 어려운 경우에는 대학교 입학처에서 발표하는 학생부 종합전형 안내 책자 및 전형 안내서를 참고할 수 있습니다.

지금부터 학교 및 학과의 인재상을 조사하여 **〈익힘책 면접 1번〉**에 작성해보도록 하겠습니다.

Example 1

익힘책 면접 1번 모범 사례

서울대학교 의류학과 고해인 멘토의 사례

✱ 학교 및 학과의 인재상 조사

학교 및 학과	인재상
서울대학교 (2020학년도 서울대학교 학생부 종합전형 안내 책자 참조)	• 학교 교육과정을 성실히 이수하고 학업능력이 우수한 학생 • 학교생활에서 적극적이고 진취적인 태도를 보인 학생 • 글로벌 리더로 성장할 수 있는 자질을 지닌 학생 • 다양한 교육적, 사회적, 문화적 배경과 경험을 지닌 학생 • 사회적 약자에 대한 배려심과 공동체 의식을 가진 학생

고해인 멘토는 먼저 서울대학교 의류학과 홈페이지에 들어가 학과의 인재상을 조사했습니다. 그러나 서울대학교 의류학과의 홈페이지에는 별도로 인재상을 제시하고 있지 않았습니다. 따라서 구체적인 학과의 인재상이 아니라 서울대학교에서

제시하고 있는 학교의 인재상을 조사했습니다.

먼저 서울대학교 홈페이지에 들어가서 [입학] 카테고리에서 [공지사항]의 [대학] 페이지에 접속하면, 대학교 입학 관련 주요 안내 사항 목록들을 확인할 수 있습니다. 여기서 학생부 종합전형에 대한 문서들을 확인하면서 '2020학년도 서울대학교 학생부 종합전형 안내 책자'에서 서울대학교의 인재상을 찾을 수 있었습니다.

Example 2 익힘책 면접 1번 모범 사례

숙명여자대학교 전자공학과 이예현 멘토의 사례

✳ 학교 및 학과의 인재상 조사

학교 및 학과	인재상
서울시립대학교 전자전기컴퓨터공학부 (서울시립대학교 입학처 홈페이지)	• 다양한 의견들을 통합하여 결정을 내리는 능력이 있으며 성실히 공부하는 학생 • 수학과 기초과학에 대한 지식이 풍부하고 전공 이수에 필요한 외국어 능력을 갖춘 학생 • 전자전기컴퓨터공학기술에 대한 탐구심이 강하고 창의적인 학생

이예현 멘토는 서울시립대학교 전자전기컴퓨터공학부의 인재상을 조사했습니다. 숙명여자대학교 전자공학과의 정보를 찾았지만, 학과에 대한 인재상을 찾기 어려웠습니다. 해당 단계의 목표는 '전공 기초 정보'를 조사하는 것이므로 꼭 자신이 희망하는 대학의 학과를 조사하지 않아도 됩니다. 그래서 이예현 멘토는 지원하는 학교에 국한되어 찾아보는 것이 아니라 인재상을 보다 구체적으로 표현하고 있는 서울시립대학교에서 학과 인재상을 찾을 수 있었습니다.

그 결과 서울시립대학교 입학처 홈페이지에서 [수시] 카테고리에서 [학생부 종합]의 [모집단위별 인재상]에서 인재상을 파악할 수 있었습니다.

Step 02

인재상과 연결하여 강조할 수 있는 활동을 찾는다

Why

    인재상은 학교와 학과에서 원하는 이상적인 학생의 모습을 드러내는 지표이므로 지원자는 면접 과정에서 답변을 통해 자신이 해당 학교 및 학과의 인재상에 부합하는 인재라는 것을 드러내야 합니다.

    답변 과정에서 지원자 자신이 인재상에 규정된 역량을 가지고 있음을 자연스럽게 언급하는 가장 효과적인 방법은 인재상에 부합하는 활동 경험을 제시하는 것입니다. 활동 경험은 실증적인 근거가 될 수 있기 때문입니다.

    면접은 제출한 서류, 즉 생활기록부와 자기소개서를 중심으로 진행되기 때문에 생활기록부에 기재된 활동과 학교 및 학과의 인재상을 연결하는 방법으로 예상 답변을 준비하는 것이 좋습니다.

How
 면접 2번 참조

✏️ 생활기록부에 포함된 활동을 정리하고 구체화한다

    Step 01에서는 학교 및 학과의 인재상을 조사하여 파악했습니다. 이번 Step 02에서는 생활기록부의 활동 중에서 인재상이 요구하는 역량들을 충족시킬 수 있는 활동들을 정리하겠습니다. 그리고 선별한 활동을 면접에 활용할 수 있도록 구체화해야 합니다.

면접을 준비할 때는 기존에 반복 출제된 질문이나 생활기록부 활동과 관련된 질문 등 예상 질문을 구성하고 이에 대한 답변을 준비해야 합니다. 이를 통해 자신이 학교 및 학과의 인재상에 부합하는 인재라는 점과 인재상의 세부 역량을 충족하는 다양한 활동에 대한 내용을 제시할 수 있도록 해야 합니다.

✎ 인재상을 토대로 예상 답변을 준비한다

대부분의 면접 과정에서 인재상에 맞는 활동을 직접 물어보지는 않습니다. 따라서 특정 질문의 틀에 맞춰 답변을 준비하기보다는 학교별 인재상에 부합하는 활동들을 모두 정리하여 어떤 유형의 질문이라도 답변할 수 있도록 대비해야 합니다.

이때 정리한 활동에 대한 질문을 받았을 때 인재상이 요구하는 역량을 포함하여 막힘없이 답변할 수 있도록 해당 활동을 통해 배우고 느낀 점까지 같이 정리하여 **〈익힘책 면접 2번〉**에 작성합니다.

Example 1 　　　　　　　　　　　　　　　　　　**익힘책** 면접 2번 모범 사례

서울대학교 의류학과 고해인 멘토의 사례

✳ 인재상 예상 답변 작성

학교 및 학과	서울대학교 의류학과	인재상	사회적 약자에 대한 배려심과 공동체 의식을 가진 학생
관련 활동	동아리에서 주도하여 학교 차원에서 '세이브더칠드런 신생아 모자 뜨기 캠페인'을 진행함. 뜨개질에 익숙하지 않은 친구들에게 뜨개질 방법을 알려주고, 함께 모자를 만듦.		
배우고 느낀 점	함께 문제를 해결하는 것이 그 어려움을 덜어주고 좋은 결과를 이끌어내는 이유는 단순히 여러 사람의 힘이 모이기 때문이 아니라 '함께'라는 그 자체가 행동의 동력이 되어주기 때문임을 알게 되었음.		

고해인 멘토는 '사회적 약자에 대한 배려심과 공동체 의식을 가진 학생'이라는 학교 인재상을 드러내는 활동으로 동아리에서 주도하여 학교 차원에서 '세이브더 칠드런 신생아 모자 뜨기 캠페인'을 진행한 활동을 선정했습니다.

뜨개질에 익숙하지 않은 친구들에게 뜨개질 방법을 알려주었고, 모자를 만드는 과정에서 함께 문제를 해결하는 과정이 좋은 결과를 이끌어내는 이유가 단순히 여러 사람의 힘이 모였기 때문이 아니라 '함께'라는 그 자체가 행동의 동력이 되어주기 때문이라는 공동체 의식에 대한 자신만의 가치관을 수립할 수 있었습니다.

따라서 이 활동을 통해 학교 인재상에서 요구하는 공동체 의식이라는 역량을 잘 보여줄 수 있다고 생각하였습니다.

Example 2 익힘책 면접 2번 모범 사례

이화여자대학교 철학과 김세린 파트너의 사례

✽ 인재상 예상 답변 작성

학교 및 학과	이화여자대학교 철학과	인재상	문화예술역량
관련 활동	연극부 가을 공연을 위한 대본 개작 활동		
배우고 느낀 점	국어 수업 시간에 배운 내용과 책을 읽으면서 배웠던 것들을 생각하며, 선생님과 부모님까지 포함하는 관객층을 고려하여 대본을 개작함. 이 과정에서 좋은 콘텐츠란 '보는 사람이 공감하고 소통할 수 있는 것'이라는 것을 알게 되었고 세대와 세대가 공감하고 소통하는 콘텐츠를 만드는 공연기획자가 되겠다고 결심하였음.		

김세린 파트너는 '문화예술역량'이라는 역량을 드러낼 수 있는 활동으로 연극부에서 가을 공연을 위해 대본을 개작한 활동을 선정했습니다.

또한, 좋은 콘텐츠란 '보는 사람이 공감하고 소통할 수 있어야 한다'는 문화예술 분야의 콘텐츠에 대한 자신만의 가치관을 정립했습니다. 그리고 세대와 세대가 공

감하고 소통할 수 있는 공연을 기획하고 싶다는 포부를 가질 수 있었습니다.

따라서 공연이라는 문화예술 콘텐츠에 대한 생각과 관심이 드러난 이 활동을 통해 인재상에서 요구하는 문화예술역량을 잘 보여줄 수 있다고 생각했습니다.

Example 3

면접 2번 모범 사례

숙명여자대학교 전자공학과 이예현 파트너의 사례

✻ 인재상 예상 답변 작성

학교 및 학과	숙명여자대학교 이예현	인재상	창의적 문제해결역량
관련 활동	프로젝트 동아리 <소음 문제 해결> 옆집에서 소음 문제가 발생하여 이를 해결하기 위해 차음재와 건물의 구조에 대한 접근으로 다양한 해결방안을 고안하는 기회가 있었다. 처음에는 차음재에 대한 연구만을 진행했지만, 한계점을 발견하여 윗집과 접촉면적을 최소화하는 새로운 건축물 구조를 고안하여 문제를 해결했다.		
배우고 느낀 점	다양한 차음재를 이용하여 실험했음에도 불구하고 뛰어난 소음 감소 효과가 없었다. 그래서 다시 새롭게 문제를 정의하여 처음부터 실험을 다시 시작하였고, 창의적으로 문제를 해결할 수 있었다. 또한, 주변의 문제를 해결하면서 비록 사소하더라도 문제의 해결 과정에서 성취감을 느낄 수 있게 되었다.		

이예현 멘토는 인재상의 '창의적 문제해결역량'과 프로젝트 동아리 활동을 연관지었습니다. 직접 옆집과의 소음 갈등 문제를 발견하여 창의적으로 문제를 해결하는 과정이 드러났습니다.

대부분 아파트에서 소음을 줄이기 위해 사용하는 차음재에 대한 연구를 진행하였고 관련 실험을 했지만 한계점이 있었습니다. 그래서 기존의 방법을 바꿀 필요가 있었고, 이때 건축물의 구조적인 해결책을 새롭게 제시하는 능력을 보여줬습니다. 이러한 프로젝트 동아리 활동 과정이 학교에서 요구하는 인재상과 부합했고 창의적 문제해결역량을 잘 보여주는 사례라고 생각했습니다.

What 2
보편적 질문에 대한 답변 준비

yoU School

대입 면접 질문들은 대부분의 지원자에게 공통적으로 적용되는 보편적인 질문과 지원자의 제출 서류를 바탕으로 묻는 개별적인 질문으로 나뉩니다.

보편적인 질문에는 **자기소개, 지원동기, 학업계획, 마지막**으로 하고 싶은 말 등이 있습니다. 이러한 질문에 대한 답변을 작성하기 위해 **중심주제**와 **활용 소재**를 설정할 필요가 있습니다. 중심주제는 답변을 통해 말하고자 하는 바를 의미하고, 활용 소재는 중심주제를 효과적으로 설명하기 위한 수단을 의미합니다.

이 장에서는 먼저 보편적인 질문에 대해서 알아보고 이에 대한 답변을 작성하기 위해 중심주제와 활용 소재를 설정하는 과정을 진행하겠습니다.

자기소개 질문의
중심주제와 활용 소재를 이해한다

Why

What 2에서 우리는 면접을 진행하면서 받을 수 있는 예상 질문들에 대한 답변을 준비할 것입니다.

실제 면접에서는 보편적으로 물어보는 질문들이 몇 가지 있습니다. 이러한 보편적인 질문들은 면접에서 등장할 가능성이 매우 클 뿐만 아니라 지원자의 역량을 판단하기에도 적절합니다. 그러므로 여러분들은 보편적인 질문들에 대한 답변을 미리 준비해 놓는 것이 좋습니다.

자기소개는 보편적인 질문 중에서도 가장 대표적이라고 할 수 있습니다. 자기소개의 경우 보통 첫 번째 질문에 해당하기 때문에 면접의 전체적인 분위기를 좌우할 뿐 아니라 이어지는 질문들의 소재를 결정할 수 있다는 점에서 매우 중요합니다.

또한, 지원자가 특정한 정답을 제시할 필요 없이 자기 자신을 자유롭게 소개할 수 있어서 자신의 가치관과 성향을 보여줄 수 있는 좋은 기회이기도 합니다. 이러한 이유에서 이번 Step 01과 Step 02에서는 자기소개 질문에 대한 답변을 준비하도록 하겠습니다.

🖊 답변의 중심주제와 활용 소재를 이해한다

자기소개 질문의 답변을 구성하는 중심주제와 활용 소재의 세부적인 사항에 대해 살펴보기 전에 각각의 중심주제와 소재가 어떤 역할을 하는지 알아보도록 하겠습니다.

먼저 **중심주제는 말하고자 하는 바를** 의미합니다. 그리고 활용 소재는 **중심 주제를 설명하기 위한 수단**에 해당합니다.

예를 들어 지원하는 학과의 학업계획을 바탕으로 내가 최종으로 이루고 싶은 꿈(진로)을 제시하면서 자기소개를 하고 싶다면 확고한 진로를 중심주제로 선택해야 합니다. 그리고 학업계획은 자신의 진로에 대한 설명 수단으로 사용했기 때문에 중심주제를 설명하기 위한 소재가 됩니다.

🖊 자기소개 질문의 답변으로 사용하기 적합한 중심주제를 파악한다

유스쿨 멘토/파트너를 대상으로 한 설문조사의 결과를 바탕으로 합격자들이 자기소개에서 제시한 중심주제를 정리했습니다.

자기소개 질문의 답변에서 중심주제로 제시할 수 있는 것은 **'확고한 진로, 전공 적합성, 학교 · 학과의 특징 및 기초정보'** 등이 있습니다.

다음 예시들을 통해 자기소개 질문의 답변으로 사용하기 적합한 중심주제를 자세하게 파악합니다. 단, 이 예시들은 다양한 중심주제 중 합격자들이 많이 사용한 소재를 바탕으로 구성하였으므로 반드시 이 중에서 중심주제를 선택할 필요는 없습니다.

첫 번째로 **확고한 진로**는 자기 자신을 소개하기에 아주 좋은 중심주제입니다. 자신이 미래에 무엇을 하고 싶고, 무엇이 되고 싶은지를 말해주기 때문입니다. 근본적으로 면접관들은 지원자 자신의 소개보다는 지원 학과를 통해 무엇을 이루게 될지에 대한 소개를 원합니다.

배경 What 2

중심주제 ① – 확고한 진로

– 내가 최종으로 이루고 싶은 목표 또는 진로를 소개한다.
– 내가 지원 학과 관련 분야에 비전(나만의 생각, 계획, 가치관 등)을 가지고 있음을 소개한다.
– 내가 되고자 하는 사람의 이미지를 소개한다. (예)인문학적 소양을 갖춘 마음이 따뜻한 언론인)
– 내가 지원 학과를 졸업한 뒤, 어떤 일을 하고 싶은지 소개한다.

자기소개의 중심주제를 확고한 진로로 설정했다면 지원 학과를 통해 진로를 이루려고 하는 이유를 설명할 수 있어야 합니다.

중심주제 ② – 전공 적합성

– 내가 얼마나 전공에 적합한 사람인지 소개한다.
– 전공에 대한 나의 신념과 가치관을 소개한다.
– 내가 전공에 대해 확실히 이해하고 있음을 보여준다.
– 내가 전공에 지원한 이유와 관심을 갖게 된 이유를 설명한다.
– 지원 전공과 나의 공통점을 소개한다.
– 전공 관련 대표 분야 중 어떤 분야에 관심이 있는지 구체적으로 설명한다.

두 번째로 **전공 적합성**을 통해서는 해당 학과에 자신이 얼마나 적합한 사람인지를 보여줍니다. 즉, 지원한 전공에서 자신이 재능을 꽃피울 수 있는 사람인지 표현할 수 있어야 합니다. 나아가 고등학교부터 노력했던 전공에 대한 관심을 대학교에 진학해서도 계속해서 지속할 수 있고, 얼마나 더 심화시킬 수 있을지 표현해야 합니다. 결국, 면접관들은 지원자들이 하는 자기소개를 포함한 모든 답변을 통해 지원자가 이 학과에서 자신이 세운 최종 목표를 이룰 수 있을지 판단하려는 것이기 때문에 전공 적합성은 좋은 중심주제라고 할 수 있습니다.

중심주제 ③ – 학교·학과의 특징 및 기초정보

- 내가 대학별 인재상에서 요구하는 역량을 갖추고 있음을 언급한다.
- 학과별 인재상에서 요구하는 역량과 나를 관련지어 설명한다.
- 인재상이 지향하는 바와 나의 최종 목표가 일치한다는 것을 보여준다.
- 나의 장점을 표현하거나 단점을 극복하여 변화된 모습을 학과의 인재상과 연결하여 설명한다.

세 번째로 **학교·학과의 특징 및 기초정보**를 바탕으로 한 자기소개는 자신이 얼마나 학교와 학과를 깊이 이해하고 있는지 표현할 수 있는 좋은 주제입니다. 기본적으로 면접관들은 학교와 학과의 인재상에 가까운 지원자를 선호하기 때문입니다. 학교와 학과에서만 할 수 있는 프로그램, 동아리, 학회, 커리큘럼 등의 기초정보들을 언급하면서 자기소개를 진행하는 것 또한 효과적입니다.

대부분 학과에서 요구하는 인재상은 매우 비슷합니다. 즉 대부분의 대학이 공통으로 요구하는 인재상인 '사회적 가치를 실현하는 글로벌 리더'의 역할수행을 준비하기 위해 고등학교에서 어떤 활동을 했고, 대학에 입학해서는 어떤 활동을 펼칠 것인지를 잘 표현해야 합니다.

✎ 자기소개 질문의 답변으로 사용하기 적합한 소재를 파악한다

앞서 유스쿨 멘토/파트너들이 자기소개 질문의 답변에서 어떤 주제를 사용했는지 알아보았습니다.

질문에 답변하는 과정에서 본인만의 특별한 역량을 강조하기 위해서는 자신의 말을 뒷받침하는 근거가 있어야 합니다. 면접에 대한 답변을 구성할 때는 생활기록부 및 자기소개서에 기재된 활동이나 학업 및 진로 계획 등이 그 근거가 될 수 있습니다.

이 단계에서는 중심주제를 효율적으로 설명할 수 있는 **소재**를 파악합니다. 중심주제의 소재로 활용될 수 있는 활동들은 무궁무진합니다. 그래서 소재를 특정하기보다는 해당 소재로 표현할 수 있는 것들을 함께 알아보겠습니다.

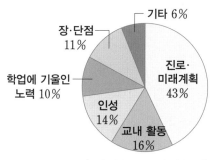

자기소개에 사용한 소재

기타 6%
장·단점 11%
학업에 기울인 노력 10%
인성 14%
교내 활동 16%
진로·미래계획 43%

(조사 대상: 유스쿨 멘토/파트너)

소재 ① – 진로 · 미래계획

- 지원자는 진로 · 미래계획을 통해서 구체적으로 어떠한 목표를 갖추고 있고, 어떤 분야에 관심이 있는지 보여줄 수 있다.
- 지원자의 역량 및 그 역량에 알맞은 비전을 면접 도입부에 소개하여 깊은 인상을 남길 수 있다.
- 희망 진로의 방향성을 제시함으로써 어떠한 인재로 발전할 수 있을지 포부를 드러낼 수 있다.

소재 ② – 교내활동

- 지원자가 고등학교 생활을 얼마나 성실하고 열정적으로 보냈는지를 보여줄 수 있다.
- 지원자가 교내활동을 통해 어떠한 성장을 겪었고, 이를 바탕으로 앞으로의 대학 생활을 자기 주도적으로 수행하여 어떠한 인재로 변화할 수 있을지 표현할 수 있다.

소재 ③ – 인성

– 면접관들은 인성 소재를 통해 지원자가 대학 생활에 얼마나 잘 적응할 수 있는지 판단할 수 있다.

– 사회적 가치를 실현하는 데 자신이 이루고자 하는 학문적 성취를 어떻게 활용할 것인지 표현해야 한다.

– 답변을 통해 제시된 지원자의 인성(성격)에 따라 앞으로의 면접에서 면접들의 지원자에 대한 시각이 달라질 수 있다.

소재 ④ – 학업에 기울인 노력

– 고교 시절 학업에 기울인 노력을 언급하여 지원자가 지원 학과에서 충분히 공부할 수 있는 인재임을 증명할 수 있다.

– 정량적인 학업 지표(내신 성적, 수상 기록)를 활용하여 지원자가 기울인 노력을 객관적으로 강조할 수 있다.

– 정성적인 학업 지표(세부능력 및 특기사항, 독서활동)를 통해서 지원자의 관심사와 이를 구체화하기 위해 노력한 과정을 드러낼 수 있다.

면접 What 2

소재 ⑤ – 장·단점

– 장·단점은 내가 잘하고 못 하는 것에 대해서 오랫동안 고민해왔다는 것을 표현할 수 있는 수단이므로 스스로 성찰해온 결과를 표현할 수 있는 적합한 소재이다.

– 장점을 통해서는 내가 가진 강점을 더욱 성장시키려고 노력했거나, 관심 분야에 이를 어떻게 활용할 수 있을지 고민했음을 드러낼 수 있다.

– 단점을 통해서는 내가 못 하는 것을 극복하기 위해 노력했던 과정을 서술함으로써 발전 가능성을 드러낼 수 있다.

Step 02

자기소개 질문에 사용할 중심주제와 활용 소재를 선택하고 답변을 작성한다

Why

면접의 보편적인 질문 중 자기소개 질문은 면접 현장에서 가장 먼저 물어보는 경우가 많습니다. 그리고 많은 학생들 역시 자기소개가 보편적인 질문 중 하나라고 인지하고 있습니다.

하지만 합격자의 85 %는 면접 전에 미리 자기소개에 대한 답변을 준비했지만, 실제 면접에서 자기소개를 한 합격자는 35 %에 불과했습니다. 절반 이상의 합격자가 자기소개를 하지 않았지만, 그렇다고 자기소개를 준비하지 않을 수는 없습니다.

앞에서 언급했듯이 자기소개는 면접 도입부에 물어보는 경우가 많습니다. 현장 면접은 지원자의 첫인상이 면접 전반에 영향을 미칩니다. 그러므로 자기소개를 미리 준비해서 면접관에게 좋은 첫인상을 남긴다면 이후의 면접이 좋은 방향으로 흘러갈 수 있습니다. 따라서 자기소개 질문에 대한 답변은 꼭 준비하는 것을 추천합니다.

✏ **중심주제와 활용 소재를 결정하여 자기소개 질문에 대한 답변을 준비한다**

이제 자신의 생활기록부 및 자기소개서에 기재된 내용과 면접을 통해 강조하고 싶은 역량 및 인재상을 고려하여 자기소개 질문에 대한 답변을 구성해봅시다.

앞에서 분석한 내용을 바탕으로 자신의 답변에서 어떤 소재를 사용하여 어떤 중심주제를 전달할 것인지 〈**익힘책 면접 3번**〉에 작성하고, 만약 체크리스트에 자신이 선택한 중심주제와 활용 소재가 없다면 직접 추가하거나 자유롭게 서술해도 됩니다. 유스쿨 합격자들은 뚜렷한 형식 없는 개성 있는 자기소개 답변도 자신을 효과적으로 소개할 수 있다고 말했기 때문입니다.

✏ **선택한 중심주제와 활용 소재를 활용하여 실제 답변을 작성한다**

앞서 선택한 중심주제와 활용 소재를 활동과 연결지어 직접 〈**익힘책 면접 3번**〉에 작성하고, 생활기록부의 내 활동 부분에 말하고자 하는 중심주제와 관련된 활동을 찾아 작성합니다. 만약 관련 활동이 없고 대학 진학 이후의 계획만 있다면 나의 활동 부분은 빈칸으로 남겨두어도 좋습니다. 이제 사례를 참고하여 실제 답변을 작성해 봅시다.

Example 1   익힘책 면접 3번 모범 사례

서울대학교 농경제사회학부 최승현 멘토의 사례

✱ 자기소개 면접 답변 구성 요소 체크리스트

자기소개	중심주제	• 확고한 진로 □, • 전공 적합성 ▣, • 학교 · 학과의 특징 및 기초정보 □
	활용 소재	• 진로 · 미래계획 □, • 교내활동 ▣, • 인성 □, • 학업에 기울인 노력 □, • 장 · 단점 □

중심주제	활용 소재	나의 활동들
전공 적합성	교내활동	경제 동아리, 지역탐구대회
답변 작성하기		

저는 농경제사회학부에서 배운 지식을 바탕으로 지역 불균형을 해소할 경제 정책을 설계하는 정책 연구원이 되고 싶습니다. 그래서 저는 농업과 경제학, 두 분야를 공부할 수 있는 역량을 기르기 위해 노력했습니다. (전공 적합성)

저희 학교는 경제 과목이 개설되지 않았기 때문에 경제 동아리 '골디락스'에 가입하여 고등학교 경제 과목에서 배울 수 있는 기초 개념들을 익혔습니다. 또한, 국내 경제 뉴스, 특히 농업 관련 경제 뉴스들을 탐독하여 우리나라 농업의 문제점이 무엇인지 스스로 탐구했습니다. 그 결과 농촌의 낙후된 인프라와 인력 부족이 궁극적인 문제점인 것을 파악하였고, 지역탐구대회에서 이를 해결할 방안을 연구했습니다. 농업과 관련된 책과 관련 논문들을 탐구한 결과 스마트 농업과 사회적 농업이라는 두 가지 해결 방안을 찾아냈습니다. (교내활동)

이렇게 제가 찾아낸 해결 방안들은 제가 농경제사회학부에 진학해서도 계속 보완하고 탐구할 것입니다. 궁극적으로는 우리나라 농촌 문제를 해결하고 지역균형이라는 목표를 달성하고 싶습니다.

최승현 멘토는 자기소개를 통해 농경제사회학부에서 학업적 성취를 이뤄낼 수 있는 역량을 갖추고 있음을 표현하고 싶었기에 '전공 적합성'을 중심주제로 선택했습니다. '전공 적합성'이라는 주제를 효율적으로 드러내기 위해서 '교내활동'을 활용 소재로 선택했고, 경제 동아리에서 수행했던 전공 관련 활동을 통해 파생된 지적 호기심을 지역탐구대회라는 또 다른 교내활동을 통해 해소해가는 과정을 서술했습니다.

이를 통해 도출해낸 농촌 문제 해결 방안을 대학에 진학한 뒤에도 꾸준히 탐구해나가야 할 과제로 설정하면서 자신이 지닌 전공 적합성을 분명히 드러냈습니다.

Example 2　　　　　　　　　　　　　　　　　　익힘책 면접 3번 모범 사례

한양대학교 신소재공학부 김재우 파트너의 사례

＊ 자기소개 면접 답변 구성 요소 체크리스트

자기소개	중심주제	• 확고한 진로 □,　• 전공 적합성 ■, • 학교 · 학과의 특징 및 기초정보 □
	활용 소재	• 진로 · 미래계획 ■,　• 교내활동 □,　• 인성 □, • 학업에 기울인 노력 □,　• 장 · 단점 □

＊ 자기소개 면접 답변 준비

중심주제	활용 소재	나의 활동들
전공 적합성	진로 · 미래계획	AP Physics& AP Calculus 탐구, 무미익기* 제작
답변 작성하기		

IKEA EFFECT라는 단어를 아시나요? 완제품을 사는 것보다 IKEA의 가구를 직접 조립함으로써 스스로 가구에 대해 동기를 부여하고 만족한다는 효과입니다. 이처럼 저도 시켜서 하는 공부가 아니라 스스로 궁금증을 가진 탐구활동을 해왔습니다. (전공 적합성) AP Physics와 AP Calculus 등을 심화 탐구하고, 직접 무미익기를 만들어보며 항공기에 관한 궁금증을 풀어 제 관심 분야를 알아보곤 했습니다. 경희대에 입학한 후에도 독립연구와 같은 한양대학교만의 프로그램을 통해 제가 학습하고 싶은 학문을 마음껏 공부하고 싶습니다. (진로 · 미래계획)

김재우 파트너는 'IKEA EFFECT'라는 다소 생소한 어휘를 통해 자신이 고등학교 시절 행해온 탐구활동들의 특징을 정의하고, 이를 전공 적합성으로 구체화했습니다. 그리고 스스로 대학 교양 과목들을 탐구하거나 무미익기를 만드는 활동을 통해 자기 주도적인 탐구 역량도 드러냈습니다. 마지막으로 지원 대학교만의 프로그

---

* **무미익기**(Tailless aircraft): 주날개와 동체 및 수직꼬리날개뿐이고, 수평꼬리날개가 없는 비행기 이다.

램인 '독립연구'를 통해 고등학교에서 해왔던 노력들을 지속해가고 싶은 진로·미래계획에 대한 포부를 표현했습니다.

✎ 자기소개 질문에 대한 합격자의 답변을 분석한다

이 단계에서는 합격자들이 자기소개 질문에 어떻게 답변했는지 분석하고 이러한 틀을 자신의 사례에 적용할 수 있는 방법을 익히도록 합니다.

면접 답변을 준비할 때 이 내용을 참고하되 자기소개 답변 방식 및 내용에 정답이 존재하는 것은 아니라는 점을 유의하시기 바랍니다.

Example 1

경희대학교 무역학과 박규원 파트너의 사례

• 확고한 진로(중심주제) + 진로·미래계획(소재)

저는 한국과 남미를 잇는 물류관리사를 꿈꾸고 있습니다. 한국의 수출 위주 경제구조와 제 언어능력을 최대한으로 활용할 수 있는 진로를 찾아 물류관리사를 꿈꾸게 되었습니다. 그리고 발전 가능성이 무궁무진하지만. 아직 한국과의 교류가 미비한 남미에 진출하여 영향력 있는 물류관리사가 되고 싶습니다. **이를 위해 앞으로 경희대학교 무역학과에 입학해서 무역 전공 역량을 기를 뿐만 아니라 서어서문학과를 복수 전공하여 남미에서 주로 사용하는 스페인어 구사 능력을 길러서 제 꿈을 향한 첫걸음을 내딛고 싶습니다.**

박규원 파트너는 '한국과 남미를 잇는 물류관리사'라는 확고한 진로를 중심주제로 설정했습니다. 이를 잘 표현하기 위해 진로·미래계획을 활용 소재로 선택하여 설정한 진로에 필요한 역량이 무엇인지 파악한 뒤, 대학교에 진학하여 구체적으로 어떤 역량을 기를 것인지 명확하게 제시했습니다.

박재훈 멘토는 자신의 장점으로 풍부한 지적 호기심을 제시하면서 이러한 지적 호기심을 통해 자신이 '빅데이터를 분석하는 머신러닝 개발'이라는 진로를 어떻게 설정했는지 표현했습니다. 또한, 자신의 꿈을 위해 해당 학과에서만 가능한 학업

계획을 구체적으로 제시하면서 자기소개를 마무리했습니다.

Example 2

경희대학교 소프트웨어융합학과 박재훈 멘토의 사례

• 확고한 진로(중심주제) + 장 · 단점(소재) + 진로 · 미래계획(소재)

얼굴은 노안이지만 호기심만큼은 동안인 학생입니다. 항상 끊임없이 "왜?"라는 질문을 하는 어린아이처럼 저 또한 공부할 때나 시사적인 이슈를 볼 때 항상 그 이유와 원리에 관해 집요하게 파고드는 호기심이 강합니다.

이러한 호기심은 사회과학적 현상에서도 인과관계를 답해줄 수 있는 빅데이터에 대한 관심으로 이어졌고, 빅데이터를 분석하는 머신러닝을 개발하자는 꿈을 갖게 해주었습니다. 이를 위해 데이터 분석과 인공지능 구현을 위한 소프트웨어 개발 역량뿐만 아니라 다양한 인문학 교양수업을 들을 수 있는 경희대학교 소프트웨어융합학과에서 꿈을 이루는 데 필요한 역량을 배우고자 합니다.

Example 3

동국대학교 멀티미디어공학과 김형국 멘토의 사례

• 확고한 진로(중심주제) + 진로 · 미래계획(소재)

저는 EDU와 TECH를 융합하여 에듀테크 전문가가 되고 싶다는 꿈을 가지고 있습니다. 교육에 있어 가장 중요하다고 생각하는 것은 직접 체험하면서 학습하는 것입니다. 그래서 VR이나 AR과 같은 실감 미디어를 통해 직접 체험하며 배울 수 있는 오감 교육콘텐츠를 개발하고 싶습니다.

이를 위해 고등학교에서 프로그래밍을 스스로 배우고, 교육에 관해 탐구하며 직접 VR 콘텐츠나 여러 콘텐츠 OR SW를 개발해 보면서 능력을 키워 나갔습니다. 동국대학교 교육학과에 진학해 좋은 콘텐츠를 위한 전문지식과, 체험 방식을 위한 전문지식을 쌓아 공교육 속에서 스마트교육을 이끌어 나가는 교육공학자가 되고 싶습니다.

김형국 멘토는 '에듀테크 전문가'라는 확고한 진로를 어떻게 이루어나갈 것인지 구체적으로 서술했습니다. VR이나 AR 등의 실감 미디어를 이용한 오감 교육콘텐츠를 개발할 수 있는 역량을 기르기 위해 고등학교에서 실천했던 노력들을 보여주었습니다. 또한, 진로를 이루는 데 필요한 역량을 두 가지 제시하며 어떤 사람으로 성장할 것인지 제시했습니다.

Example 4

이화여자대학교 과학교육과 김유진 멘토의 사례

• 학교 · 학과의 특징 및 기초정보(중심주제) + 학업에 기울인 노력(소재)

저는 과학을 하나의 흐름으로 공부하는 것을 좋아하는 학생입니다. **심화 부분을 공부할 때 다른 과학 과목에서 배운 내용과 연관 지으면 그 원리가 쉽게 이해되는 것에 즐거움을 느꼈기 때문입니다.**

그래서 저는 과학 과목들이 가진 연결성이 학생들에게 과학에 대한 즐거움과 이해를 가져다주는 효율적인 수단이 될 것으로 생각하며, 이것이 제가 과학 교과목 전반에 대한 지식을 바탕으로 유능한 교사로 성장하고 싶은 이유입니다. **물리, 화학, 생명과학, 지구과학을 모두 공부할 수 있는 이화여자대학교 과학교육과가 제가 성장할 수 있는 최고의 학교가 되어줄 것으로 생각합니다.**

김유진 멘토는 다른 대학과 차별점을 가지는 이화여자대학교 과학교육과의 교육과정을 언급하며 학교와 학과에 잘 맞는 사람임을 소개했습니다. 그 근거로 본인이 과학 과목을 학습할 때 여러 과목을 융합적으로 학습하곤 했던 경험을 표현하여 이를 학과의 특징과 자연스럽게 연결하여 제시했습니다.

Example 5

세종대학교 국제학부 고유정 파트너의 사례

• 확고한 진로(중심주제) + 진로 · 미래계획(소재)

안녕하십니까. 저는 크리스마스가 아니어도 나타나는 산타입니다. 저는 평소에도 가족이나 친구들에게 선물을 줍니다. 여기에서 제가 말하는 선물은 단지 물질적인 것뿐만 아니라 제가 가지고 있는 배움을 나누어주는 것이라고 말할 수 있습니다.

저는 누군가에게 무언가 나눔으로써 큰 보람과 기쁨을 느낍니다. 고등학교에 올라온 이후 중국과 여행에 빠지게 되었고 이 과정에서 **저의 꿈이 능숙한 중국어를 구사하는 관광 기획가가 되었습니다. 산타의 모습을 가진 관광 기획가가 되어 일 년 365일, 많은 사람에게 여행의 즐거움을 선물하고 싶습니다.**

고유정 파트너는 '능숙한 중국어를 구사하는 관광 기획가'를 확고한 진로로 설정했습니다. 이를 효과적으로 표현하기 위해 산타와 같이 많은 사람에게 여행의 즐거움을 선물하고 싶다는 진로 · 미래계획을 활용 소재로 선정했습니다.

여기서 주목해야 할 점은 자신을 '산타'에 비유함으로써 다른 지원자들과 차별화되는 자기소개 답변을 만들어낸 것입니다. 자기소개는 면접의 분위기를 좌우하는 중요한 과정이므로, 자신이 설정한 이미지에 맞게 잘 대답할 자신이 있다면 특별한 자기소개를 통해 면접의 분위기를 자신의 흐름에 맞게 끌어올 수 있습니다.

Example 6

한국외국어대학교 일본어통번역학과 김영주 파트너의 사례

• 확고한 진로(중심주제) + 장 · 단점(소재)

혹시 정끝별 시인의 '가지가 담을 넘을 때'라는 시를 아십니까? 그 시에서는 가지에게 장애물일 수 있는 비와 폭설이 오히려 가지에게 담을 넘을 수 있는 힘과 용기가 된다는 것을 말해줍니다. 저는 다문화가정에서 자랐기 때문에 다른 친구들보다 많은 어려움을 겪었습니다. 하지만 이 시의 가지처럼 어려움을 밑거름으로 삼았기 때문에 더 크게 성장하고 담을 넘어올 수 있었다고 생각합니다. 그래서 저는 **고난을 긍정으로 이겨내는 긍정적인 마인드**가 저의 가장 큰 장점이라고 말씀드리고 싶습니다. 저는 저의 장점을 살려서 뒤에서 듬직하게 밀어주며 어려움을 함께 견뎌 나갈 수 있는 전문비서가 되는 것이 꿈입니다.

김영주 파트너는 '전문비서'라는 자신의 확고한 진로를 중심주제로 설정하고, 이를 효과적으로 설명하기 위해 '긍정적인 마인드'라는 장점을 활용 소재로 선택했습니다. 그리고 단순히 장점을 툭 던지듯이 언급하기보다는 자신에게 그러한 장점이 생긴 특수한 환경과 이유를 제시하면서 면접관들에게 깊은 인상을 심어주었습니다.

중심주제나 활용 소재가 자신만의 특수한 환경에서 생겨났다면, 이를 잘 표현하여 세상에서 단 하나밖에 없는 자기소개를 만들어낼 수 있습니다.

Example 7

성균관대학교 한문교육과 남은주 파트너의 사례

• 확고한 진로(중심주제) + 인성(소재)

저는 담쟁이를 닮은 지원자 남은주입니다. 도종환 시인의 '담쟁이'라는 시에서 담쟁이는 절망적인 상황에서도 다른 잎들과 함께 벽을 넘는 의지를 가진 존재입니다. **담쟁이의 이런 모습은 저와 많이 닮아있다고 생각합니다.**
첫째, 저는 어렵거나 힘든 일이 있어도 포기하지 않고 노력해 성과를 이루어내는 사람입니다. 둘째, 타인에 대한 배려와 이해심이 많아 다른 사람과 함께하는 태도를 지니고 있습니다. 성균관대학교의 한문교육과에서 제 **꿈을 위한 벽을 넘는 담쟁이**가 되고 싶습니다.

남은주 파트너는 '벽을 넘는 담쟁이'로 자신의 확고한 진로를 비유했습니다. 그리고 담쟁이의 성격을 자신의 인성과 동일시하면서 자신이 왜 벽을 넘는 담쟁이인지 효과적으로 설명해냈습니다. 즉 비유를 활용해 자신의 속성을 설명함으로써 면접관들이 지원자에게 더 많은 호기심을 갖도록 유도했습니다.

Step 03

지원동기 질문의
중심주제와 활용 소재를 이해한다

Why

실제 면접에서는 보편적으로 물어보는 질문들이 몇 가지 있습니다. 이러한 보편적인 질문들은 면접에서 등장할 가능성이 매우 클 뿐만 아니라 지원자를 판단하기에 매우 적절한 질문입니다. 따라서 보편적인 질문에 대한 답변을 미리 준비해 놓는 것은 매우 중요합니다.

특히 지원동기는 자기소개만큼 혹은 이보다 훨씬 더 중요한 질문이라고 할 수 있습니다. 지원자가 왜 이 학과에 지원했는지 파악하는 것은 교수님들과 입학사정관분들께 매우 중요한 사항입니다.

또한, 지원동기를 통해 지원자가 대학교에 진학한 이후 무엇을 이루려고 노력할 것인지 파악할 수 있습니다. 지원동기가 불명확한 경우에는 단순히 성적에 맞춰서 지원했거나 전공에 대한 열정이 별로 없는 학생으로 판단될 수 있습니다. 이러한 이유에서 이번 Step 03에서는 지원동기 질문에 대한 답변을 준비하도록 하겠습니다.

✏️ **지원동기 질문의 답변으로 사용하기 적합한 중심주제를 파악한다**

유스쿨 멘토/파트너를 대상으로 한 설문조사 결과를 바탕으로 합격자들이 자기소개에서 제시한 중심주제를 정리했습니다.

지원동기 질문의 답변에서 중심주제로 제시할 수 있는 것은 '학교 및 학과의 필요성, 전공 적합성, 지원 결심의 시작점' 등이 있습니다.

다음 예시를 통해 지원동기 질문의 답변으로 적합한 중심주제를 자세하게 파악합니다. 단, 이 예시들은 다양한 중심주제 중 합격자들이 많이 사용한 소재를 바탕으로 구성하였으므로 반드시 이 중에서 중심주제를 선택할 필요는 없습니다.

중심주제 ① – 학교 및 학과의 필요성

– 진로의 최종 목표는 (　　　)으로 설정했고, 이를 성취하기 위해 학교, 학과의 특성을 바탕으로 한 확고한 진로 계획을 두고 있다는 점을 소개한다.
– 많은 대학과 학과 중에 왜 이 대학, 이 학과를 선택했는지에 대한 이유를 설명한다.
– 나의 진로를 이루기 위해서는 이 학교가 가장 적합한 학교라는 점을 언급한다.
– 나의 꿈을 이루기 위해 이 대학교의 이 학과에서 공부하는 과정이 필요하다고 강조한다.
– 이 학과를 통해 내가 무엇을 얻을 수 있고, 무엇을 할 것인지에 대해 설명한다.

첫 번째로 **학교 및 학과의 필요성**은 지원자가 왜 하필 이 학교, 학과에 지원했는지에 대한 정확한 대답을 제시하므로 적절한 중심주제입니다. 또한, 이 중심주제는 가장 이상적인 지원동기라고 할 수 있습니다. 따라서 대부분의 지원자가 학과의 필요성에 대한 답변은 어렵지 않게 준비하지만, 학교의 필요성에 대해서는 답변 준비에 어려움을 겪는 경우가 많습니다. 이 주제에 답변하기 위해선 해당 학교가 자신의 진로에 어떤 특별한 도움을 줄 수 있는지 철저하게 조사하는 노력이 필요합니다.

중심주제 ② - 전공 적합성

- 목표가 무엇이고 그것이 전공과 어떤 연관이 있는지 설명한다.
- 나의 진로의식을 통해 해당 학과 진학이 왜 필요하고 나에게 어떤 연관성이 있을지 보여준다.
- 학과의 정체성과 나의 노력과 비전이 일치한다는 점을 강조한다.
- 지원 학과의 커리큘럼이 자신과 잘 맞는 이유를 설명한다.
- 내가 이 학과에 관심을 많이 가지고 있다는 것을 표현한다.
- 내가 전공 공부를 통해서 하고 싶은 일 또는 이루고 싶은 일을 설명한다.

두 번째로 **전공 적합성**은 보편적인 질문에 대한 답변의 중심주제로 많이 활용되는 항목입니다. 그만큼 중요성이 높으며 자신이 얼마나 전공을 공부하기에 적합한 사람인지를 효과적으로 나타낼 수 있는 중심주제입니다.

단순히 해당 전공의 관심 정도 뿐만 아니라 해당 전공에서 무엇을 이룰 수 있을 것인지를 잘 표현해야 합니다. 면접관들은 지원자가 고등학교에서 펼쳤던 활동들을 대학교에서 어떻게 더 발전시킬 수 있는지를 알고 싶어 하기 때문입니다.

중심주제 ③ - 지원 결심의 시작점

- 지원을 결심하게 된 결정적 사건(활동)을 언급한다.
- 학과에 관심이 생기게 된 이유 또는 전공을 알게 된 계기를 설명한다.
- 전공 분야에 관심이 생기게 된 본인의 가치관을 설명한다.
- 다소 생소하여 사람들로부터 관심이 많지 않은 분야(전공과 연관)에서 지원동기가 시작됐음을 강조한다. (예 러시아어)
- 고등학교 때 관련 분야에 깊이 있는 활동을 했던 경험으로 특색있는 모습을 표현한다.
- 어렸을 때의 경험을 예시로 하며 지원동기와 앞으로 무엇을 배우고 싶은지를 말한다.

지원동기는 때로 사소한 활동에서 시작됩니다. 마지막으로 **지원 결심의 시작점**을 언급하면서 펼쳐지는 지원동기는 좋은 짜임새를 가질 수 있습니다. 하지만 사소한 활동에서 시작된 후에 자신의 진로를 구체화해가는 추가 과정이 필요합니다. 단순히 활동 하나로 자신의 지원 결심의 시작점을 지정하면 안 됩니다. 지원 결심의 시작점을 정한 뒤에 그것을 꾸준히 확대해나가는 과정을 잘 설명해야 합니다.

✎ 지원동기 질문의 답변으로 사용하기 적합한 소재를 파악한다

앞서 유스쿨 멘토/파트너들이 지원동기 질문의 답변에서 어떤 주제를 사용했는지 알아보았습니다.

질문에 답변하는 과정에서 본인만의 특별한 역량을 강조하기 위해서는 자신의 말을 뒷받침하는 근거가 있어야 합니다. 면접에 대한 답변을 구성할 때는 생활기록부 및 자기소개서에 기재된 활동이나 학업 및 진로 계획 등이 그 근거가 될 수 있습니다.

이 단계에서는 합격자들의 조언을 바탕으로 중심주제를 효율적으로 설명할 수 있는 소재를 파악합니다.

지원동기에 사용한 소재

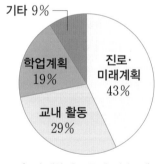

(조사 대상: 유스쿨 멘토/파트너)

소재 ① - 진로 · 미래계획

- 어떤 진로를 가져서 해당 학과를 꿈꿨고, 나아가 해당 학과의 교육과정에서 어떤 부분이 나에게 도움이 된다고 생각해서 해당 학과를 선택했는지 말하는 것이 중요하다.
- 대학 진학은 진로와 미래를 향한 과정 중 일부이기 때문에 그 과정에서 지원 학교 · 학과가 학생에게 얼마나 중요한지를 표현해야 한다.
- 지원동기와 더불어 제시되는 구체적인 합격 이후의 계획은 면접관이 지원자가 제시한 지원동기에 대해 신뢰감을 얻을 수 있는 소재이다.

소재 ② - 교내활동

- 자신이 직접 수행한 교내활동들을 기반으로 지원동기를 구체화한다면, 진로에 대해서 자신이 겪은 고민과 성장의 과정을 명확하게 표현해낼 수 있다.
- 단순히 하나의 교내활동을 통해 지원동기를 설명하기보다는 한 가지의 교내활동을 통해 파생된 지적 호기심을 또 다른 교내활동으로 해소하는 과정을 통해 설명한다면 좋은 결과를 만들어낼 수 있다.
- 교내활동은 생활기록부나 자기소개서 등의 서류에 직접 기재되있는 소재이기 때문에 신뢰도가 높다.

소재 ③ - 학업계획

- 지원 학과에서 자신이 수행할 학업계획을 잘 설명하여 학과에 대해 잘 이해하고 있음을 보여줄 수 있다.
- 세부적인 학업계획까지 미리 세워뒀다면 더욱 해당 학과에 오고 싶은 간절함이 강조되고, 본인의 진로에 대해 주체적으로 고민한 모습을 보여줄 수 있다.
- 지원자의 지원 전공에 대한 열의와 능동적 학습참여를 간접적으로 느낄 수 있다.

지원동기 질문에 사용할
중심주제와 활용 소재를
선택하고 답변을 작성한다

Why

　면접의 보편적인 질문 중 지원동기에 대한 질문은 면접 현장에서 많이 물어보는 질문입니다. 실제로 유스쿨 합격자들의 60%는 면접장에서 지원동기에 대한 질문을 받았다고 합니다. 그리고 그들 중 82%가 면접 전에 지원동기 질문에 대한 답변을 미리 준비했습니다.

　예상 질문의 범위가 넓은 대입 면접에서 보편적인 질문에 대한 답변은 우리가 미리 준비할 수 있는 확실한 기회이기도 합니다. 특히 지원동기 질문은 자기소개서에서도 언급될 만큼 대입 과정에서 매우 중요한 요소입니다. 질문의 중요성이 높아지는 만큼 면접관들의 질문 수요도 높아지고 있는 것이 현실입니다. 하지만 면접 현장에서 자기소개서에 작성되어 있는 줄글 형태의 지원동기를 다 말할 수는 없습니다. 그래서 미리 면접 질문에 대비하여 면접 상황에 어울리는 지원동기를 준비해야 합니다.

✏️ **중심주제와 활용 소재를 결정하여 지원동기 질문에 대한 답변을 준비한다**

이제 자신의 생활기록부 및 자기소개서에 기재된 내용과 면접을 통해 강조하고 싶은 역량 및 인재상을 고려하여 지원동기 질문의 답변을 구성해봅시다.

앞에서 분석한 내용을 바탕으로 자신의 답변에서 어떤 소재를 사용하여 어떤 중심주제를 전달할 것인지 〈익힘책 면접 4번〉에 작성하고, 만약 체크리스트에 자신이 선택한 중심주제와 활용 소재가 없다면 직접 추가하거나 자유롭게 서술해도 됩니다. 유스쿨 합격자들은 뚜렷한 형식 없는 개성 있는 지원동기 답변도 자신을 효과적으로 소개할 수 있다고 말했기 때문입니다.

✏️ **선택한 중심주제와 활용 소재를 활용하여 실제 답변을 작성한다**

앞서 선택한 중심주제와 활용 소재를 활동과 연결지어 직접 〈익힘책 면접 4번〉에 작성하고, 생활기록부의 내 활동 부분에 말하고자 하는 중심주제와 관련된 활동을 찾아 작성합니다. 만약 관련 활동이 없고 대학 진학 이후의 계획만 있다면 나의 활동 부분은 빈칸으로 남겨두어도 좋습니다. 이제 사례를 참고하여 실제 답변을 작성해 봅시다.

> **Example 1**　　　　　　　　　　　　　익힘책 면접 4번 모범 사례
>
> ### 중앙대학교 교육학과 형재성 파트너의 사례
>
> ＊ 지원동기 면접 답변 구성 요소 체크리스트
>
> | 지원동기 | 중심주제 | • 학교 및 학과의 필요성 □,　• 전공 적합성 □,
• 지원 결심의 시작점 ◼ |
> |---|---|---|
> | | 활용 소재 | • 진로 · 미래계획 ◼,　• 교내활동 □,　• 학업계획 □ |

✳ 지원동기 면접 답변 준비

중심주제	활용 소재	나의 활동들
자원 결심의 시작점	진로·미래계획	다큐멘터리 시청, 개인적 탐구

답변 작성하기

학교라는 공간 속에서 교육으로 인해 발생하는 문제들을 해소하는 데 이바지하는 교육 행정 연구가가 되기 위하여 교육학과에 진학하게 되었습니다. 지난 2013년 SBS에서 '학교의 눈물'이라는 다큐멘터리를 접하면서, 학교폭력으로 고통받아 자살한 피해자, 한 사람과 한 가족의 인생을 망가뜨린 가해자, 그리고 그것을 감추려고만 한 학교의 모습에 큰 공분을 느꼈습니다. (지원 결심의 시작점)

관련 주제에 관심을 가지고 조사해본 결과 저출산 현상으로 인해 학생 수는 감소하는데도 불구하고 학교폭력 발생 건수는 점점 증가하고 있다는 것을 알게 되었습니다. 또한, 실질적인 해결 방안이 존재하지 않아 일명 '심부름센터'로 불리는 조폭들을 동원하여 문제를 해결하는 모순적인 사례 또한 접하였습니다. 학교폭력 자체를 발생하지 않게 막는 것도 중요하지만, 더욱 중요한 것은 학교폭력을 일으킨 학생에게 합당한 처벌을 부과할 수 있는 제도가 존재해야 학교폭력을 예방할 수 있다고 생각하게 되었습니다. 이러한 문제의식을 느끼고 대학교에서 교육학뿐만 아니라 심리학, 특히 범죄심리학을 추가로 공부하여 어떻게 하면 학생들에게 효율적인 처벌을 내릴 수 있을지 고민해볼 것입니다. 요컨대 학교에서 발생하는 문제를 교육 행정 측면에서 학교폭력 처벌 제도를 통해 어떻게 해소할지 고민하는 교육학 연구원이 되고 싶습니다. (진로·미래계획)

형재성 파트너는 '학교의 눈물'이라는 다큐멘터리를 시청하는 사소한 계기를 통해 교육학과에 대한 관심이 생겼습니다. 이러한 작은 관심을 바탕으로 스스로 조사 탐구를 진행하여 학교폭력에 대한 문제의식을 심화시켜 나갔습니다. 그래서 학교폭력을 효과적으로 방지하는 방안을 연구하기 위해 교육학과에 진학하기로 했습니다.

또한, 교육학과에 진학하여 학교폭력의 실질적 해결 방안이 될 수 있는 효율적인 처벌 방안을 탐구하기 위해 범죄심리학을 추가로 공부할 것을 미래계획으로 설정하였습니다. 결과적으로 중심주제인 지원 결심의 시작점을 토대로 자신의 지원동기를 명확히 밝혀주는 소재인 미래계획을 제시함으로써 보다 구체적으로 중앙대학교 교육학과에 대한 지원동기를 제시할 수 있었습니다.

Example 2

익힘책 면접 4번 모범 사례

숙명여자대학교 전자공학과 이예현 멘토의 사례

＊ 지원동기 면접 답변 구성 요소 체크리스트

지원동기	중심주제	• 학교 및 학과의 필요성 ■, • 전공 적합성 □, • 지원 결심의 시작점 □
	활용 소재	• 진로 · 미래계획 ■, • 교내활동 □, • 학업계획 □

＊ 지원동기 면접 답변 준비

중심주제	활용 소재	나의 활동들
학교 및 학과의 필요성	진로 · 미래계획	플라스마를 활용한 인식기술, 자동차 와이퍼 개발, 층간소음 문제 해결을 위한 건축구조 고안

답변 작성하기

저는 숙명여대의 '세상을 바꾸는 부드러운 힘'이라는 슬로건에 부합하는 학생이라고 생각합니다. (학교 및 학과의 필요성)
고등학교 때부터 세상을 바꾸기 위해 많은 기술을 생각하며 노력해왔습니다. 층간소음 문제 해결을 위한 건축구조, 우천시 사고를 예방하기 위한 자동차 와이퍼 개발 등을 고안하며 작게나마 공동체에 도움이 되는 방향을 생각해왔고, 이러한 사소한 문제들을 바꾸면 부드럽게 세상이 변화할 것이라는 저의 생각이 숙명여대의 슬로건과 잘 맞아 지원했습니다. (진로 · 미래계획)

이예현 멘토는 숙명여자대학교의 슬로건이 자신과 부합하다는 것을 설명함으로써 이 학교에 지원한 동기를 설명했습니다. 또한, 고등학교 때부터 꿈꾸던 자신의 진로에 대한 고민들을 어떻게 숙명여대에서 구체화할 수 있을지 미래계획을 통해 제시했습니다. 단순히 무엇을 하기 위해서, 어떤 사람이 되기 위해서보다는 오히려 숙명여대 전자공학과의 슬로건이 자신과 부합하기 때문에 자신이 숙명여대 전자공학과에 필요한 사람이라는 것을 잘 표현해냈습니다.

✏️ 지원동기 질문에 대한 합격자의 답변을 분석한다

이 단계에서는 합격자들이 지원동기 질문에 어떻게 답변했는지 분석하고 이러한 틀을 자신의 사례에 적용할 수 있는 방법을 익히도록 합니다.

면접 답변을 준비할 때 이 내용을 참고하되 지원동기 답변 방식 및 내용에 정답이 존재하는 것은 아니라는 점을 유의하시기 바랍니다.

Example 1

성균관대학교 한문교육과 남은주 파트너의 사례

• 학교 및 학과의 필요성(중심주제) + 진로·미래계획(소재) + 교내활동(소재)

한자와 한문에 대한 많은 관심을 바탕으로 2학년 때 학급의 또래 멘토링 활동에서 한문 과목의 멘토 역할을 하였습니다. 친구들에게 중요하다고 생각하는 부분을 짚어주고, 혼동되는 한자를 쉽게 암기하는 방법을 알려주어 성적 향상에 도움을 주면서 보람을 느꼈습니다. **이를 계기로 가장 좋아하는 과목을 가르치며 학생들에게 좋은 영향을 줄 수 있는 한문 교사가 되고 싶어졌습니다.**

친구들에게는 교과서를 중심으로 한문을 가르쳐 주었지만, 교사가 되면 학생들에게 **논어와 같은 고전을 통해 삶에 도움이 되는 좋은 문장도 가르쳐주고 싶습니다.** 인의예지와 수기치인을 바탕으로 한 교육이념과 법고창신의 정신에 입각한 창의적 인재를 양성한다는 성균관대학교 한문교육과의 교육 목표가 마음을 사로잡았습니다. **동아시아한문학연구소를 비롯한 인문학 연구가 활발히 진행되고 있는 오랜 전통의 성균관대학교에서 꿈을 위한 준비를 해 나가고자 지원합니다.**

남은주 파트너는 또래 멘토링 활동이라는 교내활동을 소재로 활용하여 '한문 교사'가 되고 싶어 했었던 계기를 구체화했습니다. 또한, 단순한 교과서 중심의 한문 교육보다는 고전을 통한 한문 교육을 하고 싶다는 마음을 가졌고, 이를 위해서 동아시아한문학연구소가 설립된 성균관대학교 한문교육과에 진학해야 한다는 필요성을 느끼게 되었습니다.

이렇게 교내활동을 통해서 촉발된 진로를 좀 더 구체화하기 위해 특정 학교 및 학과의 특성이 필요할 수 있고 훌륭한 지원동기로써 서술될 수 있습니다.

Example 2

경희대학교 건축공학과 신우진 멘토의 사례

• 전공 적합성(중심주제) + 진로 · 미래계획(소재) + 교내활동(소재)

고등학교 2학년이 되어 과학동아리 활동을 많이 하였습니다. 특히 배기가스로 인한 대기오염을 완화하는 연구와 시멘트와 토양 속의 방사성 물질을 분해하는 연구를 진행한 후 스피룰리나를 이용하여 대기 토양 그리고 해양환경에 관한 더 많은 문제를 해결해보고 싶어서 환경공학과에 지원했습니다.
저는 환경공학에 관한 공부뿐만 아니라 환경정책에도 관심을 두고 공부하여 우리나라의 잘못된 환경정책을 바로잡아 더 나은 지구 환경이 마련될 수 있게 보탬이 되고 싶어 경희대학교 건축공학과에 지원했습니다.

신우진 멘토는 과학동아리 활동을 통하여 자신이 경희대학교 건축공학과에 지원한 동기를 구체화했습니다. 특히 '스피룰리나'라는 개념을 자신의 주된 탐구 주제로 설정하고 이를 통해 향후 환경공학 및 환경정책에서 적용할 것을 계획했습니다. 이러한 활용 소재들을 통해 신우진 멘토는 전공 적합성이라는 중심주제를 효과적으로 표현해냈습니다.

Example 3

중앙대학교 도시계획부동산학과 김남균 파트너의 사례

• 지원 결심의 시작점(중심주제) + 학업계획(소재) + 교내활동(소재)

어렸을 때부터 여행하기를 좋아했던 저는 여행을 다녀온 후 지도에 여행지를 표시하는 습관을 지니게 되었습니다. 자연스럽게 지리가 저에게 중요한 과목이 되어 지리학자를 꿈꾸게 되었습니다.

고등학교에 와서 지리 관련 자율동아리를 만들어 심화 탐구를 하기로 마음먹었습니다. 그래서 타 대학교 지리교육과 학생들과 연합하여 답사도 다니고 하였지만, 고등학생이 지리를 깊게 탐구하기에는 한계가 있었습니다. **그래서 저는 중앙대학교 도시계획부동 산학과에서 1학년 때 경제학과 통계학을 배워 기초를 쌓고, 2학년 때 지리학, 3학년 때 도시 학, 4학년 때 부동산학을 배워 지리학자의 꿈을 더욱 구체화하기 위해 이 학과에 지원하게 되었습니다.**

김남균 파트너는 지도에 여행지를 표시하는 습관처럼 사소한 계기에서 시작하여, 자율동아리에서 진행한 답사 등의 활동을 통하여 구체적으로 지리학자라는 꿈을 갖게 되었습니다. 하지만 고등학교 교육과정에서 진행할 수 있는 지리학에 대한 한계를 느껴서 앞으로 중앙대학교 도시계획부동산학과에서 배우고 싶은 학문들을 구체적으로 제시하면서 어떻게 주어진 한계를 뛰어넘을 것인지 고민한 과정을 제시했습니다.

Example 4

중앙대학교 심리학과 장소연 멘토의 사례

• 전공 적합성(중심주제) + 진로 · 미래계획(소재)

저의 주변에서는 다양한 이유로 심적 어려움을 겪는 사람이 많았습니다. 게임 중독이나 우울증 등으로 본인과 주변 사람들이 장기간 힘들어하고 있음에도 심리학과 정신의학에 대한 편견 때문에 주변을 의식하느라 적절한 도움을 요청하지 못하는 경우가 많았습니다. **저는 이에 문제를 느꼈고 심리학자로서 심리학과 관련된 편견을 해소하는 데 적극적으로**

이바지하고 싶어 심리학과에 지원하였습니다. 그리고 오랜 역사를 가지고 임상심리학 등 다양한 심리학을 다루고 있는 중앙대학교에서 이 뜻을 함께하고 싶었습니다.

장소연 멘토는 심리학 및 정신의학에 대한 사람들의 편견에 문제의식을 느꼈습니다. 특히 이러한 편견으로 인하여 심리학과 정신의학이 도움이 필요한데도 적절한 요청을 하지 못하는 사람이 많다는 것에 안타까움을 느꼈습니다. 이러한 전공과 관련된 문제의식을 심리학과에서 펼칠 진로·미래계획 등에 활용하여 전공 적합성으로 심화시켰습니다.

Example 5

한국외국어대학교 체코슬로바키아어과 허예인 파트너의 사례

• 학교 및 학과의 필요성(중심주제) + 진로·미래계획(소재)

저는 언어를 배우고, 제가 아는 것을 가르치는 것을 좋아하는 사람입니다. 그래서 예전부터 언어를 가르치는 사람이 되고 싶었습니다. 그러던 중 2016년 부산국제모터쇼에서 유창한 영어 실력으로 원활한 진행을 선보인 이윤진 국제회의통역사를 보고 신속하고 정확하게 상대방이 말하는 것과 동시에 말을 전해 주는 동시통역사에 관심이 생겼습니다. 세계화 시대의 다양한 국가 구성원들의 원활한 소통을 도와주는 징검다리가 되고 싶다고 생각했습니다. 국내 유일의 외국어 교육기관인 한국외국어대학교에서 저와 닮은 점이 많은 체코와 슬로바키아 언어를 배우고 싶어 지원하게 되었습니다.

허예인 파트너는 중심주제인 학교 및 학과의 필요성과 활용 소재인 진로·미래계획이 긴밀하게 연결된 사례입니다. 언어를 가르치는 사람에서 신속하고 정확하게 동시에 말을 전해 주는 동시통역사로 꿈을 구체화해나가는 과정에서 국내 유일 외국어 교육기관인 한국외국어대학교의 필요성을 느꼈습니다. 그와 동시에 한국외국어대학교에서 체코와 슬로바키아 언어를 배우는 것을 진로·미래계획으로 설정하였습니다. 이렇게 중심주제와 활용 소재는 서로 긴밀하게 연결될 수 있으며 시너지 효과를 발생시킬 수 있습니다.

Example 6

아주대학교 건설시스템공학과 김태웅 파트너의 사례

• 지원 결심의 시작점(중심주제) + 교내활동(소재)

원래 건축에 관심이 있었던 저는 제 고향인 경주에서 일어난 지진으로 인해 더 많은 사람을 위해 힘써야겠다고 생각했습니다. 이후 토목에 많은 관심을 가졌고, 이를 위해 **동아리에서 진행한 콘크리트 실험, 건축공학경진대회 등을 통해 제 호기심을 점차 해결해나갈 수 있었습니다.** 고등학교 정규과목에는 건축 토목이라는 것이 없어 저 스스로 공부해나가는 것에 어느 정도 한계가 있었기에 제가 관심 있는 토목을 깊이 공부하고자 귀 대학에 지원하였습니다.

김태웅 파트너는 국가적인 사건·사고였던 경주 지진이 건축 및 토목에 대한 지원 결심의 시작점이었습니다. 이렇게 시작된 지원동기는 동아리에서 진행한 실험과 경진대회 등을 통해 구체화했습니다. 결과적으로 건축 토목 분야에서 원하는 바를 이루기 위해서는 대학교 교육과정을 밟아야 함을 깨닫고, 아주대학교 건설시스템공학과에 지원한 이유를 명확히 밝히면서 지원동기를 마무리했습니다.

Example 7

성균관대학교 사회과학계열 김창영 파트너의 사례

• 지원 결심의 시작점(중심주제) + 진로·미래계획(소재)

소외된 이웃들과 함께 살아가는 방법에 관해서 관심이 많았습니다. 어렸을 때 마을에 한 참전용사 할아버지께서 상자를 주우시며 힘들게 살아가시는 모습을 보고 우리 사회가 이들을 보살펴 주어야 한다고 생각하게 되었습니다. 고등학교 때도 조금이나마 우리 사회에 도움이 될 방법을 찾다가 대한민국 청소년의회 활동, 고민이 많은 친구 상담해주기처럼 대외활동에서부터 주변의 조그마한 부분까지 관심을 기울였습니다.

제가 꿈꾸는 '행복한 사회'를 만들기 위해서는 우리 사회를 바꿀 수 있는 정치라는 힘이 필요했습니다. 이 힘의 시작은 제가 정치외교학과에 진학하여 우리 사회가 어떻게 조직되어 있는지, 바른 사회를 위해 구성원들이 어떤 노력을 해야 하는지 등의 고민을 하면서부터라고 생각합니다.

김창영 파트너는 참전용사 할아버지의 힘든 노후 생활상을 보면서 우리 사회에 대한 문제의식을 느꼈습니다. 이를 구체화하기 위해 자신의 주변에서 도움이 필요한 사람들을 찾아 나서기 시작했고, 궁극적으로 '행복한 사회'를 만들기 위해서는 정치를 배워야 함을 깨달았습니다.

결과적으로 자신이 정치외교학과에 진학하여 자신이 고민해야 할 주제들을 제시함으로써 자신이 어떤 계획을 세우고 있는지까지 포함하여 지원동기를 효과적으로 드러냈습니다.

Step 05

학업계획 질문의
중심주제와 활용 소재를 이해한다

Why

실제 면접에서 이러한 보편적인 질문들은 면접에 등장할 가능성이 매우 클 뿐만 아니라 지원자의 역량을 판단하기에도 적절합니다. 그러므로 여러분들은 보편적인 질문들에 대한 답변을 미리 준비해 놓는 것이 좋습니다.

학업계획은 고등학교 생활을 통해 구축한 지원동기를 대학교에서 어떻게 이룰 것인지 구체화한 것입니다. 이 때문에 면접관들은 학업계획에 대한 질문을 통해 지원자가 하고 싶은 일, 되고 싶은 사람을 어떻게 성취할 것인지 알아낼 수 있습니다.

또한, 지원한 학과에서만 수행할 수 있는 학업계획을 제시한다면 지원자가 지원 학과에 대해 얼마나 깊이 이해하고 있는지 판단할 수 있습니다. 이러한 이유에서, 이번 Step 05에서는 학업계획 질문에 대해 답변을 준비해보도록 하겠습니다.

How

🖉 학업계획 질문의 답변으로 사용하기 적합한 중심주제를 파악한다

유스쿨 멘토/파트너를 대상으로 한 설문조사의 결과를 바탕으로 합격자들이 학업계획에서 제시한 중심주제를 정리했습니다.

학업계획 질문의 답변에서 중심주제로 제시할 수 있는 것은 '**확고한 진로, 전공 적합성, 학업 및 참고 역량, 활동계획**' 등이 있습니다.

다음 예시들을 통해 학업계획 질문의 답변으로 사용하기 적합한 중심주제를 자세하게 파악합니다. 단, 이 예시들은 다양한 중심주제 중 합격자들이 많이 사용한 소재를 바탕으로 구성했으므로 반드시 이 중에서 중심주제를 선택할 필요는 없습니다.

중심주제 ① – 확고한 진로

- 내가 희망하는 진로에 대해 구체적으로 설명한다.
- 희망하는 진로를 성취하여 자신이 이루고 싶은 것을 이루겠다는 확고한 의지를 강조한다.
- 진로에 관한 구체적인 비전과 어떻게 이러한 비전을 도출했는지 설명한다.
- 해당 학과의 교육과정을 이수한 후 나의 미래 직업을 위해 배운 것을 어떻게 활용할지 설명한다.

학업계획을 설정하는 궁극적인 목표는 진로를 이루기 위함입니다. 그래서 학업계획 답변의 중심주제로 자신의 **확고한 진로**를 설정한다면 면접관에게 미래에 대한 확신과 의지를 보여줄 수 있습니다.

중심주제 ② – 전공 적합성

- 전공 분야의 목적이 무엇인지 확실히 이해하고 있고, 누구보다 잘 받아들일 자신이 있음을 강조한다.
- 전공에 대해 자신의 관심 분야를 설명하고, 그만큼 전공에 대한 이해도가 높다는 점을 강조한다.
- 전공에 대한 전문지식 및 탐구 역량이 풍부함을 제시한다.
- 전공과 관련된 다른 학문에까지 걸쳐진 자신의 관심과 흥미를 설명한다.
- 지원 학과와 연관성이 깊은 고등학교 교과목에 대해 충분히 이해하고 있음을 설명한다.

다음으로 **전공 적합성**은 지원자가 해당 전공에 대해 얼마나 알고 있고 어느 정도의 관심을 보이는지 드러낼 수 있습니다. 면접관들이 지원자가 앞으로의 학업을 잘 수행할 수 있을지를 판단하는 지표가 될 수 있으므로 전공 적합성은 학업계획 답변의 좋은 중심주제입니다.

중심주제 ③ – 학업 및 탐구 역량

– 기초 과목부터 심화 과목까지 단계적인 학습계획에 기초한 학업계획을 제시한다.
– 고등학교 때의 학업 능력을 바탕으로 강점을 어떻게 극대화하고 약점을 어떻게 보완할지에 대해 설명한다.
– 어떤 주제에 대해 연구하고 싶은지 구체적으로 언급한다.
– 고등학교 교육과정과 대학 교육과정을 어떻게 연계할 것인지 설명한다.
– 해당 학교만의 특수한 교과과정이나 프로그램 등을 언급하며 학과 공부에 대한 구체적인 계획을 설명한다.
– 실천 중심의 활동(예 연구 및 프로젝트)을 계획했음을 설명한다.
– 내가 이 학과에 재학하여 보여줄 모습을 구체적으로 소개한다.
– 동아리 활동, 교환학생, 학회 활동 등 어떻게 학교생활을 할지 설명한다.
– 고등학교 시절의 활동 이후 더욱 심화한 활동을 하고 싶음을 전달한다.

마지막으로 **학업 및 탐구 역량**을 질문의 답변으로 잘 표현할 수 있다면, 지원자가 대학에 입학하여 어떠한 분야에 더 관심을 가지고 탐구할지 직접적으로 드러낼 수 있습니다. 이를 통해 지원자가 대학에서 성실하게 학업을 수행할 수 있다는 확신을 줄 수 있어 좋은 중심주제로 활용할 수 있습니다.

🖊 학업계획 질문의 답변으로 사용하기 적합한 소재를 파악한다

앞서 유스쿨 멘토/파트너들이 학업계획 질문의 답변에서 어떤 주제를 사용했는지 알아보았습니다.

질문에 답변하는 과정에서 본인만의 특별한 역량을 강조하기 위해서는 자신의 말을 뒷받침하는 근거가 있어야 합니다. 면접에 대한 답변을 구성할 때는 생활기록부 및 자기소개서에 기재된 활동이나 학업 및 진로 계획 등이 그 근거가 될 수 있습니다.

이 단계에서는 합격자들의 조언을 바탕으로 학업계획에서 활용할 수 있는 소재를 파악합니다. 단, 다음 예시들은 다양한 소재 중 일부이므로 반드시 따라 할 필요는 없습니다.

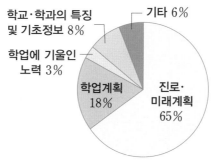

학업계획에 사용한 소재

학교·학과의 특징 및 기초정보 8%
기타 6%
학업에 기울인 노력 3%
학업계획 18%
진로·미래계획 65%

(조사 대상: 유스쿨 멘토/파트너)

소재 ① – 진로 · 미래계획

- 현실적이고 구체적인 계획을 제시하면 이 학생이 실제로 미래를 설계하고 있는지, 정말 공부를 할 의지가 있는 학생인지를 보여 줄 수 있다.
- 단순히 교육과정이라서 배우고 끝나는 것이 아니라 나의 미래 직업을 위해 어떻게 활용할 것인지 나타냄으로써 발전적인 사람임을 드러낼 수 있다.
- 학업계획을 통해 무엇을 배워서 자신의 미래를 어떻게 그려 나갈지 구체화함으로써 면접관에게 확신을 주고 당찬 포부를 드러낼 수 있다.

소재 ② – 교내활동

– 고등학교 때 수행했던 활동들을 소개하면서 고등학생 수준에서 발전시키지 못한 활동들에 대한 아쉬움을 드러내고 이러한 호기심을 대학에서 어떻게 해소하고 싶은지 제시할 수 있다.
– 고등학교에서 수행한 교내활동을 바탕으로 본인의 관심사를 드러내고, 앞으로 대학에서 어떠한 방향으로 연구를 이어가고 싶은지에 대한 근거를 신뢰성 있게 제시할 수 있다.
– 자신이 경험했던 교과/비교과 활동을 하면서 생긴 지적 호기심은 학업계획과 자연스럽게 연결하기에 좋은 소재이다.
– 생활기록부의 활동이 지원 학과와 유기적으로 연결되어 있고, 지원 학과에 진학하려고 꾸준히 노력했음을 강조할 수 있다.
– 고등학교에서 본인이 학습하고 경험한 것이 대학교 생활에 도움이 될 수 있음을 보여줄 수 있다.

소재 ③ – 학업에 기울인 노력

– 공부 방식의 변화를 통한 성적 향상 경험을 설명하여 발전 가능성을 보여줄 수 있다.
– 자신만의 특별한 공부법을 설명하고 그로 인한 결과도 제시함으로써 학업계획에 대한 신뢰성을 줄 수 있다.
– 고등학교 시기의 학업 능력 중 자신만의 강점에 대해 말하면서 자신의 학업계획에 대한 자신감을 보여줄 수 있다.

소재 ④ – 학교 · 학과의 특징 및 기초정보

– 지원 학교 · 학과에서만 할 수 있는 활동을 중심으로 이야기함으로써 학교 · 학과에 대한 관심도를 드러낼 수 있다.
– 각 학교 · 학과에 관해 많은 관심이 있으며, 반드시 입학해야만 하는 당위성을 입학사정관이나 면접관에게 피력할 수 있다.
– 학교가 제공하는 적절한 도움을 받아 학교를 빛낼 인재로 성장할 수 있는 잠재력이 있다는 점을 강조할 수 있다.

학업계획 질문에 사용할 중심주제와 활용 소재를 선택하고 답변을 작성한다

Why

면접의 보편적인 질문 중 학업계획 질문은 다른 질문들과는 약간 다릅니다. 합격자의 70%는 면접 전에 미리 학업계획에 대한 답변을 준비했지만, 실제 면접에서 학업계획에 대한 답변을 한 합격자는 20%에 불과했습니다. 물론 실제로 절반이상의 합격자가 학업계획에 대한 질문을 받지 못했다고 하였지만, 그렇다고 준비할 필요가 없지는 않습니다.

만약, 학업계획 질문에 제대로 답을 하지 못했을 경우 대학에서 중요하게 평가하고 있는 발전 가능성과 학업역량 부분에서 매우 부정적인 평가를 받을 수 있습니다. 반면 학업계획 질문에 미리 답변을 준비하면, 학업계획에 대한 질문이 아니더라도 다른 답변에서 응용하여 말할 수 있다는 장점이 있습니다. 특히 지망 대학의 자기소개서 자율 4번 문항에서 학업계획을 언급한 경우 학업계획 질문에 대한 답변 준비는 꼭 필요합니다. 따라서 유스쿨 합격자들은 학업계획 질문에 대한 답변을 꼭 준비하는 것을 추천합니다.

✎ 중심주제와 활용 소재를 결정하여 학업계획 질문에 대한 답변을 준비한다

이제 자신의 생활기록부 및 자기소개서에 기재된 내용과 면접을 통해 강조하고 싶은 역량 및 인재상을 고려하여 학업계획 질문에 대한 답변을 구성해봅시다.

앞에서 분석한 내용을 바탕으로 자신의 답변에서 어떤 소재를 사용하여 어떤 중심주제를 전달할 것인지 〈**익힘책 면접 5번**〉에 작성하고, 만약 체크리스트에 자신이 선택한 중심주제와 활용 소재가 없다면 직접 추가하거나 자유롭게 서술해도 됩니다.

✎ 선택한 중심주제와 활용 소재를 활용하여 실제 답변을 작성한다

앞서 선택한 중심주제와 활용 소재를 활동과 연결지어 직접 〈**익힘책 면접 5번**〉에 작성하고, 생활기록부의 내 활동 부분에 말하고자 하는 중심주제와 관련된 활동을 찾아 작성합니다. 만약 관련 활동이 없고 대학 진학 이후의 계획만 있다면 나의 활동 부분은 빈칸으로 남겨두어도 좋습니다. 이제 사례를 참고하여 실제 답변을 작성해 봅시다.

Example 1   **익힘책** 면접 5번 모범 사례

경희대학교 건축공학과 신우진 멘토의 사례

＊ 학업계획 면접 답변 구성 요소 체크리스트

학업계획	중심주제	• 확고한 진로 ☐, • 전공 적합성 ☐, • 학업 및 탐구 역량 ▣
	활용 소재	• 진로·미래계획 ▣, • 교내활동 ▣, • 학업에 기울인 노력 ☐, • 학교·학과의 특징 및 기초정보 ☐

✻ 학업계획 면접 답변 준비

중심주제	활용 소재	나의 활동들
학업 및 탐구 역량	진로 · 미래계획, 교내활동	라돈 분해 실험 및 논문 작성

답변 작성하기

저는 과학동아리 활동에서 건축으로 인한 환경오염을 개선하기 위해 건축 재료인 시멘트 속의 방사성 물질인 라돈을 분해하는 실험을 해보고 직접 논문도 써보았습니다. (교내활동)

이 경험을 바탕으로 건축시공 및 재료 분야를 심도 있게 공부하여 교수님과 동기들과 함께 시멘트 이외의 다른 재료를 선정하고 깊게 탐구하여 환경문제를 유발하는 건축자재에 대해 연구해보고 싶습니다. (활동계획)

그리고 대학원에도 꿈이 있는 저는 건축공학뿐만 아니라 전통조경학에도 관심이 있어서 건축과 전통조경이 어우러진 삶의 터전을 만드는 건축가의 꿈을 키우고 싶습니다. (진로 · 미래계획)

신우진 멘토는 라돈 분해 실험과 논문 작성 활동을 활용하여 고등학교 때 경험한 활동에서 더 나아가 심화 활동을 계획하고 있음을 말했습니다. 생활기록부의 내 활동과 중심주제의 연결성을 강조하여 자신의 탐구 역량을 드러내는 좋은 답변을 준비했습니다.

이처럼 대학생이 되어서 하고 싶은 활동을 구체적으로 밝히면서 면접관에게 현실성 있는 답변을 주었고, 대학원 진학과 진로에 대한 구체적인 미래계획을 언급하여 확신을 줄 수 있었습니다.

Example 2

홍익대학교 국어교육과 김희연 파트너의 사례

✽ 학업계획 면접 답변 구성 요소 체크리스트

자기소개	중심주제	• 확고한 진로 □, • 전공 적합성 □, • 학업 및 탐구 역량 ▣
	활용 소재	• 진로 · 미래계획 ▣, • 교내활동 □, • 학업에 기울인 노력 □, • 학교 · 학과의 특징 및 기초정보 ▣

✽ 자기소개 면접 답변 준비

중심주제	활용 소재	나의 활동들
학업 및 탐구 역량	진로 · 미래계획, 학교 · 학과의 특징 및 기초정보	없음

답변 작성하기

국어교육과에 진학한다면 1, 2학년 때는 교육학의 기본 원리와 문학, 독서, 작문 등 전반적인 국어 교과에 대한 이론을 다져 국어교육자로서의 역량을 갖추기 위해 노력할 것입니다. 특히 '교육학개론'을 수강하여 교육의 본질이 무엇인지 진지하게 고민하는 시간을 가질 것입니다. 3, 4학년 때는 학교현장 실습과 독서교육론, 문학교육론 같은 과목을 수강하여 세부적인 국어 분야를 가르치기 위한 실전적 능력을 갖추기 위해 노력할 것입니다. (학교, 학과의 특징 & 기초정보)

특히 '현대문학 교육연습'을 수강해 제가 관심 있는 현대문학에 대해 더 깊이 공부하고 싶습니다. (학업 및 탐구 역량)

교과 공부뿐만 아니라 다양한 프로그램을 활용하여 교사가 되기 위한 인성적 자질을 갖추기 위해 노력할 것이고, 교내 동아리 중 교육봉사동아리에 가입하여 제가 가진 지식과 능력을 주변 사람들에게 나누며 나눔의 가치를 배우고 이를 학생들에게 전하는 교사가 되겠습니다. (진로 · 미래계획)

김희연 파트너는 생활기록부 내 활동을 사용하지 않고 학업계획의 답변을 준비

했습니다. 지원 전공에 진학한 후 1학년에서 4학년까지 구체적인 학업계획을 언급했습니다. 특히 지원 학교의 커리큘럼을 직접 언급함으로써 해당 학교와 학과 입학에 대한 확신을 주었습니다. 그뿐만 아니라 학교 프로그램을 활용하여 자신의 진로에 대해서 말하여 미래지향적인 사람임을 드러냈습니다. 학업계획과 학과 교육과정을 연계하여 답변함으로써 학업계획 질문에 대한 전형적인 답변을 보여주었습니다.

📝 학업계획 질문에 대한 합격자의 답변을 분석한다

이 단계에서는 합격자들이 학업계획 질문에 어떻게 답변했는지 분석하고 이러한 틀을 자신의 사례에 적용할 수 있는 방법을 익히도록 합니다.

면접 답변을 준비할 때 이 내용을 참고하되 학업계획 답변 방식 및 내용에 정답이 존재하는 것은 아니라는 점을 유의하시기 바랍니다.

Example 1

중앙대학교 교육학과 형재성 파트너의 사례

• 학업 및 탐구 역량(중심주제) + 학교 · 학과의 특징 및 기초정보(소재)

입학 후 초기에는 사회, 심리, 행정, 철학, 역사 등 교육학의 모 학문을 이루는 분야에 대한 폭넓은 공부를 위해 사회 과학 토론 동아리 '한울'에 가입할 것입니다. 이후 '**우리교육연구회**'에서 **교육의 재반 분야에 대한 깊이 있는 학습을 펼쳐 사회에서 문제가 되는 여러 교육현안에 관해 깊이 탐구하고 싶습니다.** 아울러 교육봉사동아리 '푸름회'에 가입하여 교육 불평등 현상에 대해 몸으로 느끼고 이를 해소하는 데 일조하고 싶습니다.

형재성 파트너는 자신만의 학업계획의 방향성을 설정하고 이를 이루기 위해 지원 학교 · 학과만의 프로그램(동아리)을 활용하고 싶다고 말했습니다. 그리고 자신의 전공 학문 탐구 목표를 구체적으로 제시하였고 학교 · 학과만의 프로그램(동아리)을 통해 발전해 나가고자 하는 방향을 서술했습니다.

Example 2

중앙대학교 심리학과 장소연 멘토의 사례

• 학업 및 탐구 역량(중심주제) + 학교 · 학과의 특징 및 기초정보(소재)

저는 PTSD와 관련된 깊은 탐구를 하고 싶습니다. 고등학교 시절 세월호 참사를 바탕으로 우리나라의 PTSD 치료 실태와 발전 방안을 주제로 소논문을 작성하였고, 그 과정에서 아직 우리나라에 부족한 점이 많음을 깨닫게 되었습니다.

언제 발생할지 모르는 재난이나 트라우마의 가능성이 있는 상황에 많이 노출된 응급 구조 종사자분들을 위해 올바른 PTSD 치료 메커니즘을 구축하고 싶습니다. 따라서 중앙대학교에서 1학년 때 발달심리학으로 연령별 특징을 파악하고 사람에 대한 근본적인 이해를 하고 싶습니다. 2학년 때는 사회심리학을 배우고, 3학년 때는 이상심리학, 4학년 때는 임상심리학을 배우면서 정신질환에 관한 심리학적 탐구를 깊게 이어나가고 이와 더불어 학술제 등에 참가하여 저의 탐구 심을 발휘하고 싶습니다.

장소연 멘토는 고등학교 시기의 소논문 작성 활동을 계기로 대학교에서 더 깊이 있는 탐구활동을 진행하고 싶다고 말했습니다. 특히 자신이 계획하고 있는 학문 탐구의 방향을 구체적으로 설정하여 답변에 신뢰감을 더했습니다. 그리고 학과의 커리큘럼을 참고하여 학년별 학업계획을 세워 자신이 지원 학교에 많은 관심이 있다는 것을 드러냈습니다.

Example 3

인하대학교 언론정보학과 류금성 파트너의 사례

• 학업 및 탐구 역량(중심주제) + 진로 · 미래계획(소재) + 학교 · 학과의 특질 및 기초정보(소재)

예를 들어 21세기에서 매스 미디어의 긍정적인 영향으로 친사회적 효과뿐 아니라 그 이면의 미디어크라시*와 같은 부정적 영향까지 접하면서 대중매체의 영향력을 직접 실감했습니다.

---

* 미디어크라시(mediacracy)는 매체를 뜻하는 미디어와 민주주의를 나타내는 데모크라시를 합성한 조어로, 현대 사회의 정치는 대중 매체에 의한 민주주의라는 뜻이다.

여러 커뮤니케이션 학문에 근간이 되는 매스 커뮤니케이션의 이론과 매스컴 연구 방법 등을 배우며, 수용자들이 다양한 매스 미디어로부터 받는 영향과 효과에 대해 더 체계적으로 이해하고 싶습니다. 그리고 인하대학교 영상제작학회에도 들어가 여러 공모전에 참가하며 미디어에 관한 것을 실질적으로 배우고 체험하고 싶습니다.

류금성 파트너는 자신의 경험을 바탕으로 대학생이 되어서 탐구하고자 하는 활동의 방향을 제시했습니다. 자신이 직접 겪은 경험이 학업 및 탐구 역량의 근거로 제시된다면, 남들과 차별화된 학업 및 탐구 역량을 강조할 수 있습니다. 또한, 자신이 계획하고 있는 미래를 만들어나가기 위해 학교나 학과만의 특징(교내 학회)을 활용했다는 점에서 지원 학교에 대한 관심을 잘 드러냈다고 볼 수 있습니다.

Example 4
한국외국어대학교 체코슬로바키아어과 허예인 파트너의 사례

• 학업 및 탐구 역량(중심주제) + 진로 · 미래계획(소재)

전공수업에는 기본적인 언어능력을 함양할 수 있는 문법, 작문, 발음과 듣기 연습, 회화 수업이 있습니다. 전공수업을 열심히 들으면서 우리나라와는 다른 화법들을 익힐 것입니다. 체코어는 격변화가 7격까지 있어서 아주 다양한 언어라고 알고 있습니다. 이에 따라 문맥에 맞는 단어가 자연스럽게 나올 수 있는 수준에 도달할 수 있도록 말하기 연습을 많이 할 것입니다.
그리고 모든 언어는 그 언어를 사용하는 나라의 문화와도 깊은 관련이 있으므로 전공수업을 들으면서 체코와 슬로바키아의 역사 · 지리 · 문화 등을 공부해 단순히 통번역만 잘하는 것이 아닌 체코슬로바키아라는 분야에서는 대체할 수 없는 사람이 되고 싶습니다.

허예인 파트너는 전공수업에 대한 내용을 언급하여 자신이 전공에 대해 얼마나 잘 이해하고 있는지를 보여주었습니다. 특히 자신만의 학문 탐구 방향을 제시하여 좋은 탐구 역량을 보여주었습니다. 마지막으로 자신이 되고 싶은 이상적인 목표를 말하면서 미래계획에 대한 자신감을 드러냈습니다.

Example 5

경희대학교 건축공학과 이민섭 유스쿨 파트너의 사례

• 학업 및 탐구 역량(중심주제) + 학교 · 학과의 특징 및 기초정보(소재)

저는 이 대학에 진학해서 **친환경과 관련된 수업이 있다면 외장재에 관한 수업을 듣고 싶습니다.** 저는 친환경 건축을 하고 싶습니다. 하지만 아직 저는 전문지식이 없는 상태이며 구체적으로 꿈을 키우기 위해서는 전문적인 내용을 배워야 한다고 생각합니다. 이 대학교에 개설되어있는 친환경 관련 과목을 듣고 다양한 학교 프로그램을 참여한다면 저의 꿈에 한 발짝 다가갈 수 있다고 생각하였습니다.

이민섭 파트너는 대학에 진학하여 공부하고 싶은 학문 분야를 구체적으로 언급함으로써 전공 적합성을 드러냈습니다. 이를 통해 자신의 학문 탐구 방향에 대해 다시 언급했고 답변에 확신을 줄 수 있었습니다. 그리고 자신의 부족한 점을 인정하고 이를 보완하기 위해 학교 · 학과만의 교육과정을 활용하겠다는 포부도 밝혔습니다.

Example 6

경희대학교 국어국문학과 장희진 멘토의 사례

• 학업 및 탐구 역량(중심주제) + 학교 · 학과의 특징 및 기초정보(소재)

경희대학교 국어국문학과에서 국어학개론, 국문학개론 등 기초 학문부터 시작해서 문학, 문화콘텐츠, 예술을 접목한 교과목까지 이수하여 관련 지식을 폭넓게 쌓아 나가겠습니다. 그뿐만 아니라 **경희대학교만의 '후마니타스칼리지'에서 기초교과과목인 글쓰기를 수강하며 언론인으로서의 작문능력을 기르고 깊은 인문학 소양을 갖추겠습니다.**

장희진 멘토는 자신만의 학문 탐구 방향성에 맞게 공부하기 위해 학교 · 학과의 구체적인 교육과정을 제시했습니다. 특히 경희대학교 '후마니타스칼리지'라는 해당 학교만의 특색있는 교육 목표를 제시함으로써 자신이 지원 학교에 얼마나 많은 관

심이 있는지 보여주었습니다. 그리고 언론인이라는 자신의 꿈을 제시하여 전공 공
부에 그치지 않고 이를 활용하여 최종적으로 꿈을 이루고 싶다는 의지를 보여주었
습니다.

마지막으로 하고 싶은 말에 대한 질문의
중심주제와 활용 소재를 이해한다

Why

면접관이 마지막으로 하고 싶은 말을 물어보는 이유는 보통 두 가지로 나뉩니다. 면접 시간이 남았음에도 불구하고 더는 물어볼 것이 없을 정도로 지원자가 완벽했거나 지금까지 진행했던 면접의 내용이 여러 가지 이유로 살짝 아쉬운 경우입니다.

이러한 이유에서 이번 Step 07에서는 마지막으로 하고 싶은 말에 대한 답변을 준비하도록 하겠습니다.

How

✎ **마지막으로 하고 싶은 말에 대한 답변으로 사용하기 적합한 중심주제를 파악한다**

유스쿨 멘토/파트너를 대상으로 한 설문조사의 결과를 바탕으로 합격자들이 마지막으로 하고 싶은 말에 대한 중심주제를 선정했습니다.

마지막으로 하고 싶은 말에 대한 답변에서 중심주제로 제시할 수 있는 것은 '**이미지 각인**'입니다. 면접관들이 지원자에게 마지막 발언 기회를 주는 것은 이미 다른 역량들에 대해서 평가를 마쳤다는 것입니다. 여기서 우리가 해야 할 일은 지금까지의 평가가 면접관들에게 좋은 기억으로 남아 좋은 평가로 이어지게 하는 것입니다. 그러기 위해서는 지원자의 이미지를 면접관들에게 각인시키는 과정이 필요합니다.

다음 예시를 통해 마지막으로 하고 싶은 말에 대한 답변으로 사용하기 적합한 중심주제를 자세하게 파악합니다. 단, 반드시 이 중심주제를 선택할 필요는 없습니다.

중심주제 - 이미지 각인

- 내가 어떠한 인재인지 설명하여 각인시킨다.
- 내가 이 학과에 왜 뽑혀야 하는지 설명한다.
- 최종 진로 목표의 뚜렷함, 인재상과 일치하는 역량, 전공 적합성 및 발전 가능성 등 나의 장점을 각인시킨다.
- 나의 미래의 모습이 연상되도록 이미지를 형상화시키면서 강조한다. (예) (　　　)를 꿈꾸는 연구원, (　　　)를 통해 혁신을 일으킬 (　　　))
- 내가 가장 강조하고 싶은 모습을 마지막 답변에 언급함으로써 실제 자기소개서나 서류에서 강조했던 이미지에 일관성을 부여한다.

마지막으로 하고 싶은 말의 중심주제가 **'이미지 각인'**인 이유는 다음과 같습니다. 현재 대입 면접관들은 정해진 시간에 많은 학생들의 면접을 진행하기 때문에 모든 학생을 기억하기에는 어려움이 있습니다. 그래서 지원자는 면접관들에게 본인만의 특별한 이미지를 강하게 각인시키는 것이 매우 중요하므로 마지막으로 하고 싶은 말에 가장 적절한 중심주제는 이미지 각인입니다.

✏️ **마지막으로 하고 싶은 말에 대한 답변으로 사용하기 적합한 소재를 파악한다**

앞서 유스쿨 멘토/파트너들이 마지막으로 하고 싶은 말에 대한 답변에서 어떤 주제를 사용했는지 알아보았습니다.

질문에 답변하는 과정에서 본인만의 특별한 역량을 강조하기 위해서는 자신의 말을 뒷받침하는 근거가 있어야 합니다. 면접에 대한 답변을 구성할 때는 생활기록부 및 자기소개서에 기재된 활동이나 학업 및 진로 계획 등이 그 근거가 될 수 있습니다.

이 단계에서는 중심주제를 효율적으로 설명할 수 있는 소재를 파악합니다. 중심주제의 소재로 활용될 수 있는 활동들은 무궁무진합니다. 그래서 소재를 특정하기보다는 해당 소재로 표현할 수 있는 것들을 함께 알아보겠습니다.

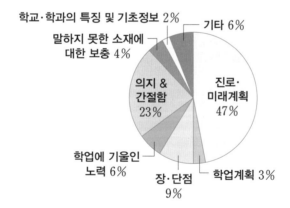

마지막으로 하고 싶은 말에 사용한 소재

(조사 대상: 유스쿨 멘토/파트너)

소재 ① – 진로 · 미래계획

- 설정한 계획을 이루려면 해당 학과에 반드시 진학해야 한다는 것을 제시함으로써 강력한 의지를 드러내 면접관들을 설득하고 깊은 인상을 남길 수 있다.
- 대학교 인재상과 연관 지어 앞으로 이 대학교에 이바지할 수 있는 사람이 되겠다는 포부를 보여줄 수 있다.
- 보통 마지막으로 하고 싶은 말은 몇 초 이내로 짧게 주는 경우가 많으므로 미래에 대한 자신의 포부를 보여주는 것이 가장 간결한 효과를 줄 수 있다.
- 학과와 연관된 자신의 진로 계획을 말하면 학과에 대한 확신을 드러낼 수 있다.

소재 ② – 학업계획

- 지원한 학과에서 펼칠 학업계획을 이미 구체적으로 설정해놓았음을 표현하면 이 대학에 들어가려는 의지를 강조할 수 있다.
- 대학에 진학하려는 구체적인 목표를 가진 학생으로 기억될 수 있다.
- 학업계획은 보편적 질문에 해당하므로 면접을 진행하면서 면접관이 이미 질문했을 가능성이 크다. 그래서 합격자들은 학업계획을 마지막으로 하고 싶은 말의 소재로 선택하지는 않지만, 만약 면접관이 이에 대해 질문하지 않았을 때 진로 · 미래계획과 함께 언급한다면 효과적인 답변이 될 수 있다.

소재 ③ – 장 · 단점

- 자신의 장 · 단점을 밝히는 과정은 개인의 특색있는 이야기이기 때문에 면접관에게 자신의 이미지를 각인시키기에 효과적이다.
- 자신만의 장점을 언급하여 면접관이 자신을 기억하기 쉽게 한다.
- 지원동기나 학업계획과 같은 보편적 질문들은 이미 앞에서 물어보았을 확률이 크기 때문에 면접관에게 자신의 다양한 모습에 대해 피력할 기회가 된다.

소재 ④ – 학업에 기울인 노력

- 앞에서 말하지 못했지만 고등학생 때의 중요한 활동이나 학업에 기울인 노력 등의 내용을 보충할 수 있고 포부를 말해 인상 깊은 학생으로 남을 수 있다.
- 대학에 입학해서도 학업에 잘 적응하고, 노력을 기울일 수 있다는 것을 간접적으로 보여줄 수 있다.

소재 ⑤ – 의지와 간절함

- 내가 정말 이 학교 또는 학과에 오고 싶다는 간절함을 드러내서 이미지를 각인할 수 있다.
- 나를 뽑아야 하는 이유를 설명하여 대학 입학에 임한 나의 의지를 드러낼 수 있다.
- 합격한다면 어떠한 인재로 성장할 것인지 보여주어 이루고자 하는 바가 확실한 사람임을 강조할 수 있다.

소재 ⑥ – 말하지 못한 소재에 대한 보충

- 잘 준비했지만 관련된 질문이 나오지 않아서 말하지 못한 답변을 잘 풀어서 설명하면 면접 과정에서의 아쉬움을 줄일 수 있으며 평가에도 변화를 줄 수 있다.
- 적절한 질문이 나오지 않아 언급하지 못한 소재나 부족한 답변 내용에 대하여 자유롭게 보충함으로써 면접을 성공적으로 마무리할 수 있다.

소재 ⑦ – 학교 · 학과의 특징 및 기초정보

- 지원 대학의 지원 학과에서만 할 수 있는 활동과 배울 수 있는 것들을 설명함으로써 학교 · 학과에 대해 관심이 있는 학생임을 보여줄 수 있다.
- 대학의 인재상과 나의 모습이 일치함을 통해 내가 학교에 꼭 필요한 인재임을 강조할 수 있다.

Step 08

마지막으로 하고 싶은 말에 대한 질문에 사용할 중심주제와 활용 소재를 선택하고 답변을 작성한다

Why

마지막으로 하고 싶은 말에 대한 질문은 실제로 면접에서 많이 질문되고 있습니다.

유스쿨 합격자의 70%는 면접에서 마지막으로 하고 싶은 말에 대한 질문을 받았다고 합니다. 그리고 그중 80%가 면접 전에 미리 마지막 발언에 대한 답변을 준비했습니다.

예상 질문의 범위가 넓은 대입 면접에서 마지막으로 하고 싶은 말은 전체 면접을 요약하여 표현할 수 있는 기회입니다. 그리고 마지막으로 할 말은 면접관들이 여러분에게 주는 마지막 기회라고 생각해도 좋습니다. 미리 준비했지만 말하지 못했던 것을 말할 수도 있고, 자신의 특별한 강점이나 역량을 표현할 수 있는 마지막 기회입니다. 따라서 저희 유스쿨 멘토/파트너들은 마지막으로 할 말을 준비하는 것을 추천합니다.

How

익힘책 면접 6번 참조

🖋 중심주제와 활용 소재를 결정하여 마지막으로 하고 싶은 말에 대한 답변을 준비한다

이제 자신의 생활기록부 및 자기소개서에 기재된 내용과 면접을 통해 강조하고 싶은 역량 및 인재상을 고려하여 마지막으로 하고 싶은 말에 대한 답변을 구성해 봅시다.

앞에서 분석한 내용을 바탕으로 자신의 답변에서 어떤 소재를 사용하여 어떤 중심주제를 전달할 것인지 〈익힘책 면접 6번〉에 작성하고, 만약 체크리스트에 자신이 선택한 중심주제와 활용 소재가 없다면 직접 추가하거나 자유롭게 서술해도 됩니다.

✏️ 선택한 중심주제와 활용 소재를 활용하여 실제 답변을 작성한다

앞서 선택한 중심주제와 활용 소재를 활동과 연결지어 직접 〈익힘책 면접 6번〉에 작성하고, 생활기록부의 내 활동 부분에 말하고자 하는 중심주제와 관련된 활동을 찾아 작성합니다. 만약 관련 활동이 없고 대학 진학 이후의 계획만 있다면 나의 활동 부분은 빈칸으로 남겨두어도 좋습니다. 이제 사례를 참고하여 실제 답변을 작성해 봅시다.

강가은 파트너는 생활기록부 내 활동을 사용하지 않고 마지막으로 하고 싶은 말의 답변을 준비했습니다. 첫 문장에서 자신의 특징을 소개하여 자신이 어떤 사람인지 각인시켰습니다. 이후 지원 학교에 입학해서 하고 싶은 활동과 프로그램을

Example 1　　　　　　　　　　　　　　익힘책 면접 6번 모범 사례

중앙대학교 심리학과 강가은 파트너의 사례

＊ 마지막으로 하고 싶은 말 면접 답변 구성 요소 체크리스트

마지막발언	중심주제	• 이미지 각인 ▣
	활용 소재	• 진로 · 미래계획 ▣, • 학업계획 □, • 장 · 단점 □, • 학업에 기울인 노력□, • 의지와 간절함 □, • 말하지 못한 소재에 대한 보충 □, • 학교 · 학과의 특징 및 기초정보 □

중심주제	활용 소재	나의 활동들
이미지 각인	진로 · 미래계획	없음

답변 작성하기

저는 항상 과거보다 나아지려 노력하는 사람이고, 스스로 더 나은 사람이 되기 위해 다양한 경험을 찾아다니는 사람입니다. (이미지 각인)

만약 제가 중앙대학교에 입학한다면, 학교의 교환학생 프로그램도 이용해보고 싶고, 글로벌 엠베세더(global ambassador) 활동과 학과동아리 사색의 활동도 해보고 싶습니다. (의지)

그리고 대학에서 이를 포함한 다양한 경험을 통해 성장해 나가 중앙을 빛내는 사회심리학자가 될 수 있을 것으로 생각합니다. (진로 · 미래계획)

언급하여 학교를 입학하고자 하는 자신의 의지를 드러냈습니다. 마지막으로 포부와 함께 구체적인 진로를 말하면서 미래계획에 대해서 확신이 있음을 보여주었습니다.

Example 2

익힘책 면접 6번 모범 사례

이화여자대학교 화학신소재공학전공 박소현 파트너의 사례

※ 마지막으로 하고 싶은 말 면접 답변 구성 요소 체크리스트

마지막 발언	중심주제	• 이미지 각인 ◼
	활용 소재	• 진로 · 미래계획 ◼, • 학업계획 ☐, • 장 · 단점 ◼, • 학업에 기울인 노력 ☐, • 의지와 간절함 ☐, • 말하지 못한 소재에 대한 보충 ☐, • 학교 · 학과의 특징 및 기초정보 ☐

＊ 마지막으로 하고 싶은 말 면접 답변 준비

중심주제	활용 소재	나의 활동들
이미지 각인	진로 · 미래계획, 장 · 단점	동아리 회장 경험
답변 작성하기		

3년 동안 동아리 회장에 임하면서 친구들과 함께 연구 활동을 진행하였고, 이 과정을 통해 리더십을 키울 수 있었습니다. 사람들의 마음을 이해하고 그들을 이끌어 나가는 것은 제가 가장 잘하는 일이라고 생각했습니다. (이미지 각인, 장 · 단점)
이는 제가 나아가 화학공학자로서 연구 활동을 진행하는 데도 큰 도움이 될 것으로 생각합니다. (진로 · 미래계획)

박소현 파트너는 동아리 회장 경험을 바탕으로 마지막 할 말을 구성했습니다. 3년간의 동아리 회장 경험을 통하여 리더십을 키웠고 이를 통해 자신의 장점이 사람들을 이끄는 능력이라고 생각했습니다. 박소현 파트너는 장점을 바탕으로 진로 계획을 화학공학자로 구체화하여 자신의 이미지를 각인했습니다.

🖋 마지막으로 하고 싶은 말에 대한 합격자의 답변을 분석한다

이 단계에서는 합격자들이 마지막으로 하고 싶은 말에 대해 어떻게 답변했는지 분석하고 이러한 틀을 자신의 사례에 적용할 수 있는 방법을 익히도록 합니다.

면접 답변을 준비할 때 이 내용을 참고하되 답변의 방식이나 내용에 정답이 존재하는 것은 아니라는 점을 유의하시기 바랍니다.

Example 1

성균관대학교 러시아어문학과 임소정 멘토의 사례

• 이미지 각인(중심주제) + 진로 · 미래계획(소재)

저는 친구들이 지난 2018 러시아 월드컵 때 한국과 러시아 중 어느 나라를 응원할지 물어볼 정도로 러시아에 대한 애정이 정말 가득합니다. 저는 러시아 공부를 위한 최적의 환경을 가진 '성균관대학교 러시아어문학과에 당당한 일원이 되어 성장의 기쁨을 누리고 싶습니다. 대한민국 최고의 러시아 지역 전문 외교관이 되어 성균관대학교를 빛낼 기회를 얻고 싶습니다. 감사합니다.

임소정 멘토는 당시 최고 이슈였던 월드컵을 언급하면서 면접관들에게 러시아를 사랑하는 자신의 이미지를 효과적으로 각인시켰습니다. 이러한 이미지를 통해 '대한민국 최고의 러시아 지역 전문 외교관'이라는 매우 구체적인 진로 · 미래계획을 부각하면서 자신이 마지막으로 하고 싶은 말을 마무리했습니다.

Example 2

한양대학교 정책학과 선종민 파트너의 사례

• 이미지 각인(중심주제) + 진로 · 미래계획(소재) + 의지와 간절함(소재)

경제가 성장하고 발전할수록 건물의 높이는 더 높아집니다. 동시에 그늘의 크기도 커집니다. 그런데 그늘이 커진다는 것은 빛에 있던 사람들이 그늘에 가려져 서늘함을 느끼고 우울함을 느끼고 살게 된다는 것을 의미합니다. 저는 이러한 사람들에게 밝은 가로등이 되어 희망을 주고, 가로등의 수명이 다할 때까지 제 역할을 다하는 그런 사람이 되고 싶습니다.

선종민 파트너는 '가로등'이라는 주변에서 흔히 접할 수 있는 사물을 언급하면서 자신의 이미지를 제시했습니다. 또한, '가로등'으로써 수명이 다할 때까지 사람들에게 희망을 선사하는 역할을 하고 싶다는 의지와 진로 · 미래계획을 표현했습니다. 비유적인 표현을 통해 효과적으로 자신의 이미지를 각인시킨 사례입니다.

Example 3

이화여자대학교 화학신소재공학전공 박소현 파트너의 사례

• 이미지 각인(중심주제) + 말하지 못한 소재에 대한 보충(소재) + 장·단점(소재)

제 가장 큰 장점은 리더십이라고 생각합니다. 고등학교 3년 동안 동아리 부장을 하면서 친구들의 의견을 모으고 함께 동아리의 목표로 나아가는 방법을 배웠습니다. 그리고 학급 반장 부반장을 도맡아 하면서 인간관계에 있어서 함께 살아가는 방법을 배웠습니다. 이러한 점이 제가 앞으로 더불어 살아가는 화학공학자로서 나아가는 데 도움이 될 것이라 믿어 의심치 않습니다.

박소현 파트너는 자신이 있었지만, 면접에서 표현하지 못한 리더십 소재를 제시하면서 이미지를 표현했습니다. 그리고 리더십을 키울 수 있었던 환경과 이를 통해 생긴 자신의 장점을 진로에 적용하면서 효과적으로 자신의 이미지를 각인했습니다.

Example 4

숙명여자대학교 법학부 배유림 멘토의 사례

• 이미지 각인(중심주제) + 학교·학과의 특징 및 기초정보(소재) + 인성(소재)

저의 이름은 부드러울 유, 임할 림 자로 부드럽게 자기 일에 임하라는 의미를 담고 있습니다. 숙명여자대학교의 대표 슬로건은 세상을 바꾸는 부드러운 힘이라고 알고 있습니다. 저는 제 이름처럼 부드럽게 저의 일을 다 하고 동시에 숙명여자대학교가 바라는 세상을 바꾸는 부드러운 힘에 일조할 수 있는 학생입니다. 감사합니다.

배유림 멘토는 자신의 이름과 지원 학교의 슬로건을 결합하여 면접관의 기억에 잘 남을 수 있는 이미지를 각인시켰습니다. 특히 자신이 지향하는 이상향의 인성 요소를 언급하여 본인의 인성 부분도 평가할 수 있도록 했습니다.

Example 5

홍익대학교 국어교육과 김희연 파트너의 사례

• 이미지 각인(중심주제) + 인성(소재)

황지우 시인의 '겨울나무에서 봄나무에게로'라는 작품에서 나무는 영하 온도에서 버티고 버텨 영상 온도로 올라가 마침내 꽃을 피웁니다. 저 역시 학교생활을 하며 교사가 되겠다는 꿈이 현실에 흔들릴 때도 있었지만 부러지지 않고 오늘 이곳까지 왔습니다. 이제 저는 참사람을 만드는 열린 교육을 받고 저 역시도 참사람을 만드는 교사가 되고 싶습니다. 제가 피울 꽃이 얼마나 예쁠지 궁금하시다면 저를 꼭 뽑아주시기 바랍니다. 감사합니다.

김희연 파트너는 시인의 작품을 활용하여 자신의 성격을 드러냈습니다. 표현 방법이 매우 독특한 경우이기 때문에 이는 면접관들에게 좋은 이미지로 각인될 수 있습니다. 특히 지원 전공이 국어교육과이기 때문에 문학 작품을 인용한 것은 전공 적합성 면에서도 좋은 평가를 받을 수 있는 답변입니다.

Example 6

이화여자대학교 국어국문학과 김수빈 파트너의 사례

• 이미지 각인(중심주제) + 학업에 기울인 노력(소재)

저는 자신이 창의적인 지성인으로서의 잠재력이 있어서 고려대학교에 적합한 인재라고 생각합니다. 저는 송승훈 선생의 『꿈꾸는 국어수업』이라는 책을 읽었습니다. 송승훈 선생님의 교육 방식인 저자와의 인터뷰에 깊이 감명받아 평소 즐겨보던 웹툰의 작가님과 인터뷰를 시도했습니다. 독자와의 공감이 가장 중요하다는 작가님의 말씀을 교내 책자에 담으며 학교 친구들과 웹툰 작가님과의 공감을 이끌었습니다. 이처럼 저는 학습한 지식을 직접 적용할 줄 아는 지성인으로서의 잠재력이 있는 사람이라고 생각합니다.

김수빈 파트너는 고등학교 시기의 학업 경험을 언급하여 자신이 지원 학교에 적합한 인재라고 표현했습니다. 특히 마지막에 고등학생 때의 학업에 기울인 노력을 통해 자신을 잠재력이 있는 사람이라고 정의함으로써 면접관들에게 자신의 이미지를 각인시킬 수 있었습니다. 김수빈 파트너의 사례는 학업에 기울인 노력을 활용 소재로 한 좋은 답변입니다.

What 3

자기소개서·생활기록부
관련 질문에 대한
답변 준비

yoU School

각 대학교는 지원자가 제출한 서류, 즉 자기소개서 혹은 생활기록부를 바탕으로 자기소개서와 생활기록부에 대한 질문을 하는 인·적성 면접을 진행합니다.

What 2에서는 면접 상황 혹은 대학 진학을 위한 면접이라는 특성 때문에 지원자 대부분에게 묻게 되는 보편적인 질문을 다뤘다면 이번 What 3에서 다룰 내용은 자기소개서와 생활기록부라는 지원자만의 자료를 통해 도출되는 지원자 개인에 대한 특수한 질문입니다. 이러한 특수성 때문에 질문의 의도나 평가 기준을 좀 더 유념해야 하고, 자신이 제출한 서류의 내용을 완벽하게 파악하고 있어야 합니다.

따라서 이번 What 3에서는 여러 경로를 통해 지원 대학의 면접 질문의 출제 의도와 평가 기준에 대해 알아보고, 이에 준거하여 생활기록부의 활동들을 분류하고 구체화하며 본인의 제출 서류에서 면접 질문을 예상하고 답변해보는 과정을 진행하겠습니다.

Step 01

면접 질문 출제 의도 및
평가 기준에 대해
올바르게 이해한다

Why

　면접을 준비하는 과정에서 지원자가 짧은 기간 동안 생활기록부와 자기소개서의 모든 내용을 구체화하고, 이와 관련된 예상 질문 및 답변을 완벽하게 준비하는 것은 불가능에 가깝습니다.

　면접 준비의 효율을 극대화하기 위해서는 출제 가능성이 큰 질문과 답변 위주로 준비해야 하는데, 면접 평가 기준을 조사하면 이에 맞게 구체화해야 하는 활동과 준비해야 하는 질문의 범위를 좁힐 수 있습니다. 그리고 종종 생활기록부와 자기소개서에 표현하지 못한 역량이 있을 수 있는데 전략적으로 면접을 준비한다면 이를 보완할 수 있습니다.

　즉 면접 평가 기준을 조사하고 이를 기반으로 생활기록부와 자기소개서를 분석한 후, 평가 기준에 못 미치는 역량이 있다면 이를 면접에서 표현할 수 있는 방향으로 해당 활동을 구체화하여 부족한 역량을 보완할 수 있습니다.

✏️ 수시 모집 요강을 조사하여 면접 질문 출제 의도 및 평가 기준을 정리한다

대부분의 대학에서 입학처 홈페이지의 수시 모집 요강에 평가 기준을 공개하고 있습니다. 만약 서류 평가 기준만 제공하거나 면접과 서류의 구분을 두지 않는 학교는 서류 평가 기준을 면접 평가 기준이라고 생각하면 됩니다. 그리고 같은 대학교라고 하더라도 전형마다 평가 기준이 다를 수 있으므로 반드시 자신이 지원한 전형의 평가 기준을 찾아야 합니다.

만약 지원하고자 하는 학교의 모집 요강에서 평가 기준을 밝히지 않는다면 다양한 경로를 통해 면접 수기와 면접 내용 분석 자료들을 찾아 평가 기준을 스스로 도출해야 합니다. 간혹 면접 평가 기준만 공개하지 않는 학교가 있는데, 이 경우에는 인재상과 기본 서류 평가 기준을 면접의 평가 기준으로 생각하면 됩니다. 또, 추가로 이전 단계에서 조사한 학교·학과 정보와 전년도 면접 후기를 참고하여 자체적으로 분석해볼 수 있습니다.

예를 들어 지원한 학과의 인재상에서 전공에 대한 높은 관심과 이해도를 강조하고 전년도 면접에서 전공 관련 활동 위주의 질문이 많았다면 해당 학과는 전공 적합성을 중요하게 평가하고 진로와 관련하여 어떤 활동을 했는지 중점적으로 평가할 것으로 추측할 수 있습니다.

이와 같은 방법을 바탕으로 지원 학교·학과의 면접과 관련된 정보를 〈익힘책 면접 7번〉에 정리합니다.

〈익힘책 면접 7번〉은 크게 두 단계의 과정으로 이루어져 있습니다. 먼저 수시 모집 요강과 지원 학교·학과의 공식 홈페이지를 바탕으로 면접과 관련된 기본 정보를 조사하여 정리합니다. 그다음에는 앞선 과정을 거쳐 조사한 기본 정보를 바탕으로 면접 방식 및 평가 기준에 대한 정보를 정리하고, 조사했던 내용을 종합적으로 고려하여 면접 전반에 대한 자체적인 분석을 진행합니다.

다음 제시된 멘토/파트너의 사례와 그에 대한 분석 내용을 참고하여 **〈익힘책 면접 7번〉**을 작성해 봅시다.

Example 1　　　　　　　　　　　　　　　익힘책 면접 7번 모범 사례

숙명여자대학교 전자공학과 이예현 멘토의 사례

✳ 면접 방식 · 평가 기준 정리 및 분석

학교 및 전형	숙명여자대학교 숙명인재Ⅱ(면접형)전형	학과	전자공학과
면접 방식		면접 평가 기준	

면접 방식	면접 평가 기준
1. 개인 면접 면접 시간 10~15분 내외, 평가위원 2인 2. 블라인드면접 자원자의 개인정보 미제공 (성명, 수험번호, 출신 고교 등) 3. 생활기록부 기반 면접 (제시문 미출제)	• 제출 서류 내용을 확인하고 전공 적합성, 종합적 사고력, 의사소통능력 및 인성 등에 대해 종합적으로 평가할 수 있는 심층면접으로 이루어집니다. • 전공 적합성은 진로 탐색 및 전공 선택 과정, 전공에 관한 관심과 적성, 발전 가능성, 고교교육과정 내에서의 학업역량 등에 대해 평가합니다. • 종합적 사고력은 이해력, 논리적 사고력, 다양한 시각 및 관점 등에 대해 평가합니다. • 의사소통능력 및 인성은 면접 태도, 의사소통능력, 협력, 배려, 도덕적 가치관 등에 대해 평가합니다.

자체 분석
심층면접을 통해 꼬리 질문에 유의해야 한다. 전공에 대한 높은 관심과 이해도를 가져야 한다.

이예현 멘토는 숙명여자대학교 '숙명인재Ⅱ(면접형)전형' 면접을 준비하기 위해 면접 방식과 면접 평가 기준을 조사하여 정리했습니다.

특히 평가 기준의 경우 각각의 평가 기준이 되는 역량들의 정의와 평가 요소를 구체적으로 조사하여 효과적으로 평가 기준을 이해하고자 노력했습니다. 이예현 멘토는 조사 내용을 바탕으로 자체 분석을 진행하였는데 다양한 요소들을 종합적으로 심층 면접한다는 조사 내용을 통해 '꼬리 질문에 유의해야 한다.'는 자체 분석 내용을 확인하게 되었습니다.

Example 2

경인교육대학교 초등교육학과 김지현 파트너의 사례

✳ 면접 방식 · 평가 기준 정리 및 분석

학교 및 전형	경인교육대학교 학생부종합전형(교직적성전형)	학과	초등교육학과
면접 방식		면접 평가 기준	
I. 개인 면접 제출 서류 내용 확인 및 교직 인성과 교직 적성 평가 2. 집단 면접(6:2) 다수의 수험생이 대학 자체 개발 면접 문항 해결을 위해 토의하고 배려하고 모두가 바라는 합리적인 방향으로 논의를 이끌어가는 과정에서 교직 인성과 교직 적성 평가		교직 인성, 교직 적성	
자체 분석			
교육 관련 시사 문제에 대한 조사가 필요하고, 그에 대한 나의 의견을 정리해야 함. 집단 면접을 할 때는 주눅 들지 않고 적당한 리더십을 발휘해야 할 것을 각오해야 함.			

마지막으로 평가 기준 중 하나인 전공 적합성을 핵심 평가 기준으로 분석하여 전공에 대한 높은 관심과 이해도를 표현해야 한다는 생각을 했습니다.

김지현 파트너는 경인교육대학교 '학생부 종합전형(교직적성전형)' 면접을 준비하기 위해 면접 방식과 면접 평가 기준을 조사하여 정리하고 자체 분석을 진행하였습니다.

조사 결과 면접 방식이 개인 면접과 집단 면접의 두 가지 방식으로 이루어지며 평가 기준은 교직과 관련한 인성과 적성이라는 요소로 구성되어 있었습니다. 이러한 조사 내용에 대한 자체 분석을 통해 집단 면접 방식에 대한 심화 준비 과정이 필요하다고 느꼈습니다. 그뿐만 아니라 교육 관련 시사 문제에 대한 사전 조사와 자신의 의견 정리가 필요하다고 분석했습니다.

Step 02

생활기록부 활동을
중요도에 따라 나눈다

Why

제출 서류기반 면접에서는 생활기록부에 기재된 활동 전반이 면접의 출제범위가 될 수 있으므로 생활기록부에 기재된 활동을 모두 파악할 필요가 있습니다. 그러나 생활기록부에 기재된 활동마다 자신이 그 활동에 참여한 정도와 배우고 느낀 점이 다르므로 본격적으로 활동을 준비하기 전에 생활기록부의 활동을 중요도에 따라 나눠야 합니다.

How
익힘책 면접 8번 참조

✏️ 활동에 대한 능동적 참여 여부를 고려하여 교내 활동을 분류한다

생활기록부에는 고교 3년 동안의 다양한 활동들이 기재되므로 간혹 참여 여부가 확실하지 않거나 주도적으로 참여하지 않은 활동이 기재될 수 있습니다.

이러한 점을 고려하여 생활기록부 내 교내활동을 **'능동적 참여'**와 **'수동적 참여'**의 두 가지 기준으로 나눌 수 있습니다. 이때 면접에서 내가 수동적으로 참여한 활동에 대한 질문을 받으면 기억이 나지 않아 답변을 아예 하지 못하거나 서류 내용과 다르게 답변하는 위험한 상황이 발생할 수도 있습니다.

따라서 일차적으로 활동을 분류했을 때 **'수동적 참여'**에 해당하는 활동도 다음의 기준에 따라 서류에 기재되어 있는 내용을 숙지할 필요가 있습니다. 이를 정리하면 다음과 같습니다.

- 두 가지 기준에 모두 해당하는 활동 → 1순위
- 두 가지 기준 중 하나의 기준에만 해당하는 활동 → 2순위
- 두 가지 기준 모두에 해당하지 않는 활동 → 3순위

1순위 활동은 Step 03에서 상세하게 구체화해야 하므로 '계기, 역할수행, 결과, 배우고 느낀 점'을 모두 구체화합니다.

2순위 활동은 1순위보다 간략하게 구체화합니다. 따라서 '계기, 역할수행, 결과, 배우고 느낀 점'의 4가지 중 핵심 내용을 담은 세 가지 요소만을 골라서 그것에 맞추어 활동을 구체화합니다.

마지막으로 3순위 활동은 생활기록부에 기재된 내용만 간단하게 구체화합니다. 다음의 표는 앞서 제시된 이차적 활동 분류에 대한 설명을 간단하게 정리한 것입니다.

활동 순위	능동적 참여 여부	면접 평가 기준 연관성	구체화 정도
1순위	○	○	상세하게 구체화
2순위	○	×	간략하게 구체화
	×	○	
3순위	×	–	생활기록부 기재 내용 숙지

2차 활동 분류 과정에서는 **'능동적 참여 여부'**, **'면접 평가 기준 연관성'**이라는 두 가지 기준을 충족하는 1순위 활동을 찾는 것이 중요합니다.

생활기록부의 활동들을 중요 순위에 맞게 분류하는 과정은 사례를 통해 **〈익힘책**

면접 8번〉에서 진행합니다. 〈**익힘책 면접 8번**〉은 생활기록부의 모든 활동을 나열하여 각각의 활동이 두 기준을 만족하는지 아닌지를 판단해 구체화의 정도를 결정하는 과정입니다.

익힘책 면접 8번 모범 사례

Example 1

중앙대학교 국제물류학과 조성민 파트너의 사례

＊활동 정리 및 중요도별 분류

활동명	능동적 참여 여부	면접 평가 기준 연관성	구체화 정도
동북아 물류 중심지화 정책에 대한 진로진학학술제	○	○	(상세)/간략/숙지
경제 기사 스크랩	○	×	상세/(간략)/숙지
4차 산업 관련 엑스포 참가 이후 보고서 작성	×	○	상세/(간략)/숙지
교내 금연 캠페인 기획 및 참여	×	×	상세/간략/(숙지)

조성민 파트너는 '능동적 참여 여부'와 '면접 평가 기준 연관성'의 두 가지 기준을 바탕으로 활동에 순위를 매겨 분류를 진행했습니다. 그 결과 두 가지 기준의 충족 여부를 고려했을 때 총 네 가지 활동에 대한 분석이 가능했습니다.

조성민 파트너는 '동북아 물류 중심지화 정책에 대한 진로진학학술제'에 자신이 능동적으로 참여하였으며 해당 활동이 지원 학과에 대한 전공 적합성을 보여주고 있다는 점에서 면접 평가 기준과 연관되었다고 생각해 1순위 활동으로 분류했습니다.

다음으로는 두 개의 활동을 2순위 활동으로 분류했습니다. '경제 기사 스크랩' 활동은 능동적으로 참여했지만, 경제 기사에 대한 깊이 있는 분석까지는 이루지 못했다는 점에서 면접 평가 기준과 연관성이 부족하다고 판단하였고, '4차 산업 관련 엑스포 참가 이후 보고서 작성' 활동은 지원 학과와 관련된 분야라는 점에서 면접 평가 기준과 연관성이 있지만, 능동적으로 참여한 활동이 아니라고 판단했습니다.

마지막으로 3순위 '교내 금연 캠페인 기획 및 참여' 활동은 능동적으로 참여하지도 않았으며 면접 평가 기준과도 연관성이 부족하다고 생각하여 3순위로 분류했습니다.

조성민 파트너는 〈익힘책 면접 8번〉의 작성 과정을 통해 생활기록부 내의 활동들을 1, 2, 3순위로 분류하였고 유스쿨이 권장하는 구체화 정도에 따라 각각의 활동을 어느 정도까지 구체화할 것인지에 대한 계획을 세워 면접을 준비했습니다.

Step 03

생활기록부의 모든 활동을 구체화한다

Why

자기소개서의 문항은 사전에 미리 공통 문항을 알 수 있어서 문항에 대해 충분히 고민할 시간이 있습니다. 하지만 대입 인·적성 면접은 실제 면접 질문을 받고 난 후에 길어도 10초 내외에 질문을 이해하고 그에 맞는 내용을 머릿속으로 구성하여 답변해야 합니다. 그래서 예상되는 질문을 미리 도출해내고 적절한 답변을 준비하는 과정이 필요합니다. 따라서 면접 질문의 소재가 될 수 있는 교내활동을 최대한 구체화해 놓는 것이 가장 중요합니다.

면접에 수월하게 답변하기 위해서는 교내활동을 '**계기, 역할수행, 어려움과 극복과정, 결과**'의 네 가지 내용으로 구체화해 놓는 것이 좋습니다. 3년간의 선행학습영향평가보고서[*] 및 기출문제를 분석한 결과 앞서 제시한 4가지 요소를 기준으로 교내활동을 구체화한다면 서울 소재 주요 대학의 인·적성 기출 문제의 약 90%를 사전에 대비할 수 있습니다.

---

[*] 선행학습영향평가보고서: 매년 대학별 입시 전형에서 면접, 논술, 인·적성 등 대학별고사의 출제 내용과 평가 기준이 고교교육과정의 범위와 수준을 벗어났는지 분석한 보고서이다.

🖋 정해진 활동을 구체화한다

이번 Step 03에서는 Step 02에서 중요도에 따라 활동을 분류한 것을 바탕으로 〈익힘책 면접 9번〉을 활용하여 교내활동을 '계기, 역할수행, 어려움과 극복 과정, 결과'의 네 가지 내용으로 구체화합니다.

1순위 활동의 경우 위의 네 가지 요소를 포함하여 구체화를 진행합니다. 2순위 활동의 경우 활동의 핵심 내용을 포함할 수 있도록 네 가지 요소 중 세 가지를 선택해 구체화를 진행합니다.

다음 질문은 각각의 요소에 대한 내용을 구체화할 수 있도록 도와주는 질문입니다.

- **계기(배경, 동기)**

  – 왜 그 활동을 하게 되었는가?
  – 어떤 생각을 가지고 그 활동을 시작했는가?
  – 무엇을 바라고 그 활동을 시작했는가?
  – 어떤 문제를 해결하고자 시작한 활동인가?

- **역할수행(과정)**

  – 활동에서 내가 어떤 역할을 구체적으로 수행했는가?
  – 활동 중 인상 깊은 경험은 무엇인가?
  – 자신의 여러 역할수행 중 가장 인상 깊은 것은 무엇인가?
  – 어째서 나는 그 상황에 그런 선택을 했는가?

• 어려움과 극복 과정

– 활동 과정에서 어려움이 있었다면 무엇이고 그것을 어떻게 극복했는가?

– 그때는 힘들다고 생각하지 않았지만 지금 생각해보면 시간을 많이 들인 일이 있었는가?

– 나는 그와 같은 문제 상황과 어려움에 어떻게 대처했는가?

– 문제 상황에서 나의 역할은 무엇이었으며 이를 극복하려고 어떤 노력을 했는가?

• 결과(배우고 느낀 점 & 향후 활동에 준 영향)

– 그 활동을 통해 배우고 느낀 점이 무엇인가?

– 그 경험이 향후 활동에 어떤 영향을 주었는가?

– 그 경험을 통해 어떻게 성장할 수 있었는가?

– 자신만의 생각이나 가치관의 변화가 발생했는가?

– 그 활동의 뚜렷한 결과물이 존재하는가?

다음 제시된 고려대학교 유충연 멘토와 한양대학교 김재우 파트너의 사례와 분석 내용을 참고하여 각각의 요소들에 대한 질문에 응답하는 과정을 〈익힘책 면접 9번〉에 작성해 봅시다.

Example 1   익힘책 면접 9번 모범 사례

고려대학교 사회학과 유충연 멘토의 사례

✱ 1순위 활동 – 생활기록부의 활동 구체화

활동명	활동일시
만학도 학교 취재 및 기사작성	고등학교 2학년 2학기 (2016년 11월)

생활기록부 활동 구체화하기

• 계기

마을 공동체가 제작하는 지역 잡지에 학교를 대표하여 기자로 참가함. 지역 공동체에 이바지할 수 있는 내용의 기사작성을 위해 그것과 관련된 기사 소재를 고민하다가 '만학도 학교'를 기사 소재로 결정함.

• 역할수행

지역에 있는 만학도 학교에 연락하여 취재를 진행함. 만학도 학생들과 그들을 지도해주시는 교사 그리고 학교장과 인터뷰를 진행하고 학교의 커리큘럼과 운영방식에 대해서도 구체적으로 조사함. 인터뷰 및 취재 내용을 바탕으로 우리에게는 익숙하지 않은 만학도들의 삶을 조명하고, 학생들에게 삶의 동기부여를 제공하는 내용의 기사를 작성하기 위해 노력함.

• 어려움과 극복 과정

혼자서 취재를 기획하고 연락하여 기사를 작성하는 모든 과정을 부담해야 한다는 점이 어렵게 다가왔고, 나이가 있으신 어르신들과 소통하는 과정에서 서로의 가치관과 인식 차이에서 발생하는 문제점이 있음을 알게 됨. 하지만 선생님께 도움을 요청하여 함께 기사를 기획하면서 부담을 덜었고, 효과적으로 인터뷰를 진행하는 방법에 대하여 사전 조사를 진행하며, 수월하게 인터뷰와 취재를 진행할 수 있었음.

• 결과

교내의 많은 학생과 교사가 기사를 읽고 삶에 대한 동기부여를 얻을 수 있었고, 이후 해당 만학도 학교와 지속해서 연락하면서 교류 행사를 주최하는 것에 대한 계획도 진행됨. 그리고 마을 지자체에서 해당 기사가 우수 기사로 선정됨.

유충연 멘토는 마을 자치단체와 학교가 연계하여 제작하는 잡지에 기고할 기사작성 활동을 활동 소재로 선정하고 그에 대한 구체화를 진행했습니다.

해당 과정에서 '계기 – 역할수행 – 결과'로 이어지는 활동의 흐름을 구체적으로 정리하였고, 기사작성 활동에서 발생했던 어려움과 극복 과정도 상세히 구체화했습니다. 기사작성이라는 활동 자체는 많은 학생이 수행할 수 있는 교내활동 중 하나지만 유충연 멘토는 계기와 역할수행의 과정에서 있었던 구체적인 사건들을 제시함으로써 활동에 대한 차별점을 효과적으로 전달했습니다.

Example 2 익힘책 면접 9번 모범 사례

한양대학교 신소재공학부 김재우 파트너의 사례

＊1순위 활동 – 생활기록부의 활동 구체화

활동명	활동일시
물리 과제연구	고등학교 2학년 2학기 (2017년 9월)

생활기록부 활동 구체화하기

- 계기

포물선 운동에 대해 배운 후 이론값과 측정값의 차이를 분석하기 위해 실험을 진행

- 역할수행

실험 조장으로서 실험을 이끎. 결과 분석 역할을 맡아 실험값이 왜 이론값과 다르게 나오는지 요인을 분석함.

- 어려움과 극복 과정

실험값이 이론값과 다르게 나와 당황함. 그러나 팀원들과 문제점이 무엇인지 분석하는 과정에서 공기저항 요인이 있다는 점을 알아냄. 이에 실험 결론을 도출함.

- 결과

AP 원서를 참고하여 공기저항 힘이 공기밀도, 단면적, 속도와 관계있다는 점을 알아냈으며 이를 통해 연직 방향의 초속도가 60도일 때 더 크다는 수식을 입증함.

김재우 파트너는 물리학 과제연구 활동을 소재로 선정하여 구체화를 진행했습니다. 구체적인 연구 주제는 '포물선 운동'으로 해당 이론과 관련한 이론값과 실제 측정값의 차이 발생 여부와 그 원인을 분석하기로 한 것이 활동의 계기가 되었습니다.

활동 과정에서 실험값과 이론값이 다르게 나왔다는 문제가 발생했었지만 그러한 차이가 발생한 원인을 분석하여 어려움을 극복했음을 보여주었습니다. 이러한 활동의 결과로 김재우 파트너는 물리학 이론에 대한 증명에 성공하였고 이론을 실제에 적용하는 과정에 대하여 배움을 얻을 수 있었습니다.

실제 자신의 제출 서류에 대한
면접 질문을 예상하고
답변한다

Why

What 2에서 다뤘던 자기소개, 지원동기, 학업계획, 마지막으로 하고 싶은 말 등의 보편적 질문에 대한 답변은 사전에 준비할 수 있지만, 제출 서류(생활기록부, 자기소개서)를 기반으로 하는 개인별 질문의 경우에는 모든 질문에 답변을 준비하기에 현실적으로 한계가 존재합니다.

이번 Step 04에서는 기존에 반복적으로 출제된 면접 질문들의 공통 요소를 파악하여 자신의 교내활동과 공통 요소를 연결지어 예상 질문 및 답변을 준비하는 과정에 대해 알아보겠습니다.

How

✏ 서류기반 질문의 틀을 이해한다

서울 소재 주요 대학의 3년간 선행학습영향평가보고서와 면접 질문들을 분석한 결과 인·적성 면접에서 출제되는 질문의 기본적인 형식은 다음과 같습니다. 다음 질문의 틀을 통해 스스로 면접 예상 질문을 만들고 답변하는 연습을 할 수 있습니다.

이번 **Step 04**에서 준비하고자 하는 것은 '자신의 제출 서류와 관련된 질문'입니다. 즉 자신의 자기소개서와 생활기록부 내용에 대한 구체화와 이해를 바탕으로 하여 본인의 서류와 관련하여 나올 질문을 예상하고 이에 대한 답변을 준비해야 합니다.

먼저 서류 면접 질문이 어떤 형식으로 나오는지 이해해 봅시다. 유스쿨 멘토/파트너들은 다양한 면접 사례를 바탕으로 서류 면접 질문의 틀을 도출하였고 이것을 유형화했습니다.

① '역할수행' 질문의 틀

– (활동)에서의 본인의 역할이 무엇이었는가?
– (활동)에서 (역할수행)을 하였을 때, 어떤 방법으로 (역할수행)을 하였는가?
– (활동)에서 (역할수행)을 하였을 때, 가장 (○○○한) 사례를 한 가지 말해줄 수 있는가?
  (예) 성공한, 실패한, 기억에 남는 등)
– (활동)에서 (역할수행)을 하였을 때, 대학에 진학한 후에는 어떤 (활동)을 하고 싶은가?
– (활동)의 (역할수행) 과정에서 계획과 달리 발생한 (문제점)이 있었는지와 있었다면 그것을 어떠한 (해결 방법)으로 해결했는가?

첫 번째 질문 유형은 **'역할수행'**에 대한 질문입니다. 이 질문의 틀에서는 지원자가 특정한 활동을 수행하는 과정과 관련된 구체적인 질문들이 포함됩니다. 특히 활동에 대한 지원자의 구체적인 역할과 활동을 통해 배우고 느낀 점 그리고 활동 과정에서 있었던 어려움과 극복 과정 등에 대한 질문이 여기에 포함됩니다.

② '생각 및 견해의 이유' 질문의 틀

– (활동)이나 (역할수행)을 하면서 (현상 · 내용)에 대한 생각과 그렇게 생각한 그 이유가
  무엇인가?
– (활동)의 결과로 (느끼고 배운 점)은 무엇이며 이러한 내용을 다음부터 어떻게
  활용했는가?
– (직면 상황)이 (문제 상황)이라서 (활동)을 하였을 때, (문제 상황)인 것은 어떻게 알
  수 있었는가?
– (활동)에서 (아이디어)를 제안했는데 이것이 왜 (활동 · 직면 상황)에 필요하다고
  생각했는가?
– 왜 본인의 진로를 실현하기 위해서 대학 진학 후 다음과 같은 (활동)이 필요하다고
  생각했는가?
– (활동)을 하게 된 (계기)로 특정한 (문제의식)을 제기했는데 이러한 (문제의식)을
  가지게 된 이유가 무엇인가?

두 번째 질문 유형은 지원자의 **'생각 및 견해의 이유'**에 대한 질문입니다. 이 질문의 틀에서는 지원자가 수행한 특정한 활동에 포함된 지원자의 개인적인 견해와 의견에 대한 심화 질문이 이루어집니다. 특히 자기소개서에 활동을 구체적으로 서술했을 경우 활동 과정을 통해 지원자의 생각이나 견해가 드러나기 마련인데 이러한 생각과 견해의 이유에 대한 구체적인 질문을 하는 것이 여기에 포함됩니다.

③ '개념의 깊이' 질문의 틀

〈교과 심화 질문〉
– (이론 · 배경지식)에 대해 설명하시오.
– (이론 · 공식)을 증명하시오.

〈서류기반 질문〉
– (이론 · 배경지식)을 활용하여 (활동)을 하였을 때, (배경지식)은 무엇이었고 (이론에

세 번째 질문 유형은 지원자가 진행한 활동이나 지원한 전공에 대해 알고 있는 **'개념의 깊이'**에 대한 질문입니다. 이 질문의 틀은 두 가지 유형으로 다시 분류할 수 있습니다.

〈교과 심화 질문〉의 경우 구체적으로 서류와 관련된 질문은 아니지만, 고등학교 교육과정 내에서 지원자가 접했던 개념이나 지원 전공과 관련된 개념에 대한 심화 질문을 의미합니다. 〈서류기반 질문〉은 지원자의 서류에 포함된 개념에서 심화 개념을 이해하고 있는지 질문하는 것을 의미합니다. 지원자의 생활기록부와 자기소개서에 포함된 활동 중 구체적인 개념을 담고 있는 활동이 있다면 그것과 관련된 심화 질문의 답변을 준비해야 할 필요가 있습니다.

이와 별개로 위에서 제시한 틀과 관련이 없거나 일부분 수정해야 하는 질문이 있더라도 면접을 준비하는 데 전혀 문제가 되지 않으니 자신에게 출제될 수 있는 예상 질문을 최대한 많이 준비하고 연습하는 것이 좋습니다. 위의 질문의 틀은 면접에서 주로 다뤄지는 공통적인 질문을 위주로 추출하였기 때문에 위의 면접 예시 질문을 통해서 자신에게 제시되면 좋은 질문들을 뽑아 연습하도록 합니다.

🖋 서류기반 질문의 모범 답변 사례를 통해 답변의 방법을 이해한다

이전 과정에서는 면접 예상 질문의 기본적인 형식을 이해하고 자신에게 출제될 예상 질문에 대한 답변을 준비했습니다. 이번에는 질문의 틀에 따른 모범 답변 사례를 분석하여 답변의 방법을 이해하도록 하겠습니다.

유스쿨 멘토/파트너는 질문의 틀에 맞춘 예상 질문에 대한 답변을 어떻게 준비했는지 다음 모범 답변 사례를 통해 알아보겠습니다.

Example 1

서울대학교 언론정보학과 정은서 파트너의 사례

– (학생회장 일)을 하면서 (미디어 매체를 통해 축제 기획 및 홍보)를 했는데, 대학에 진학한 후에는 어떤 (활동)을 하고 싶나요?

학생회장을 역임하던 때, 학생들의 저조한 호응으로 축제가 취소되었던 적이 있습니다. 축제를 되살리기 위해 친구들에게 글로도 설득해보고 말로도 설득해보았지만 큰 효과가 없었습니다. 그러나 축제 홍보영상을 제작하고 SNS를 통해 홍보하자 큰 파급력을 가져올 수 있었습니다. 이를 통해 매체의 영향력을 다시 한번 느끼고 앞으로 제가 만들어가고 싶은 영상을 미디어의 흐름을 잘 이해해 만들고 싶다는 생각을 하게 되었습니다. 미디어학과에서는 빠르게 변화하는 미디어 세계의 흐름을 배우는 것으로 알고 있습니다. 앞으로 각각 흐름에 맞는 새로운 매체, 새로운 소재를 활용하는 법들을 배워나가고 싶습니다.

정은서 파트너는 학생회장으로서 진행한 축제 기획 및 홍보 과정에서의 역할수행에 대한 질문을 받았습니다. 정은서 파트너는 본인의 지원 전공과 관련한 역량을 표현하기 위해 미디어 매체를 활용하여 활동 과정에서 있었던 어려움을 극복했음을 강조했습니다. 대학 진학 이후의 계획을 묻는 질문에는 역할수행에 대한 자세한 내용을 대학교에서의 학업 계획과 자연스럽게 연결지어 답변했습니다.

Example 2

이화여자대학교 식품공학과 이민정 파트너의 사례

– (식품 성분 분석과 관련한 자율동아리 활동)을 했다고 하는데, 해당 (동아리)에서 본인의 역할이 무엇이었나요?

저는 건강, 특히 노화로부터의 해방을 중심으로 건강기능식품을 개발하는 연구원이 되고 싶어 식품에 대해 연구하는 자율동아리를 만들어 운영했습니다. 해당 동아리에서 멜론이나 토마토와 같은 식품의 항노화 성분과 관련한 연구로 소논문을 작성하였고, 이러한 과정을 통해 식품에 더더욱 관심을 가지기 시작했습니다. 저는 해당 자율동아리의 대표를 맡아 매주 새로운 연구 주제를 선정하여 이에 대한 세미나를 준비하였습니다.

이민정 파트너는 자율동아리 활동에서 본인의 역할수행이 무엇이었는지에 대한 질문을 받았습니다. 자율동아리를 만들게 된 계기를 지원 전공에 대한 역량 및 지원동기와 연결하여 설명하였고 자신이 그러한 자율동아리를 이끌기 위해 수행했던 역할과 노력을 설명했습니다. 그리고 매주 자율동아리에서 관심 분야에 대한 세미나를 진행해 전공 분야에 대한 관심과 역량을 키워나갔으며 이러한 과정에서 자신이 주도적인 역할을 수행했음을 드러내었습니다.

Example 3   ② '생각 · 견해의 이유' 질문의 틀

연세대학교 사회복지학과 김주환 파트너의 사례

– (소득재분배와 관련한 분야)에 대해 연구를 진행한 적이 있다고 했는데, (소득재분배)에 대한 본인의 견해를 제시하고 그 이유에 관해서 설명하시오.

고등학교 재학 시절 사회문화를 배우면서 소득재분배에 관한 서로 다른 두 가지 이념에 대해 배운 적이 있습니다. 국가가 큰 정부의 역할을 하며 적극적으로 소득을 재분배해야 한다는 입장과 개인의 자유를 강조하며 작은 정부 역할을 하는 입장이 존재했습니다. 서로 다른 이념에서 시작된 주장들에서 현실 문제에 대한 접근이 달라 정반대의 정책으로 실현되는 것과 이러한 입장 차이에서도 불평등을 해소하고 국민의 삶의 질을 높이려는 궁극적인 목표는 같다는 점이 흥미로웠습니다. 이때 사회복지 분야에서 이념과 철학의 중요성을 배웠습니다.

김주환 파트너는 자신이 수행했던 활동에서 다뤘던 개념에 대한 심화 질문을 받았습니다. 소득재분배와 관련된 견해와 그 이유에 대한 설명을 요구하는 질문이었습니다. 김주환 파트너는 소득재분배와 관련해 교과 수준 안에서 배운 내용을 제시하였고, 해당 주제에 대해 양립하는 두 가지 입장을 정리하여 제시하였습니다. 마지막으로 소득재분배와 관련된 내용을 학습하고 자신의 주장을 정리하는 과정에서 배우고 느낀 점을 제시했습니다.

Example 4

동국대학교 멀티미디어공학과 김민걸 파트너의 사례

― 진로를 실현하기 위해서 대학 진학 후 어떠한 (활동)이 필요하다고 생각하시나요?

저는 게임기획 분야와 관련된 진로 희망이 있습니다. 멀티미디어공학과에 입학한다면 특히 가상현실, 게임프로그래밍에 초점을 두어 학습을 하고자 합니다. 최근 가상현실 기기가 빠르게 발전하고 있는데 이와 접목하기 쉬운 콘텐츠 중 하나가 바로 게임이라고 생각합니다. 따라서 두 분야를 접목해 가상현실 게임을 제작하는 토대를 마련하고 싶습니다. 그리고 동국대 멀티미디어공학과에는 게임기획 스터디를 목적으로 하는 학과 소모임이 있는 것으로 알고 있습니다. 같은 진로를 가진 사람들끼리 모여 정보를 공유한다면 관련 지식을 쌓는 데 도움이 될 것으로 생각하고, 함께 게임을 제작해보고 싶습니다.

김민걸 파트너는 자신의 진로와 대학 진학 이후의 학업계획에 대한 생각을 물어보는 질문을 받았습니다. 김민걸 파트너는 지원 학교의 학과의 특성과 자신의 진로 희망을 연결해 답변했습니다. 특히 자신의 진로를 위한 구체적 활동을 지원 학과의 구체적인 특성과 연결지어 답변을 차별화했습니다.

Example 5

고려대학교 사회학과 유충연 멘토의 사례

― (사회 구조) 이론 중 (사회 실재론과 사회 명목론)을 설명하고 각각을 비교하시오.

사회 구조 기본 이론은 크게 사회 실재론과 사회 명목론의 두 가지로 나뉩니다. 사회 실재론은 사회를 실재하는 존재로 인식하고 사회라는 존재는 사회를 구성하는 개인들의 합과 다른 독립적인 구조임을 의미하는 것입니다. 사회 실재론은 사회의 구조적인 시각을 바탕으로 사회에 대한 양적 연구를 추구합니다. 반면 사회 명목론은 사회란 실재하는 것이 아닌 개인들의 합을 명목적으로 부르는 것임을 의미하는 이론으로 사회 명목론에서는 사회의 구조적인 인식이 아닌 사회를 구성하는 개인들 사이의 관계와 상호작용을 중요시합니다. 사회 명목론에서는 사회의 미시적인 관점을 바탕으로 사회에 대한 질적 연구를 추구합니다.

유충연 멘토는 지원 전공인 사회학 분야의 핵심적인 개념 중 하나인 사회 구조 이론에 대한 질문을 받았습니다. 이는 지원 전공과 관련된 개념의 깊이에 대한 질문입니다. 유충연 멘토는 사회 실재론과 사회 명목론을 비교하며 두 이론의 차이점을 중심으로 각각의 이론에 대하여 설명했습니다. 그리고 사회 구조에 대한 이론과 사회 연구 방법론을 연결하여 전공 분야에 대한 넓은 배경지식을 가지고 있음을 보여주었습니다.

Example 6

③ '개념의 깊이' 질문의 틀 - 〈교과 심화 질문〉

광운대학교 산업심리학과 김유찬 파트너의 사례

– (존 크럼볼츠)의 (우연 학습 이론)과 (파슨스)의 (특성–요인 이론)을 자세히 설명하시오.

존 크럼볼츠의 우연 학습 이론은 불확실성이 난무하는 사회에서 우연히 찾아온 기회들이 모여서 진로를 설정하는 데 일조한다는 것입니다. 이 이론을 상담에서 활용하려면 내담자에게 닥칠 우연들을 인정하고 이를 대비할 수 있는 과제접근기술을 학습시켜야 합니다. 다음으로 파슨스의 특성–요인 이론은 모든 개인에게 맞추어 사람과 작업을 과학적으로 매칭하려고 하는 것입니다. 이 이론을 활용하여 상담을 진행하려면 우선 내담자에 대한 이해 그리고 작업세계에 대한 이해, 마지막으로 내담자의 이해를 바탕으로 작업을 매칭할 수 있는 능력이 요구됩니다.

김유찬 파트너는 존 크럼볼츠의 우연 학습 이론과 파슨스의 특성–요인 이론 개념에 대한 질문을 받았습니다. 이는 전공 관련 개념의 깊이에 대한 질문으로 구분할 수 있습니다. 김유찬 파트너는 이에 대한 답변으로 두 개념의 정의를 정확하게 설명하였고, 각 이론을 상담에서 활용하는 방안까지 언급했습니다. 이를 통해 전공 관련 개념을 정확히 파악하고 다양한 전공 관련 배경지식을 가지고 있는 학생임을 드러내며 질문의 의도에 알맞은 답변을 했습니다.

Example 7

성균관대학교 러시아어문학과 임소정 멘토의 사례

– (독서 토론 활동)에서 (안나 카레니나)에 관한 토론을 진행했는데, (안나 카레니나)
의 핵심은 무엇이며 책을 읽고 느낀 점은 무엇인가?

안나 카레니나는 성숙한 사랑의 의미, 죽음에 대한 고뇌와 삶의 가치관에 대해 생각하는 것에
핵심이 있다고 생각합니다. 단순히 책을 알아보기 위해 시작한 독서토론이었지만 친구들과 삶의
가치관에 대해 이야기하는 시간을 가질 수 있게 되었고 이 시간이 서로를 이해할 수 있도록
도와주고 삶의 목표를 상기시켜 긍정적인 힘을 주었습니다. 토론이 끝난 후 서로를 격려하는
친구들의 모습에서 단순히 교훈을 주는 데 그치지 않고 삶에 대해 성찰할 수 있게 해준다는
문학의 힘을 느낄 수 있었습니다.

임소정 멘토는 소설 『안나 카레니나』의 핵심을 잘 알고 있는지와 그에 대해 어떤
생각을 하고 있는지에 대한 질문을 받았습니다. 이는 전공과 관련된 배경지식에
대해 어떠한 생각을 하고 있는지 물어보는 개념의 깊이에 대한 질문입니다.

임소정 멘토는 이에 대한 답변으로 성숙한 사랑의 의미, 죽음에 대한 고뇌와 삶
의 가치관에 대해 생각하는 것이 이 책의 핵심이라고 말했습니다.

책을 단순히 겉핥기식으로 읽지 않고 저자인 톨스토이가 이 책을 통해 진정으로
전하고자 하는 바가 무엇인지 생각하고 조사했다는 모습을 보여주었고, 나아가 독
서토론 경험을 통해 느낀 점을 언급함으로써 전공과 관련된 깊이 있는 활동을 한
학생임을 드러내어 질문의 의도에 알맞은 답변을 한 사례라고 볼 수 있습니다.

Example 8   ③ '개념의 깊이' 질문의 틀 - 〈서류기반 질문〉

숙명여자대학교 전자공학과 이예현 멘토의 사례

– (논문탐색동아리 활동)에서 (디스플레이)에 관한 논문을 읽었다고 했는데, 가장 기억에 남는 (디스플레이와 작동원리)에 대해 설명하시오.

저는 엘리베이터의 디스플레이에서 왜 밝은 부분이 배경이고 글씨를 검정으로 표시하는지 의문이 있었습니다. 에너지 효율 측면에서 바라봤을 때 밝은 부분이 적어야 한다고 생각했습니다. 그러나 액정디스플레이의 원리에 대해 이해하면서 단순히 밝은 부분이 에너지를 많이 쓴다는 편견을 깰 수 있었습니다. 액정디스플레이에 액정분자는 무질서하게 배열되어 있고 여기에 전류를 인가한 부분만 한 방향으로 정렬되어 편광판을 통과하지 못하기 때문에 오히려 밝은 부분이 에너지의 소모가 없다는 것을 알게 되었습니다.

이예현 멘토는 지망 전공인 전기전자공학 분야의 개념을 이용한 사례 중 하나인 디스플레이에 대한 질문을 받았습니다. 이는 지원 전공에 대한 배경지식을 통해 개념의 깊이를 물어보는 질문입니다.

이예현 멘토는 디스플레이에 대해 평소 가지고 있었던 의문점을 해결해나가는 과정을 설명했습니다. 전공 개념의 용어를 사용하면서 현상에 대해 상세하게 설명하는 과정을 통해 전공 분야에 대한 넓은 배경지식을 가지고 있음을 보여주었습니다.

📝 계열별 서류기반 질문의 예시를 확인한다

지금까지의 과정을 통해 서류기반 질문의 틀을 이해하고, 이러한 질문에 대한 유스쿨 멘토/파트너의 모범 답변 사례와 분석 내용을 살펴보았습니다.

이번 단계에서는 유스쿨 멘토/파트너들이 실제 면접에서 받은 질문사례를 통해 자신의 지원 계열에서 어떠한 질문들이 나올 수 있는지에 대해 파악하겠습니다.

1) 계열별 서류기반 질문 - 인문계열

Example 1

'역할수행' 질문의 틀

- **(중어중문학과)** 다문화가정 아동 학습지도 및 멘토링 봉사를 했는데, 참여하게 된 이유와 봉사 후 생각이나 행동에 변화를 준 것이 있다면 무엇인가요?
- **(불교사회복지학과)** 파라미타 동아리에서 참가했던 활동 중 가장 기억에 남는 활동은 무엇이었나요? 그리고 활동 과정에서 느꼈던 점은 무엇인가요?
- **(불교학부)** 독서활동에 기재된 『성철스님 시봉이야기』를 읽게 된 동기와 그 내용에서 배운 것은 무엇인가요?
- **(국어국문학과)** 학교 도서관의 운영방식을 학생이 주도하여 개선하였다고 했는데, 어떤 변화가 있었나요?
- **(국어국문학과)** 문학창작 동아리 활동을 했는데, 어떤 문학 작품을 창작했나요?
- **(러시아어문학과)** 독서토론 활동에서 어떤 역할을 맡았으며, 그에 대해 느낀 점은 무엇인가요?
- **(영어영문학과)** 영자신문 동아리에서 서평작성을 담당했다고 하는데 동아리의 구조와 본인의 역할은 무엇인가요?

Example 2

'생각 · 견해의 이유' 질문의 틀

- **(국어국문학과)** 돈키호테 책을 읽어본 경험이 있다고 했는데, 돈키호테라는 인물은 어떤 특성을 가졌다고 생각하나요?
- **(영어통번역학과)** 통 · 번역가라는 진로를 희망한다고 했는데, 통 · 번역가로서 필요한 자질과 자신의 장점은 무엇이라고 생각하나요?
- **(유럽문화학부)** 프랑스 문학과 독서 치료에 관해 관심이 있는데, 독서 치료는 무엇이라고 생각하며 본인이 관심있어 하는 프랑스 문학은 어떤 점에서 독서 치료에 영향을 미친다고 생각하나요?
- **(인문계열)** 역사학자라는 진로를 희망한다고 했는데, 역사학자가 꼭 갖춰야 할 덕목은 무엇이라고 생각하고 그 이유는 무엇이라고 생각하나요?
- **(서어서문학과)** 스페인어 노래 중에서도 〈despacito〉를 친구들과 즐겨 부르며 번역한

경험이 있다고 하는데, 이러한 외설적인 가사를 가진 노래를 청소년들이 향유하는 것에 대해 어떻게 생각하나요?

- **(불어불문학과)** 프루스트의 『잃어버린 시간을 찾아서』가 가장 감명 깊은 책이라고 생각한 이유가 뭔가요?
- **(사학과)** 유적지 답사 동아리 활동을 하면서, 학생이 가본 곳 중 가장 인상 깊은 답사지는 어디였나요? 또 그 이유가 무엇이라고 생각하나요?

Example 3

'개념의 깊이' 질문의 틀

〈교과 심화 질문〉

- **(철학과)** 롤스와 노직의 사상의 차이를 설명하세요.
- **(언어학과)** 링구아 프랑카에 대해 설명하세요.

〈서류기반 질문〉

- **(문예창작과)** 많은 문학책을 읽었는데, 본인에게 가장 영향을 준 작가는 누구이며 그 작가의 특징은 무엇인가요?
- **(영어영문학과)** 『죄와 벌』을 읽었다고 되어 있는데 주인공 이름은 무엇인가요?
- **(영어영문학과)** 영어원서 읽기 동아리를 하면서 가장 인상 깊게 읽었던 원서와 기억에 남는 부분이 무엇인가요?

2) 계열별 서류기반 질문 – 사회계열

Example 1

'역할수행' 질문의 틀

- **(정치외교학과)** 동아리장으로서 캠페인 진행 과정에서 주도적으로 수행한 역할은 무엇이었나요?
- **(정치외교학과)** 교내 '장애 인권을 위한 UCC 대회'에 참가하여 수상했는데, 대회를 준비하며 알게 된 점은 무엇인가요?
- **(경찰행정학부)** 선도부장으로서 일반 학생들을 통제하는 데 가장 어려웠던 점은 무엇이었나요? 리더가 가져야 할 자질에 관해 느낀 점이 있다면 무엇인가요?

- (법학과) 교내 모의재판에서 판사로 참여했는데, 모의재판 활동을 통해 새롭게 알게 된 점이 있나요?
- (심리학과) 심리학 소인수 수업을 기획하면서 어려웠던 점이나 부족했던 점이 있었다면 무엇인가요?
- (심리학과) 우울증의 치료 요법과 관련한 영어 탐구활동을 했다고 적혀 있는데, 여기서 맡은 역할이 무엇인가요?
- (심리학과) 소설 속 캠프에서 계급이 생겨난 배경에 관해서 심리학 이론을 대입하여 분석했다고 했는데, 분석한 내용은 무엇인가요?

Example 2

'생각 · 견해의 이유' 질문의 틀

- (미디어커뮤니케이션학과) 학생이 SNS 콘텐츠에 대한 소논문을 작성했었는데, 미디어와 콘텐츠가 분리된 최근의 경향에 대해 어떻게 생각하나요?
- (미디어커뮤니케이션학과) 인문사회영재 학급에서 '매체의 변천사'에 대한 토론에 참여했는데, 학생이 생각하기에 10년 뒤의 미디어 환경은 어떤 모습과 특징을 갖추고 있으리라 생각하나요?
- (미디어커뮤니케이션학과) 자기소개서에 언론인의 중요한 자질은 '청렴함'이라고 했는데, 그렇게 생각하는 이유는 무엇인가요?
- (법학과) 교내 모의재판에서 판사로 참여했는데, 본인이 생각하는 판사의 역할은 무엇이라고 생각하나요?
- (신문방송학과) 자기소개서에서 기자는 단순히 기사만을 전달하는 것이 아니라 대중에게 올바른 방향을 제시해주는 길잡이라고 했는데, 그러한 생각을 하게 된 이유는 무엇인가요? 또 올바른 방향이란 무엇을 의미하나요?
- (정치외교학과) 교내 '장애 인권을 위한 UCC 대회'에 참가하여 수상했는데, 장애인에 대한 편견이 해소되려면 어떠한 노력이 필요하다고 생각하나요?
- (미디어커뮤니케이션학과) 미디어학부의 수업은 미디어수업과 문화수업 중 어떤 것에 비중을 두어야 한다고 생각하나요?
- (미디어커뮤니케이션학과) 사회문화 시간에 대중문화에 관련된 보고서를 작성했는데, 본인이 생각하기에 현대사회의 대중문화의 가장 큰 문제는 무엇이라고 생각하나요?
- (심리학과) 군중심리에 관한 탐구를 했는데, 군중심리는 항상 나쁜 방향으로만 흐를까요?

Example 3

'개념의 깊이' 질문의 틀

〈교과 심화 질문〉

- **(법학과)** 상고 제도에 대해 설명하시오.
- **(정치외교학과)** 한국과 중국의 정치 형태에 대해 비교하시오.
- **(사회학과)** 사회 구조에 대한 이론 중, 사회 실재론과 사회 명목론에 대해 설명하고 각각을 비교하시오.
- **(행정학과)** 행정부와 입법부 그리고 사법부 사이의 삼권분립 체제의 필요성에 대해 설명하시오.

〈서류기반 질문〉

- **(심리학과)** 범죄 심리와 관련된 책을 많이 읽은 것 같은데, 학생이 사는 지역 주변에서 범죄율이 높은 곳과 그 이유를 심리학적으로 설명할 수 있나요?
- **(사학과)** 자기소개서에 지역 문화재 보존사업에 많은 관심이 있다고 되어 있는데, 지역 문화재의 선정 기준에 대해 설명할 수 있나요?
- **(미디어학부)** 뉴미디어를 활용한 언론의 발전 방향에 대한 연구 보고서를 작성했는데, 학생이 생각하는 뉴미디어란 무엇인지 설명할 수 있나요?
- **(광고홍보학과)** 동아리 축제 부스 광고를 담당했었는데, 광고와 홍보의 차이점은 무엇인가요?

3) 계열별 서류기반 질문 – 사범계열

Example 1

'역할수행' 질문의 틀

- **(교육학과)** 회장으로서 학급에서 또래 멘토링을 운영했다고 했는데, 본인의 역할이 무엇이었나요?
- **(영어교육과)** 초등학생과 중학생 대상으로 영어교육 봉사를 진행한 경험이 있는데, 대상에 따라서 수업 진행 방법에 차이를 두고 진행했나요? 차이를 두었다면 어떤 방법으로 수업을 진행했나요?
- **(교육학과)** 어려운 환경의 중학생들을 대상으로 학습 멘토링 봉사를 하는 과정에서 학생들의 눈높이에 맞춘 수업과 고민 상담으로 멘티에게 도움을 주었다고 했는데, 그 과정을 통해 무엇을 깨달았나요?

- **(과학교육과)** 학교 축제에서 과학 체험 부스에 참여했다고 하는데, 가장 기억에 남는 체험 사례는 무엇인가요?
- **(컴퓨터교육과)** 2학년 때 친구들과 함께 로봇 코딩 대회에 출전했다고 했는데, 이 활동에서 코딩을 모르는 동료가 있었나요? 있었다면 어떻게 대처했나요?
- **(초등교육학과)** 주제 중심 수업에서 수업 시연을 했다고 했는데, 수업 시연에서 구체적으로 어떤 역할을 맡았나요?

Example 2

'생각 · 견해의 이유' 질문의 틀

- **(교육학과)** 동아리에서 현재 대한민국의 대입 정책에 대해 토의를 했는데, 수시 전형의 교육적 목적은 무엇이라고 생각하나요?
- **(수학교육과)** 2021학년도 수능 가형에서 '기하' 파트가 제외되는데, 이에 관해서 어떻게 생각하나요?
- **(교육학과)** 교사에게 필요한 자질이 무엇이라고 생각하나요?
- **(교육학과)** 교사 인권 침해가 증가하는 상황에서 체벌금지에 대해 어떻게 생각하나요?
- **(초등교육학과)** 자기소개서에 교사의 성실성과 진정성에 대해 나와 있는데, 본인은 성실성과 진정성에 대해 어떻게 생각하나요?
- **(과학교육과)** 학교 축제에서 과학 체험 부스에 참여했다고 하는데, 실제 과학 현상을 경험하는 것이 학생들의 과학 학습에 어떠한 도움을 줄 수 있다고 생각하나요?
- **(컴퓨터교육과)** 코딩 교육이 유행하고 있는데, 학생은 조기 코딩 교육이 4차 산업혁명 시대에 적합한 인재를 만들 수 있는 좋은 방법이라고 생각하나요?
- **(교육학과)** K-MOOC를 통해 온라인 강의를 들었다고 했는데, K-MOOC와 같은 온라인형 교육과 기존의 오프라인 교육의 장단점이 무엇이고, 온라인형 교육이 앞으로 더욱 발전하는 데 필요한 개선 방향이 무엇이라고 생각하나요?
- **(초등교육학과)** 교사가 학생에게 자율권을 준다고 하셨는데, 그 자율권이 학교의 기본적 교칙을 어기는 방향으로 사용된다면 어떻게 대처할 것인가요?

Example 3

'개념의 깊이' 질문의 틀

〈교과 심화 질문〉

- **(국어교육과)** 현대의 학교가 기능론적 관점에서 어떤 역할을 한다고 생각하나요?
- **(과학교육과)** 가장 감명 깊게 공부한 지구과학 단원이 무엇이며, 그 단원의 개념을 간단하게 설명할 수 있나요?
- **(영어교육과)** What의 여러 용법을 문법 용어 없이 설명할 수 있나요?

〈서류기반 질문〉

- **(교육학과)** 교육 패러다임이라는 동아리 활동 중 『최고의 교수』를 읽고 효과적인 교수학습법에 대해 토의했다고 했는데, 교수학습법의 효과를 판단하는 기준은 무엇인가요?
- **(영어교육과)** 자기소개서에서 학생들과 소통하는 영어 교실을 만들고 싶다고 했는데, 그 교육 방식의 효과가 무엇이며 과연 그것이 옳은 교육 방향이라고 생각하나요?
- **(기술교육과)** 자기소개서에서 예술교육의 중요성을 언급하면서 STEAM 교육에 관해서 이야기했는데, STEAM 교육이 어떤 의미인가요?

4) 계열별 서류기반 질문 – 상경계열

Example 1

'역할수행' 질문의 틀

- **(경영학과)** 사회적 기업가가 되기 위해 독서활동이 중요한 계기가 되었다고 했는데, 어떤 책이 그런 생각을 하게 하였는지 기억에 남는 책 한 권을 예로 들어 설명할 수 있나요?
- **(경제학과)** 경제수학 동아리를 창설하여 편미분이나 삼각함수 같은 교과과정 이외의 범위를 공부했다고 적혀 있는데, 가장 어려웠던 교과 외 수학 개념은 무엇이었나요?
- **(경영정보학과)** 외교관에서 경영정보학 관련으로 진로 희망이 변경되었는데, 특별한 계기가 있었나요? 진로 변경 후 경영정보학과에 진학하기 위해 어떤 노력을 기울였나요?
- **(경영학과)** 아름다운 커피 봉사활동과 공정무역 캠페인 활동을 하면서 많은 점을 깨달은 것 같은데, 공정무역 판매에서 공급은 어디서 하였으며 그 수익은 어디에 기부했나요?
- **(경제학과)** 『죽은 경제학자의 살아있는 아이디어』를 읽고 현대의 경제사상이 어떻게 정립됐는지를 알게 되었다고 했습니다. 과거의 주요 경제 사상 중에서 가장 자신의 견해와 일치하는 경제사상은 무엇인가요?

Example 2

'생각 · 견해의 이유' 질문의 틀

- **(경영학과)** 국어 시간에 사회적 기업에 대한 발표를 진행했는데, 최근 많은 학생이 사회적 기업을 롤 모델로 삼는 이러한 추세가 나타나는 이유가 무엇이라고 생각하나요?
- **(경영학과)** 경영동아리에서 기업들에 대한 많은 분석과 연구를 진행한 것 같은데, 자신이 롤 모델로 삼는 기업이 있다면 그 이름과 이유가 무엇인가요?
- **(경영학과)** 학생회장과 학급 반장 등 리더의 위치에 많이 있었는데, 자신이 생각하는 바람직한 리더십이란 무엇이라고 생각하나요?
- **(경영학과)** 윤리적 기업에 대한 책을 많이 읽었는데, 소비자들이 상품을 선택할 때 기업의 윤리적 행동을 점점 더 염두에 두는 이유가 무엇이라고 생각하나요?
- **(경제학과)** 자기소개서에서 공정성을 기반으로 한 경제 정책을 만들고 싶다고 했는데, 최근 블라인드 채용이나 지방 할당제와 같은 정책들을 많이 시행하고 있습니다. 이러한 정책들이 정말로 공정성을 강화한다고 생각하나요?
- **(경영학과)** 경영동아리에서 4차 산업 관련된 활동을 했는데, 4차 산업혁명의 핵심은 무엇이라고 생각하나요?
- **(경제학과)** 경제 시간에 가격 상 · 하한제에 관해 보고서를 작성했는데, 정부의 최저임금 인상 정책에 관해서 어떻게 생각하나요?

Example 3

'개념의 깊이' 질문의 틀

〈교과 심화 질문〉
- **(경제학과)** 미국의 기준 금리가 상승한다면 우리나라의 기준 금리는 어떠한 방향으로 흘러갈까요?
- **(경제학과)** 통화 승수란 무엇이고, 이것이 시장경제에서 갖는 의의를 설명할 수 있나요?
- **(경영학과)** 슘페터의 창조적 파괴와 기업가 정신에 대해 설명할 수 있나요?
- **(경영학과)** 조직을 효율적으로 구성하는 것에 있어 관료제의 효과를 설명할 수 있나요?

〈서류기반 질문〉
- **(경영학과)** 진로 희망 사항에 사회적 기업가를 작성했는데, 기업의 사회적 책임이란 무엇인가요?

- **(경영학과)** 동아리 활동에서 부스운영을 위한 STP 전략을 세웠다고 했는데, 여기서 STP의 개념에 대해 설명할 수 있나요?
- **(경제학과)** 청년 실업률과 노인 실업률에 관해서 많은 고민을 자기소개서에 제시해주었는데, 이를 임금피크제와 연관 지어 설명해보세요.
- **(경제학과)** 마르크스의 자본론을 바탕으로 자본가가 노동자를 착취하고 자본을 축적하는 과정을 설명할 수 있나요?

5) 계열별 서류기반 질문 – 자연계열

Example 1

'역할수행' 질문의 틀

- **(생명과학과)** 대학교수님과 생명과학 R&E 프로그램을 수행했다고 했는데, 여기서 본인의 역할이 무엇이었나요?
- **(생명과학과)** 독서를 통해서 줄기세포 공학자라는 꿈을 가지게 되었다고 했는데, 그 당시 읽었던 책이 무엇이고 책의 내용 중 어떤 부분이 본인에게 가장 큰 영향을 주었나요?
- **(생물학과)** pH와 온도가 효소에 어떤 영향을 미치는지 탐구하는 실험을 했는데, 어떤 효소를 사용하였고 어떻게 실험을 진행했나요?
- **(식량자원과학과)** 1학년 때 '반으로 자른 콩의 발아와 성장'이라는 제목으로 실험했는데, 이 실험은 어떤 계기로 하게 된 것이며 실험 내용과 결과는 어떠했나요?
- **(화학과)** 매년 학교에서 진행하는 과학실험 경진대회에 참여한 것으로 보이는데, 가장 기억에 남는 실험과 그를 통해 검증하고자 했던 가설이 무엇인가요?
- **(물리학과)** 감귤의 제설효능에 관해 연구하여 효과를 검증했다고 했습니다. 상당히 독특한 주제를 가지고 연구를 수행했는데, 왜 이와 같은 주제를 선택했나요?
- **(생명과학과)** 고등학교 2학년 생명과학1 수행평가 실험에서, 독성물질과 유기물에 대한 수서 지렁이의 행동패턴 분석을 주제로 연구를 진행했는데, 연구에 사용한 독성물질은 무엇이었고 그것을 선택한 이유는 무엇인가요?

Example 2

'생각 · 견해의 이유' 질문의 틀

- **(수학과)** 방과 후 수학 시간에 갈루아 이론에 관해서 학습하고 논의했다고 했는데, 갈루아 이론이 현대 수학에서 가지는 의의는 무엇이라고 생각하나요?
- **(물리학과)** 2학년 때 풍력발전기 단점을 극복하는 논문을 썼다고 했는데, 논문에서 중점적으로 다루었던 단점이 무엇인가요? 그리고 이것을 물리적으로는 어떻게 해결할 수 있을까요?
- **(생명과학과)** 유전자 재조합 기술에 대해 발표를 했다고 했는데, GMO 기술에 대한 본인의 생각은 어떤가요?
- **(생명과학과)** 동물 실험에 대한 찬반 토론에 참여했다고 했는데, 동물 실험에 대해서 어떻게 생각하나요?
- **(물리학과)** 빛의 이중성에 관련된 책을 읽었고 관심이 많다고 했는데, 본인이 생각하는 빛이란 무엇인가요?

Example 3

'개념의 깊이' 질문의 틀

〈교과 심화 질문〉

- **(생명과학과)** 식물세포는 빛에너지를 화학에너지로 전환해 ATP를 합성할 수 있습니다. 그러나 동물세포는 할 수 없습니다. 그 이유는 무엇인가요?
- **(물리학과)** 달이 지구를 공전하는 속도가 a일 때, 지표에서 우주로 농구공을 a 속도로 던지면 어떻게 되나요?
- **(물리학과)** 핵융합 에너지에서 가장 기본이 되는 물리 원칙은 무엇인가요?

〈서류기반 질문〉

- **(생명과학과)** 노벨화학상에 대해 보고서를 작성한 것으로 보이는데, 보고서 작성 과정을 설명하고 세포 내의 DNA 복구 메커니즘을 설명할 수 있나요?
- **(수학과)** 『수학의 언어로 세상을 본다면』 이라는 책을 읽으면서 느낀 점이 무엇이며, 수학이 실생활에서 사용되는 사례를 하나 제시할 수 있나요?
- **(물리학과)** 감귤의 제설효능에 대해 연구하여 효과를 검증했다고 했습니다. 상당히 독특한 주제를 가지고 연구를 수행했는데, 감귤의 제설효능은 어떤 원리로 설명될 수 있나요?

- **(생명과학과)** R&E 프로그램에서 RNA 바이러스를 조사하였다고 기록되어 있는데, 레트로바이러스가 아닌 RNA 바이러스에 대해 알고 있는 게 있나요?
- **(물리학과)** 미적분 교과목 수행평가로 '생활 속 미적분'이라는 보고서를 작성한 것 중에 지수함수와 은행이자의 관계에 관해서 이야기한 부분이 있는데, 어떤 관련이 있나요?

6) 계열별 서류기반 질문 – 공학계열

Example 1

'역할수행' 질문의 틀

- **(화학신소재공학부)** 교내활동 중에 직접 과학 실험을 하고 결론을 도출한 경험이 있나요?
- **(컴퓨터학부)** 활동한 동아리 중 프로그래밍 활동을 진행했을 때 어떤 언어를 학습했고 어떤 프로그램을 개발했나요? 그리고 그 프로그램의 함수에 argument가 몇 개였나요?
- **(컴퓨터공학부)** 교내 학술동아리에서 인공지능 관련 학술 연구를 진행했다고 기록되어 있는데, 무슨 연구였나요?
- **(컴퓨터공학부)** 3년 진로 희망이 계속 개발자인데, 여러 개발 영역 중에서 어떤 개발자가 되고 싶은가요? 그리고 이를 위해서 어떤 활동을 수행했나요?
- **(ICT융합공학부)** 공학계열 진학을 희망하는 학생들은 보통 과학, 자연계열의 동아리를 하는 경우가 많은데, 학생은 3년 동안 사물놀이 동아리에서 활동했습니다. 이와 같은 선택을 한 이유는 무엇인가요?

Example 2

'생각 · 견해의 이유' 질문의 틀

- **(건축학과)** 생태 건축가를 꿈꾸고 있는 사람으로서 2학년 때 3D 프린터에 관한 강의를 들으면서 느낌이 남달랐을 것으로 생각합니다. 그 당시 들었던 강의 내용을 토대로 생각해본다면 3D 프린터를 이용한 건축이 생태건축에 긍정적인 영향을 줄 수 있다고 생각하나요?

- (사이버보안학과) 자기소개서에 국가의 암호 화폐 정책에 대한 토의를 진행했음을 이야기했는데, 본인이 생각하기에 현재 암호 화폐가 지닌 사회적 문제점은 무엇이라고 생각하나요?

- (산업시스템공학과) 각종 대회에서 적정기술을 주제로 참여한 것으로 보았을 때 이에 관한 관심이 깊은 것으로 보이는데, 적정기술이 우리나라에서 활성화되지 못한 이유는 무엇이라고 생각하나요?

- (자동차공학과) 학교에서 배우는 물리와 수학 등의 교과목 중에 자동차공학과 가장 관련 있는 교과목은 무엇이라고 생각하나요? 또 관련이 있다고 생각하는 이유는 무엇인가요?

- (화공생명공학과) 환경공학자를 꿈꾸고 있는데, 환경공학자는 사회에 긍정적인 영향을 줄 수도 있지만 잘못 선택하면 환경을 파괴할 수도 있는 직업군입니다. 이에 관해서 어떻게 생각하나요?

- (컴퓨터공학과) 진로 희망이 인공지능 전문가라고 되어 있네요. 인공지능 발달의 위험성이 사회적으로 불안감을 조성하고 있는데, 이에 대한 본인의 생각은 어떤가요?

Example 3

'개념의 깊이' 질문의 틀

〈교과 심화 질문〉

- (지능기전공학부) 사물인터넷이 무엇이라고 생각하나요?
- (전자전기공학부) 반도체를 산업에서 많이 이용하고 있는 이유가 무엇이라고 생각하나요?
- (화공생명공학과) 오늘 기온은 분명히 0도 이하라고 알고 있는데, 출근하는 길에 보니까 한강 물이 아직 얼지 않았습니다. 왜 그런 것인지 알고 있나요?
- (화학공학과) 열역학이 화학공학에 사용될 수 있다고 생각하나요? 사용된다면 어떨 때 사용되나요?

〈서류기반 질문〉

- (화학공학과) 자기소개서에 '이러한 빛이 확률론적 관점을 제일 잘 나타낸다고 생각했습니다.'라고 썼는데, 이해가 잘 안 됩니다. 이야기하고자 하는 바를 다시 설명해 줄 수 있나요?
- (전자정보공학부 전자공학전공) 학교 재학 중에 여러 가지 실험을 했는데, 실험 중에서 우리 학과와 가장 관련이 깊은 실험이 무엇이라고 생각하나요? 또 그 실험의 가설과 검증과정을 소개할 수 있나요?

- **(화학공학부)** 자기소개서에 효소가 반응속도를 변화시키는 것을 실험을 통해서 검증하였다고 언급했는데, 효소가 정확히 어떤 에너지를 어떻게 바꿔서 이와 같은 현상이 발생하는 것인가요?
- **(기계공학과)** 학생기록부를 전반적으로 읽어보니 자동차나 엔진 분야를 좋아한다는 것이 바로 느껴지는데, 혹시 디젤엔진과 가솔린엔진의 가장 큰 기계학적인 차이점이 무엇인지 알고 있나요?
- **(건축공학과)** 자기소개서에서 친환경 건축에 대한 많은 관심을 확인할 수 있는데, 친환경 건축을 실천하는 일에서 건축공학자가 하는 일과 건축가가 하는 일의 차이점과 공통점이 무엇인지 말할 수 있나요?
- **(화공생물공학과)** 3학년 때 화학2와 고급화학을 배웠다고 되어 있는데, 고급화학에서 배운 내용 중에서 가장 인상 깊은 내용은 무엇인가요?
- **(기계항공공학부 우주항공공학전공)** 드론 동아리 활동도 하고 대회도 나가서 수상한 것으로 보이는데, 혹시 비행기와 드론이 뜨는 원리의 차이에 관해서 설명할 수 있나요?
- **(화학신소재공학부)** 직접 참여한 교내활동 중 과학 실험에서 기본이 되는 화학 개념과 원리는 무엇이라고 생각하나요?

Step 05

예상 질문을 도출하고
답변을 준비한다

Why

Step 04에서 제출 서류기반 면접 질문의 틀을 이해했습니다. 이제 본격적으로 면접을 준비하기 위해서는 이를 이용하여 예상 질문을 도출하고 답변을 준비해야 합니다. 면접은 짧은 시간 안에 질문과 즉각적인 답변으로 지원자를 평가하기 때문에 최대한 답변 속에 내가 말하고자 하는 바를 모두 담아야만 합니다.

면접에서는 충분히 고민할 수 있는 시간이 부족하므로 내가 하고 싶은 말이 무엇인지 미리 정리해 보는 과정이 필요합니다. 이번 Step 05에서는 이러한 과정을 통해 예상 질문을 도출하고 순발력 있게 꼬리 질문을 만들면서 후회 없는 면접을 위한 준비를 하겠습니다.

How

📝 예상 질문을 도출한다

Step 01에서 확인했던 '면접 질문 출제 의도 및 평가에 대한 이해'를 유의하면서 예상 질문을 도출하겠습니다.

앞서 우리는 생활기록부와 자기소개서 내의 활동들을 중요도에 따라 정리했습니다. 이를 바탕으로 Step 04의 '계열별 서류기반 질문'을 참고하면서 자신의 활동에 적용한다면 충분히 수준 높은 예상 질문을 도출할 수 있습니다.

✏️ 압박 면접에 대해 이해한다

많은 학생이 면접에서 가장 두려워하는 것은 예상치 못한 질문과 압박 면접입니다.

이번 단계에서는 서류기반 질문들을 바탕으로 압박 면접에 대비하는 방법을 알아보도록 하겠습니다. 일반적으로 압박 면접은 지원자의 답변에 대해 끊임없이 파고드는 질문으로 이어지는 경우가 많습니다. 따라서 Step 04에서 작성했던 인·적성 관련 문항들에 대한 답변을 토대로 연속된 질문을 고민해보고 그에 대한 답변을 작성하는 과정을 거쳐야 합니다. 이 과정을 여러 번 반복하다 보면 면접의 흐름을 자세히 파악할 수 있고 더욱 완벽한 답변을 제시할 수 있습니다.

✏️ 서류 기준에 따른 질문을 토대로 꼬리 질문을 작성한다

압박 면접을 준비하기 위해서는 먼저 면접 예상 질문을 선택하고 그 질문에 대한 답변 키워드를 작성해야 합니다. 여기서 구체적인 답변이 아닌 키워드를 작성하는 이유는 키워드를 작성하면서 더 빠르고 쉽게 논리적인 답변구조를 만들 수 있기 때문입니다. 만약 연속적으로 질문을 받을 때, 답변을 장황하게 작성하면 실제 면접에서 빠르게 대처하는 데 어려움이 있을 수밖에 없습니다.

면접을 진행하는 도중에는 글을 쓸 때처럼 문장을 지우거나 수정하면서 답변할 수 없다는 점을 유의해야 합니다. 꼬리 질문을 만들 때는 자신이 제시한 답변에서 파생될 수 있는 문제점이나 의문점을 고민한다면 쉽게 작성할 수 있을 것입니다.

이제 〈익힘책 면접 10번〉에 자신의 생활기록부와 자기소개서 내용을 바탕으로 질문을 생각하고 해당 질문에 대한 답변 내용을 구상할 것입니다. 여기서 중요한 것은 일차 질문에 대한 답변 이후에 이어지는 꼬리 질문에 대비하는 과정입니다.

질문에 이어지는 추가적인 꼬리 질문을 예상하고 그에 대한 답변을 준비하는 것은 압박 면접과 예상치 못한 질문에 대비할 수 있는 효과적인 방법입니다.

다음 제시된 유스쿨 멘토/파트너의 사례와 분석 내용을 바탕으로 **〈익힘책 면접 10번〉**을 작성하겠습니다.

Example 1   익힘책 면접 10번 모범 사례

서울대학교 생명공학부 이재희 파트너의 사례

✱ 예상 질문 및 꼬리 질문 대비

예상 질문	생명과학실험과목에 큰 정성을 쏟은 것 같은데, 구체적인 사례를 알 수 있을까요?
답변 Keyword	초파리실험, 형질전환실험, RFID, 아가로스 겔 제작, 전 과정에 적극적으로 참여하여 보고서 작성
꼬리 질문	초파리실험의 과정과 그로 인해 깨달은 점은 무엇인가요?
답변 Keyword	멘델 유전법칙, 유전자빈도, 이론공부, 실험자의 자세, 연구윤리

이재희 유스쿨 파트너는 '생명과학실험과목'에 대해 구체적인 사례를 요구하는 질문을 예상 질문으로 선정했습니다. 그리고 여러 실험 사례들과 실험에 임하는 태도에 대해 구체적으로 답변할 수 있도록 그것과 관련된 다양한 답변 Keyword를 도출했습니다. 생명과학과 관련된 여러 가지 실험들을 진행했음을 보여주고 그 과정에 적극적으로 참여하였으며 나아가 과정과 느낀 점을 중심으로 보고서를 작성한 내용을 답변에 담고자 했습니다.

다음으로 답변 내용에 대한 꼬리 질문에는 초파리실험 과정에서 실험자의 자세와 연구윤리에 대해 깨달은 점이 있었기 때문에 초파리실험과 관련된 질문을 예상했습니다. 이에 대한 답변으로 멘델 유전법칙을 기반으로 한 초파리실험의 과

정을 말하고, 연구윤리를 지키는 실험자의 자세가 필요할 것이라는 답변 Keyword 를 도출했습니다.

Example 2　　　　　　　　　　　익힘책 면접 10번 모범 사례

중앙대학교 미디어커뮤니케이션학부 이정숙 파트너의 사례

＊ 예상 질문 및 꼬리 질문 대비

예상 질문	방송부에서 장애인 방송접근권을 도입했다는데, 장애인 방송접근권에 대해 어떻게 관심을 가지게 되었나요?
답변 Keyword	알 권리, 기본권, 장애인 방송접근권 열악, 교내방송, 필요성 인지, 도입, 약자에 대한 배려
꼬리 질문	고등학교에서 진행하기는 어려웠을 것 같은데, 어떤 점이 가장 힘들었나요?
답변 Keyword	기술적 한계, 인식적 한계, 주도적 노력, 개선

이정숙 유스쿨 파트너는 '장애인 방송접근권'에 관심이 생기게 된 계기를 예상 질문으로 선정했고, 장애인 방송접근권에 대해 구체적으로 답변하기 위해 이와 관련된 다양한 답변 Keyword를 도출했습니다. 약자에 대한 배려 차원에서 장애인의 방송접근권이 열악하여 알 권리와 기본권을 침해받고 있음을 보여주고 이를 해결하기 위해 교내방송에서 수행한 활동들을 구체적으로 설명하며 그에 대한 느낀 점을 답변에 담고자 했습니다.

답변 내용에 대한 꼬리 질문에는 장애인 방송접근권 도입과정에서 어려웠던 점에 대한 질문을 예상했습니다. 고등학생들이 자체적으로 장애인 방송접근권을 도입하고 실행하기가 쉽지 않은 과정이었기 때문입니다. 그래서 이에 대한 답변으로 기술적·인식적 한계에 대해 구체적으로 말하고 이를 극복하기 위해 주도적으로 노력하여 여러 부분을 개선했다는 내용의 답변 Keyword를 선정했습니다.

✏️ **Keyword를 중심으로 실전에서 논리적인 답변을 구성하는 방법을 연습한다**

다음 예시는 Keyword를 중심으로 한 유스쿨 멘토/파트너들의 실제 답변 사례입니다. 면접에서 나올 수 있는 질문들은 그 개수가 무궁무진하므로 면접 질문들을 예상하고, 그 질문에 대한 각각의 답변을 모두 암기하기에는 현실적으로 큰 무리가 있습니다. 따라서 질문에 대한 즉각적인 답변을 위해 중심 소재들에 대한 Keyword를 작성하는 방식으로 답변을 준비해야 합니다. Keyword를 토대로 답변을 작성하는 과정에서 주의해야 할 점은 즉각적이지만 논리적으로 답변을 해야 한다는 것입니다.

다음 사례들을 참고하여 Keyword를 바탕으로 논리구조를 구체화하는 방법을 알아보겠습니다.

Example 1   실제 면접 사례

서울대학교 생명공학부 이재희 파트너의 사례

예상 질문	생명과학실험과목에 큰 정성을 쏟은 것 같은데, 구체적인 사례를 알 수 있을까요?
답변 Keyword	생명과학실험을 열심히 수행했던 가장 큰 이유는 제가 좋아하는 과목에 대한 실질적 경험을 얻기 위함이었습니다. 초파리실험, 형질전환실험, RFID 실험 등을 진행하였고, 실험과정을 직접 설계하고 진행하며 레포트를 작성해 결과를 정리해나가면서 과목을 수행했습니다. 그중 제가 주도적으로 가장 열심히 수행했던 실험은 초파리실험이었습니다.
꼬리 질문	초파리실험의 과정과 그로 인해 깨달은 점은 무엇인가요?
답변 Keyword	초파리실험의 목적은 처음에는 단순히 멘델의 법칙에 대한 검증이었습니다. 그래서 초파리를 주문하고 자가교배를 시켜 표현형을 확인하는 과정을 거쳤습니다. 그러나 예상과 다른 결과가 도출되었고 이를 분석하기 위해 선생님들께 자문하고 책을 통해 관련 이론을 공부했습니다. 그 결과 유전자빈도와 반성유전 개념을 실험에 도입시

켰고 직접 하디-바인베르크 법칙을 적용하여 본래 실험목적보다 한 걸음 더 나아간 실험결과를 도출했습니다. 직접 문제에 부딪히고 해결해가는 과정을 통해 연구의 매력을 느낄 수 있었습니다. 그리고 초파리를 배양하고 직접 일일이 분류해가는 과정에서 연구자가 지녀야 할 인내심을 키울 수 있었습니다.

Example 2

중앙대학교 미디어커뮤니케이션학부 이정숙 파트너의 사례

예상 질문	방송부에서 장애인 방송접근권을 도입했다는데 장애인 방송접근권에 대해 어떻게 관심을 가지게 되었나요?
답변 Keyword	저는 본래 소수자 인권에 관심이 없었습니다. 그런데 방송부장을 맡으면서 장애 학생은 우리 방송을 어떻게 보는지 의구심이 생겼습니다. 장애인들도 방송을 통해 여러 정보를 얻고 알 권리가 있지만, 사회적 인식이 부족하여 장애인의 방송접근권이 보장되지 않는 현실이 부조리하고 불공정하다고 생각했습니다. 이후 장애인 방송접근권에 대한 필요성을 인지하고 약자의 권리 보장을 위해서 반드시 방송접근권을 높이겠다고 생각했습니다.
꼬리 질문	고등학교에서 진행하기는 어려웠을 것 같은데, 어떤 점이 가장 힘들었나요?
답변 Keyword	실제로 장애인 방송접근권을 높이기 위해 노력했지만, 현실적으로 어려운 부분이 아주 많았습니다. 우선 기술적인 한계가 있었습니다. 시청각 장애인들을 위한 여러 기술이 있지만, 그 기술들을 구사하기가 쉽지 않았고 상당한 비용이 소비될 것이라 예상되었습니다. 인식적인 부분에서도 한계가 존재했습니다. 굳이 이렇게 큰 노력과 비용을 들여 장애인 방송접근권을 높여야 하는지 잘 모르겠다는 친구들의 의견이 많았습니다. 저를 포함한 방송부 학생들이 기술적, 비용적 한계를 극복하기 위해 격주로 돌아가며 방송 내용을 수화로 연습했고, 학생들의 인식을 개선하기 위해 여러 교내 캠페인을 진행하기도 했습니다.

What 4

면접 준비를 위한
자가 점검

지금까지 진행한 면접의 과정들을 살펴보면 보편적이거나, 기본적이거나, 필수적인 질문에 대해 대비를 했습니다. 그런데 면접관과 지원자의 의사소통을 기반으로 하는 면접의 특성상 지원자를 당황하게 할 수 있는 질문들이 등장할 수 있습니다. 그럼에도 불구하고 면접은 짧은 시간 동안 한 번의 기회로 끝나므로 당황스러운 질문에도 좋은 답변을 남겨야 합니다.

이러한 질문들에는 전공과 관련 있는 시사나 개념에 대한 질문이 있습니다. 따라서 이번 What 4에서는 전공 관련 시사와 개념에 대한 이해와 자신의 면접 준비 상태를 점검한 후, 스스로 전공 관련 시사와 개념을 공부하는 방법을 살펴보겠습니다.

그리고 더욱 실전적인 대비를 위해 각 대학교에서 발표한 공식 자료를 참고하면서 면접 직전의 준비사항을 숙지하고 유스쿨 멘토/파트너들의 **면접수기와 FAQ(자주 묻는 질문)**를 통해 면접 준비에 도움이 되는 다양한 정보들을 확인하겠습니다.

전공과 관련 있는 시사·개념이 무엇인지 사례를 통해 이해한다

Why

    Step 01은 면접장에 들어가기 전에 많은 학생이 고민하는 주제 중 하나입니다. 면접은 고등 교육과정과 제출 서류 내에서 출제하는 것이 원칙이지만 면접의 특성상 즉흥적인 질문이 발생할 수 있으므로 자기소개서나 생활기록부에 적힌 내용뿐만 아니라 전공과 관련 있는 시사나 심화 개념에 대해 물어볼 가능성이 있습니다.

    실제로 합격자 멘토/파트너들의 설문조사 결과를 보면 약 40%가 제출 서류에 기재되지 않은 전공에 관련된 시사·개념 질문을 받았다고 답했습니다. 그리고 이와 관련된 질문을 받지 않았더라도 질문에 대한 답변에 이러한 내용을 녹여 답변함으로써 전공에 대한 높은 관심과 이해도를 면접관에게 표현할 수 있습니다.

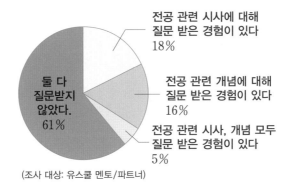

면접에서 서류에 기재되지 않은
전공에 관련된 시사·개념 질문을 받은 경험이 있는가?

전공 관련 시사에 대해
질문 받은 경험이 있다
18%

전공 관련 개념에 대해
질문 받은 경험이 있다
16%

둘 다
질문받지
않았다.
61%

전공 관련 시사, 개념 모두
질문 받은 경험이 있다
5%

(조사 대상: 유스쿨 멘토/파트너)

또 다른 설문조사 결과를 보면 대부분의 합격자는 면접 전에 전공 관련 시사·
개념을 숙지했고 이중 절반은 서류에 기재되지 않은 내용까지 폭넓게 준비했습니
다. 따라서 전공과 관련 있는 시사와 개념에 대한 이해를 토대로 예측하지 못한 질
문에 답변하기 위해서는 이번 Step 01을 철저하게 준비할 필요가 있습니다.

면접 전에 전공에 관련된 시사·개념 지식을 준비했는가?

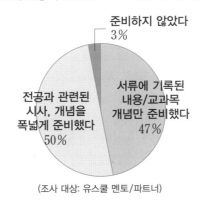

준비하지 않았다
3%

전공과 관련된
시사, 개념을
폭넓게 준비했다
50%

서류에 기록된
내용/교과목
개념만 준비했다
47%

(조사 대상: 유스쿨 멘토/파트너)

How

✏️ 전공과 관련된 시사가 무엇인지 사례를 통해 알아본다

이제 실제로 면접관들이 어떤 식으로 질문하고 합격자들은 어떻게 답변했는지
사례를 통해 확인하겠습니다. 이를 참고하여 자신이 실제 면접에서 전공과 관련된

시사·개념 질문을 받는다면 이에 대해 적절한 답변을 할 수 있을지 혹은 이를 답변에 어떻게 활용하면 좋을지 생각해보도록 합시다.

　전공과 관련된 시사란 말 그대로 본인이 지원하는 전공에 관한 최신 시사이슈나 쟁점, 최근 연구동향 등을 말합니다. 예를 들어 자신이 컴퓨터공학과를 지원했다면 관련 시사로는 IT 계열 최신 뉴스, 기계학습, 블록체인 등의 최신 기술 연구동향이 있을 것입니다. 이는 평소 지원자가 전공에 대해 얼마나 관심이 있는지 알 수 있는 지표이기 때문에 종종 면접에서 질문을 받기도 합니다.

1) 전공과 관련된 시사를 질문받은 사례

Case 1

연세대학교 국어국문학과 이소현 파트너의 사례

질문	자신이 생각하는 현재 시단에 대한 유행이나 신념은 무엇인가요?
답변 Keyword	시단

답변
현재 시단은 함축적인 언어로 난해한 문장을 이뤄내는 전년도와 다르게, 짧고 강렬하며 누구나 이해할 수 있는 시가 유행입니다. 저는 시에 대해 잘 알지 못하는 사람들도 시를 함께 즐길 수 있어야 한다고 생각하기 때문에 이러한 유행을 긍정적으로 바라보고 있습니다. 하지만 동시에 시를 쓰는 자신의 신념과 가치가 담겨있지 않은 것은 진정한 시가 아니라는 생각도 가지고 있습니다. 무엇보다 스스로 '시'에 대한 확신이 있는 시가 진정으로 시단에서 주목받을 수 있다고 생각합니다.

※ 시단: 시인들이 문필 활동을 하는 사회적 분야를 의미함.

　면접관은 국어국문학과의 시사 중 하나인 시단의 유행과 신념에 대해 질문했습니다. 이소현 파트너는 이러한 질문에 대해 본인의 신념을 구체적으로 이야기함으로써 지원자가 평소 전공과 관련된 시사를 잘 알고 있음을 보여주었습니다.

중앙대학교 국제물류학과 조성민 파트너의 사례

질문	꿈이 빅데이터 물류 전문가라고 했는데, 빅데이터 물류의 사례를 말할 수 있나요?
답변 Keyword	빅데이터 물류

답변

물류 기업 DHL에서는 실제로 빅데이터를 물류에 다양하게 활용하고 있습니다. 대표적으로 화물의 파손, 연착 등의 데이터를 분석하여 사고를 사전에 방지하거나, 기상 조건과 독감 발생, 그리고 온라인 구매량 사이의 상관관계 분석을 통해 고객의 행동을 예측하는 것이 있습니다.

국제 물류학과의 시사적인 이슈인 빅데이터 물류에 대해 조성민 파트너는 구체적인 기업의 사례를 언급하여 전공 관련 시사에 관심이 있음을 보여주었습니다.

서울대학교 언론정보학과 정은서 파트너의 사례

질문	최근 관심 있게 보고 있는 시사이슈가 있나요?
답변 Keyword	시사이슈

답변

예능 프로그램에서 사용하는 개그 소재 이슈들을 비판적인 시각으로 주목하고 있습니다. 인권 의식에 민감하게 반응하는 요즘 시대에 아직도 예능 프로그램에서 인종 · 장애인 차별 등을 개그 소재로 사용하는 것은 시대의 흐름을 읽지 못한 태도라 생각합니다. 유튜브나 넷플릭스 같은 새로운 미디어 플랫폼의 등장으로 위기에 처한 정규 방송국들이 이러한 시대의 흐름에 바르게 대응하지 못한다면 더욱 위기에 처할 수밖에 없을 것으로 생각합니다.

정은서 파트너는 미디어 흐름의 변화를 답변으로 활용하였습니다. 개그 소재라는 구체적인 예시를 통해 본인의 생각을 함께 이야기함으로써 평소 전공 관련 시사에 관심이 있다는 것을 보여주었습니다.

Case 4

성균관대학교 러시아어문학과 임소정 멘토의 사례

질문	외국어교육을 할 때, 인공지능을 이용하면 좋다고 생각하나요?
답변 Keyword	외국어교육, 인공지능

답변
인공지능을 겸용하는 것은 좋지만, 인공지능만을 이용하여 교육하는 것에는 한계가 있다고 생각합니다. 인공지능을 통해 학습자가 꼭 필요한 부분만 집중적으로 공부하면서 학습 효율을 높일 수는 있지만, 사람만이 느낄 수 있는 그 나라의 문화나 정취를 인공지능이 이해하고 전달하는 것은 어려울 것으로 생각합니다. 따라서 인공지능만을 이용하기보다는 인공지능을 활용하여 언어 학습을 하는 것이 좋다고 생각합니다.

임소정 멘토는 인공지능을 이용한 어학 학습이라는 시사에 대해 해당 언어를 학습하는 과정에서는 문화에 대한 이해가 필요하다는 본인의 신념을 담아 답변했습니다.

위의 사례들을 통해 알 수 있듯이 합격자들은 자신이 관심을 가지고 활동했던 분야나 지원 전공과 관련된 최신 유행이나 이슈 또는 사례에 대한 질문을 받은 경험이 있습니다. 이러한 질문에 대비하기 위해 지원 전공이나 자신이 대입 서류에서 강조한 활동과 관련된 최신 이슈와 유행을 살펴보고 이에 대한 구체적인 사례를 준비하는 것이 좋습니다.

추가로 이에 대한 자신의 생각이나 고민했던 경험들도 같이 정리하면, 면접에서 전공과 관련된 시사 질문을 받더라도 당황하지 않고 논리적으로 자신의 생각을 전달할 수 있을 것입니다.

2) 전공과 관련된 시사를 활용한 사례

경희대학교 소프트웨어융합학과 박재훈 멘토의 사례

질문	인공지능 개발자라는 꿈을 이루는 데 어떤 역량이 필요할까요?
답변 Keyword	자율주행 자동차, 트롤리 딜레마, 공학윤리

답변
물론 프로그래밍이나 수학이 가장 중요할 것입니다. 하지만 저는 윤리적 사고능력도 이들 못지않게 필요하다고 생각합니다. 최근 자율주행 자동차에 대한 기술 개발이 가속화되면서 여러 가지 윤리적 문제가 발생하고 있습니다. 예를 들어 필연적으로 사고가 발생할 수밖에 없는 상황에서 보행자와 운전자 중 누구를 더 보호할 것인가 같은 문제 등이 있습니다. 앞으로 인공지능을 개발하면서 윤리적 문제에 봉착하는 경우가 종종 생길 것입니다. 따라서 단순히 코딩만 잘하기보다 윤리적 사고능력도 같이 길러야 한다고 생각합니다.

지원자의 진로를 위한 역량을 물어보는 질문에 박재훈 멘토는 소프트웨어 융합학과의 시사인 자율주행을 언급하여 답변했습니다. 그리고 해당 시사에 대한 자신의 의견을 이야기하면서 진로에 대해 고찰했음을 보여주었습니다.

노승규 파트너는 경영학과의 관련 시사인 기업의 지속 가능성에 대한 질문에 구체적인 예시를 들어 답변했습니다. 그리고 이에 대한 자신의 의견을 이야기하여 경영학이라는 전공에 관심이 있다는 것을 보여주었습니다.

서울시립대학교 경영학부 노승규 파트너의 사례

질문	기업의 지속 가능성을 구체화하는 방안은 무엇이 있을까요?
답변 Keyword	기업의 지속 가능성

답변

기업은 경제적 가치뿐만 아니라 사회적 가치도 함께 추구해야 한다고 생각합니다. 예를 들어 탐o슈즈라는 신발 브랜드는 소비자가 신발을 하나 사면 자동으로 다른 한 컬레를 아프리카 아이들에게 전달합니다. 그리고 윤리적 소비 열풍에 따라 이러한 사회 공헌 활동은 판매량의 증가로 이어졌습니다. 이렇게 기업이 단순히 이윤만 추구하기보다 사회 공헌 활동도 병행하는 '사회적 비즈니스 모델'을 가지는 것이 기업의 지속 가능성을 구체화하는 방안이라고 생각합니다.

중앙대학교 미디어커뮤니케이션학부 이정숙 파트너의 사례

질문	진실과 사실의 차이가 무엇이라고 생각하나요?
답변 Keyword	진실, 사실

답변

만약 해가 뜨는 순간부터 해가 지는 순간까지 기록했을 때, 사진은 사실이고 영상은 진실이라고 생각합니다. 풀리처상을 받은 작품 중에 에디 애덤스의 '사이공식 처형'이라는 사진이 있습니다. 베트남전에서 한 군인이 민간인에게 총을 겨누는 사진인데 이 사진이 공개되고 나서 해당 군인은 매우 큰 비판과 질타를 받았습니다. 그러나 이 민간인은 극악한 범죄자였고 해당 군인은 이 범죄자를 즉결처형하던 것이었습니다. 즉 여기서 사실이란 군인이 어떤 사람에게 총을 겨누고 있다는 것이고, 진실이란 그 사람이 극악한 범죄자라는 것입니다. 이렇듯 단편적인 사진만으로는 사실만을 전달할 수 있습니다. 기자는 파편화된 수많은 사실 조각들을 모아 최대한 진실에 가까운 뉴스를 만들어야 하는 사람입니다. 사실을 기반으로 보도했을 때, 이 보도가 가치의 균형과 비중을 모두 갖췄다면 비로소 진실이 될 수 있으며, 보도는 진실을 지향해야 한다고 생각합니다.

이정숙 파트너는 진실과 사실에 대한 질문에 '사이공식 처형'이라는 구체적인 예시를 들고 이에 대한 본인의 생각을 이야기했습니다. 그리고 기자란 어떠한 신념을 지녀야 하는지와 이를 연관 지어 대답함으로써 전공에 대한 관심과 자신이 어떤 기자가 되어야 하는지 고민했음을 보여주었습니다.

위 사례들처럼 합격자들은 면접관이 직접 시사를 물어보지 않아도 전공과 관련 있는 시사 상식을 다른 질문에 활용하여 답했습니다. 하지만 이러한 과정은 단순히 시사에 대한 질문에 답하는 것보다 훨씬 어렵습니다. 시사를 직접 묻는 것과 달리 시사를 활용하여 답하려면 해당 시사에 대한 내 생각이 정리되어 있어야 하고, 짧은 시간 안에 답변에 활용할 수 있는 적절한 시사를 떠올려야 하기 때문입니다.

따라서 평소에 시사를 볼 때 이 시사를 활용할 수 있는 질문과 답변을 상상하면서 시사가 뜻하는 바와 내 생각이 어떠한지 정리하는 것이 좋습니다.

✏️ 전공과 관련된 개념이 무엇인지 사례를 통해 알아본다

전공과 관련된 개념이란 해당 전공에 대한 학문적인 지식을 말합니다. 앞에서 말한 시사와는 다르게 실제 그 전공에 대한 학문적 이론이나 용어들이 바로 전공 관련 개념이라 할 수 있습니다.

예를 들어 본인이 경제학과를 지원하고자 한다면, 전공 관련 개념으로는 경제학이란 정확히 무엇인지, 공산주의 경제체제와 자본주의 경제체제의 차이점은 무엇인지 등이 있습니다. 물론 여기에는 전공과 관련된 고등학교 교과목의 내용도 포함되지만, 이번 단계에서는 고등학교 범위의 외적인 부분에 대한 질문에 어떻게 대비해야 하는지 다루도록 하겠습니다.

원칙적으로 대입 면접에서 전공 관련 개념의 숙지를 학생들에게 요구할 수 없으므로 일반적인 질문에 대한 답변에 전공 개념을 활용하지 않아도 큰 문제가 되지 않습니다. 오히려 어려운 전공 개념을 '마치 아는 듯이' 활용하다가 실수하거나 심화 질문을 받게 되면 면접의 흐름 자체가 끊길 수 있습니다. 따라서 시사 파트와는 다르게 전공 관련 개념은 활용 방안을 다루지 않았습니다. 단, 학생의 전공에 대한 관심과 흥미를 확인하기 위해 전공에 관한 기본적인 개념 자체를 묻는 경우는 종종 발생하므로 개념에 대한 물음에 답할 준비는 필요합니다.

이제 앞에서 언급한 경제학과의 예시로 돌아가면 전공 관련 개념은 너무 범위가 넓고 대비하기에 까다롭다고 생각될 수도 있습니다. 하지만 학생부 종합전형의 면접 질문은 고등학교 교육과정 범위 내에서 출제하는 것이 원칙입니다. 그래서 대부분의 질문이 지식을 확인하는 것이 목적이 아니라 해당 학생이 얼마나 전공에 흥미를 가지고 스스로 공부했는지를 평가하려는 것이기 때문에 너무 크게 부담을 느끼지 않아도 됩니다.

그렇다면 실제 면접에서 전공 관련 개념을 어떻게 질문하고, 합격자들은 어떻게 답변했는지 사례를 통해 알아보도록 하겠습니다.

1) 전공과 관련된 개념을 질문받은 사례

Case 1

경희대학교 소프트웨어융합학과 박재훈 멘토의 사례

질문	머신러닝에 관련해서 알고 있는 알고리즘이 있나요?
답변 Keyword	머신러닝

답변
머신러닝은 크게 지도학습, 비지도학습, 강화학습으로 나뉩니다. 지도학습에는 선형회귀와 서포트벡터머신이 있고, 비지도학습에는 k-means 알고리즘, 강화학습에는 q-learning 알고리즘이 있다고 알고 있습니다. 그리고 이중 서포트벡터머신 알고리즘을 이용해 비트코인의 가격을 예측하는 모델을 개발해보기도 했습니다.

박재훈 멘토는 소프트웨어융합학과의 전공과목 중 하나인 머신러닝의 분류와

이를 어떻게 활용하는지를 언급하여 전공에 얼마나 관심을 가지고 스스로 학습했는지 보여주었습니다.

Case 2

경희대학교 건축공학과 신우진 멘토의 사례

질문	건축공학과 건축학의 차이점은 무엇인가요?
답변 Keyword	건축학, 건축공학

답변

저는 건축학은 시공을 위한 이전 단계로서 건물의 설계도를 작성하는 학문이라고 생각합니다. 그리고 건축공학은 건축학에서 설계한 설계도를 바탕으로 실제 건물을 시공하는 방법을 배우는 학문이라고 생각합니다. 결론적으로 건축학과 건축공학의 차이는 전문적인 건물 시공 여부라고 생각합니다.

신우진 멘토는 건축학과 건축공학에 대해 자신만의 정의를 내리고 차이를 설명함으로써 지원자가 전공에 대해 올바르게 이해하고 있음을 보여주었습니다.

Case 3

서울시립대학교 경영학부 노승규 파트너의 사례

질문	CSR은 무엇의 약자이고, 그 내용은 무엇인가요?
답변 Keyword	CSR

답변

CSR은 'Corporate Social Responsibility'의 약자이며, 기업의 사회적 책임을 뜻합니다. 저는 기업이 사회적 문제에 관심을 가지고 해결해나갈 때 기업에 더 큰 이익을 가져다줄 수 있다고 생각합니다. 일례로 'ㅇ한킴벌리'는 '우리 강산 푸르게 푸르게'라는 프로젝트를 행하면서 환경 개선에 이바지하고 매출도 상승시킬 수 있었습니다. 이를 통해 기업의 사회적 책임이 기업에 필수적임을 알 수 있었습니다.

꼬리 질문	그렇다면 SSM은 무엇의 약자이고, 그 내용은 무엇인가요?
답변 Keyword	SSM
답변	

SSM은 'Super SuperMarket'으로, 'O플러스 익스프레스'와 같은 기업형 슈퍼마켓을 뜻합니다. 대형마트가 시골에 입점하면 비용 측면에서 어려움이 있기에, 이 점을 최소화한 슈퍼마켓 형태로 운영하며 이윤을 극대화하기 위해 등장했다고 알고 있습니다.

노승규 파트너는 CSR의 약자와 의미에 대한 질문에 구체적인 사례를 활용하여 답변했습니다. 이를 통해 경영학과의 전공 관련 지식의 개념을 알고 있으며 이러한 개념이 실제로 어떻게 사용되고 있는지 학습했음을 보여주었습니다. 그리고 이에 대한 꼬리 질문으로 SSM에 대한 질문을 받았을 때도 구체적인 예시를 들어 설명함으로써 경영학에 대한 관심을 표현할 수 있었습니다.

위 사례들처럼 합격자들은 본인이 지원한 전공과 관련된 개념을 질문받은 경험이 있습니다. 이는 지식의 깊이가 아니라 전공에 대한 지원자의 관심도를 평가하려는 것이기 때문에 그렇게 어려운 개념을 물어보지는 않습니다.

따라서 너무 막막하게 생각하지 말고 본인의 전공에 대해 간단한 것부터 차근차근 공부하면 이러한 질문에도 잘 답변할 수 있을 것입니다. 물론 답변을 하지 못하더라도 고교 과정 밖이기 때문에 크게 감점되지는 않습니다. 그러니 너무 깊게 이해하려 애쓰기보다는 가벼운 마음으로 관련 개념을 파악하며 공부하는 것을 추천합니다.

Step 02

전공과 관련 있는
시사·개념을 공부하기 위한
방법을 숙지한다

Why

사실 면접관들은 지원자들에게 전공자 수준의 답변을 원하는 것이 아닙니다. 단지 전공에서 학습하는 분야에 대해 올바르게 이해하고 있는지, 전공을 공부하기에 충분한 역량을 가졌는지를 확인하기 위함일 뿐입니다. 따라서 너무 부담을 갖고 공부하기보다는 앞으로 배울 내용이 무엇인지 살펴본다는 마음으로 **Step 02**에서 제시하는 방법을 활용하여 즐겁게 공부하기를 바랍니다.

How

🖉 전공과 관련된 시사 · 개념의 준비 방법을 살펴본다

이번 단계에서는 전공 관련 시사 · 개념을 공부하기 위한 대표적인 방법들을 소개하려 합니다. 다음 예시들은 실제로 합격자들이 수행한 활동들로, 면접에서 도움이 되었던 방법들입니다.

전공 관련 시사 · 개념들은 학교에서 배울 수 있는 내용이 아니므로 어떻게 준비해야 할지 막막하다고 느낄 수 있습니다. 이번 **Step 02**를 통해 대표적인 방법들을 살펴보며 나만의 방법을 찾기를 바랍니다. 당연히 무조건 이 중 하나를 선택해야 해야 것은 아니라는 점을 유념하며 다음의 방법들을 살펴보겠습니다.

📝 보편적으로 적용될 수 있는 방법들을 알아본다

먼저 전공과 상관없이 보편적으로 전공 관련 시사 및 개념들을 공부하는 방법을 소개하고자 합니다. 본인의 목적이나 학습 성향에 맞춰 아래에 나와 있는 방법 중 몇 가지를 선택해 전공 관련 시사 및 개념을 공부하도록 하겠습니다.

분류	설명
책	지원 학과 교수님이 집필한 책이나 전공의 개론 도서(예) 심리학과: 심리학개론/경영학과: 경영학개론), 전공을 쉽게 소개하는 책, 전공 분야에 대한 고전(예) 경제학과: 국부론, 자본론 / 철학과: 소크라테스의 변론)을 읽습니다. 전공 개론 도서와 전공 교수님이 집필한 책은 보통 내용이 어려우므로 완벽하게 이해한다는 생각은 버리고 가볍게 읽으면서 책의 내용과 고등학교 교과목에서 배웠던 개념이 어떻게 연결되는지 고민해보는 정도면 충분합니다. 어떤 책을 읽어야 할지 모르겠다면, 전공 선배들의 블로그나 수험생 포털 사이트에서 전공 관련 도서를 검색하여 비전공자를 위해 전공을 쉽게 소개하는 책을 찾을 수 있을 것입니다. 비전공자를 위해 전공을 쉽게 소개하는 책의 예시로는 산업공학과의 경우 『스마트 세상을 여는 산업공학(대한산업공학회)』이라는 책을 들 수 있습니다. 이 책은 산업공학과는 어떤 학문을 배우고 이러한 학문이 어떻게 활용될 수 있는지를 알려줍니다. 이처럼 다른 전공들도 전공을 소개하는 책들이 있을 것입니다. 책은 다른 매체에 비해 전문성이 높기 때문에 신뢰도가 높습니다. 따라서 책을 통해 전공 관련 시사·개념을 공부한다면 많은 도움이 될 것입니다.
웹 사이트	포털 사이트에 지원하는 학과명이나 전공 관련 키워드를 검색하면, 전공과 관련된 다양한 정보를 담은 웹 사이트들을 접할 수 있습니다. 선배들이 작성한 전공 관련 블로그나 학과 홈페이지 등에서 전공과 관련된 정보들을 찾을 수 있습니다. 특히 자신이 관심 있는 분야에 대해서는 연관된 링크를 타고 이동하면서 쉽게 정보를 확장할 수 있습니다. 유스쿨의 합격자들은 보통 논문을 검색할 때 'RISS'나 'DBpia' 사이트를 활용했고, 전자공학과 멘토는 '삼성반도체이야기', 국어국문학과 멘토는 '국립국어원 표준국어대사전'을 주로 활용했다고 답했습니다.

영상 자료	유튜브에 전공명을 검색하면 전공수업이나 전공과 관련된 시사 동영상을 볼 수 있습니다. 동영상의 내용을 모두 이해하려고 하기보다는 자신이 관심 있는 분야의 전체적인 흐름을 파악하는 것이 좋습니다. 최근에는 유튜버로의 진입장벽이 낮아지면서 관련 전문가들의 지식을 공유하는 영상이 많이 올라오고 있습니다. 유튜브는 다른 매체에 비해 쉽고 재밌게 정보를 전달하기 때문에 흥미롭게 볼 수 있습니다. 마지막으로 대학생이 만든 전공 소개 동영상이나 실무자들의 전공 관련 진로 소개 동영상을 통해 전공에 대한 직접적인 정보를 얻을 수도 있습니다. 예를 들어 심리학과 멘토는 TED를 주로 활용했고, 러시아어문학과 멘토는 '플라톤아카데미' 채널을 많이 참고했다고 말했습니다.
	전공과 관련된 인터넷강의를 듣는 것도 전공 관련 지식을 공부하는 데 도움이 됩니다. 가장 대표적인 인터넷강의 사이트로는 'K-MOOC'과 'KOCW'가 있습니다. K-MOOC은 온라인 공개강좌 서비스로 우수한 고등교육 콘텐츠를 제공하는 사이트입니다. 비전공자도 쉽게 이해할 수 있을 만한 수준의 강좌가 많아서 전공에 대한 지식을 부담 없이 배울 수 있습니다. KOCW는 국내 · 외 대학 및 기관에서 자발적으로 공개한 강의 영상과 강의자료를 무료로 제공하는 서비스입니다. 대학생이나 교수는 물론 배움을 필요로 하는 사람은 누구든지 언제 어디서나 이용 가능합니다. KOCW는 실제 해당 대학에서 수업하는 것을 찍어 올린 동영상이 주를 이루기 때문에 지원하고자 하는 학교 · 전공 수업이 어떻게 진행되는지 미리 파악할 수 있습니다. 유스쿨 설문 결과, 심리학과 멘토는 KOCW에서 박준성 교수님의 '발달 심리학', 산업공학과 멘토는 K-MOOC에서 송현오 교수님의 '머신러닝', 소프트웨어융합학과 멘토는 신경식 교수님의 '빅데이터의 세계, 원리와 응용' 강의를 수강했다고 답했습니다.

🖉 전공별로 적용할 수 있는 방법들을 알아본다

다음 표는 합격자들이 실제로 전공 관련 시사 · 개념을 어떻게 공부했는지 설문 조사한 내용을 바탕으로 정리한 것입니다. 합격자들이 고등학교 재학 중 대입을 위해 공부했던 방법이므로 여러분들에게도 큰 도움이 될 것입니다.

만약 여러분이 당장 전공에 관한 공부를 어떻게 시작해야 할지 모르겠다면, 다음 표에서 참고자료의 전공별 예시를 활용하여 학습해보고 이 과정에서 추가로 발생하는 궁금증이나 관심사는 확장하여 탐구할 수도 있습니다.

하지만 제시된 전공별 참고자료는 합격자들이 관심을 가지고 공부했던 대표적인 사례일 뿐 필수로 공부해야 하는 것은 아닙니다. 평소 자신이 관심과 호기심을 가지고 있던 분야에 대한 탐구를 여러 매체를 활용하여 꾸준히 이어가는 것이 자신에게 가장 잘 맞는 방법입니다.

학과	참고자료
산업경영공학과	공학의 마에스트로 산업공학(대한산업공학회) 산업공학에서 어떤 분야를 배울 수 있는지 알 수 있습니다.
러시아어문학과	붉은광장의 아이스링크(김현택) 러시아의 문화와 정치에 대한 지식을 얻을 수 있습니다.
경제학과	죽은 경제학자의 살아있는 아이디어(토드 부크홀츠) 근본적인 경제학에 대한 지식을 얻을 수 있습니다.
농경제사회학과	농업의 대반격(김재수) 농업에 대한 이해를 얻을 수 있습니다.
국제 물류학과	외교 상상력:지나간 백년 다가올 미래(김정섭), 똑똑한 사람들의 멍청한 선택(리처드 탈러) 한국의 무역이 앞으로 어떻게 변해야 할지 생각해 볼 수 있습니다.
심리학과	심리학 교과서(김계현), 청소년을 위한 정신의학 에세이(하지현), 저는 심리학이 처음인데요(강현식) 고등학생 수준에서 이해할 수 있는 심리학과 정신 의학의 기본적인 이론을 알 수 있습니다.
동물생명공학과	생물과 무생물 사이(후쿠오카 신이치) 생물의 정의, 생물 관련 용어들, 생물 관련 인물들을 알 수 있습니다.
식품공학과	노화 수정 클리닉(유형준) 노화에 대한 관심을 가지고 읽은 책으로 노인성 질병의 종류와 증상에 대해 알 수 있습니다.
생명과학부	크리스퍼가 온다(제니퍼 다우드나, 새뮤얼 스턴버그) 생명과학부의 블루오션 크리스퍼 유전자가위에 대해 알아보기 위해 읽은 책으로 크리스퍼 기술의 전문적인 지식을 얻을 수 있습니다.

한국사학과	**역사란 무엇인가(에드워드 카), 백제 사찰건축의 조형과 기술(이왕기), 백제 지역의 고대산성(차용걸)** 역사에서의 도덕, 연화문 수막새, 포곡식 산성 등 전공에 관련된 주제를 고민할 수 있습니다.
의류학과	**패션섬유소재(김병희, 심미숙)** 섬유 화학 지식의 폭을 넓히기 위해서 읽은 책으로 소재가 옷의 기능성 뿐만 아니라 디자인적인 측면에도 큰 영향을 미침을 알 수 있고, 각 소재의 특성들에 대한 정보를 얻을 수 있습니다.
전자공학과	**패러데이와 맥스웰(낸시 포브스)** 전자기학 시대를 연 두 과학자에 관한 책이기 때문에 전자공학의 기원에 대해 생각해 볼 수 있습니다.
언론정보학과	**공연예술의 이해(김중효)** 공연과 언론에 관련된 책으로 공연이 가진 특징에 대해 알 수 있습니다.
국제물류학과	**강한 기업의 조건 SCM(고창범)** 물류에 대한 구체적인 기업의 전략과 전반적인 물류 시스템의 흐름에 대해 배울 수 있습니다.
국제학과	**대국의 속살(정혁훈), 이만큼 가까운 중국(이욱연), 나는 중국이 매일 낯설다(이상관)** 중국의 역사부터 문화, 정치 등의 내용을 다루는 책으로 중국 관련 시사의 배경을 알 수 있습니다.
미디어커뮤니케이션학부	**세상을 바꾼 미디어(김경화)** 미디어의 동향을 파악할 수 있습니다.
신소재공학과	**드론공학개론(윤용현)** 드론의 구조나 비행기의 구조, 비행기가 뜨는 원리 등을 학습할 수 있습니다.
건축공학과	**건축, 음악처럼 듣고 미술처럼 보다(서현)** 건축공학과 건축학의 명확한 차이를 이해하기 위해 읽은 책으로 그림과 사례를 통하여 건축학에 대해 이해할 수 있습니다.
국어국문학과	**문학의 거울과 저울(김종회)** 모방, 반영, 수용미학에 대한 평론가의 생각을 거울과 저울에 빗대어 표현한 것이 인상 깊은 책으로 평론에 대한 전문적인 지식을 얻을 수 있습니다.

소프트웨어 융합학과	**빅데이터 승리의 과학(고한석)** 빅데이터 관련 지식을 쌓을 수 있는 책으로 사례 중심의 책이라 빅데이터 관련 시사를 숙지하는 데도 도움이 될 수 있습니다.
도시공학과	**어디서 살 것인가(유현준)** 인문학적인 관점으로 도시를 이해할 수 있습니다.
글로벌테크노 경영학과	**기업의 인간적 측면(더글러스 맥그리거)** 맥그리거의 이론을 바탕으로 기업 운영과 조직 행동론까지 폭넓게 이해할 수 있습니다.
산업심리학과	**산업 및 조직심리학(Paul M. Muchinsky, Satoris S. Culbertson)** 산업심리학의 관련 시사·개념을 알 수 있습니다
멀티미디어공학과	**WHY? 소프트웨어와 코딩(조영선)** 멀티미디어공학의 전반적인 용어들에 대해서 알 수 있습니다.
언론정보학과	**뉴스의 시대(알랭드 보통)** 생산자와 수용자의 문제점을 알 수 있습니다.
영어영문학과	**오만과 편견(제인 오스틴), 동물 농장(조지 오웰), 허클베리 핀의 모험(마크 트웨인)** 영문학의 대표적인 책입니다.
초등교육과	**논증으로 합격하라! 교대 심층 면접(창의적열정 교육연구소)** 면접 때 어떠한 논리체계를 이용해 대답하는 것이 좋은지, 어떠한 방식으로 자신의 인성을 보여주어야 하는지에 대한 내용이 담겨있습니다. 그리고 교육 관련 시사에 대한 찬반 의견과 반박, 해결방안까지 모두 제시되어 있어 교육 시사 질문에 대비할 수 있습니다.
서어서문학과	**라틴아메리카 문화사(Pedro Henriquez Urena)** 라틴아메리카에 대해 포괄적이고 전문적인 지식을 얻을 수 있습니다.

전공과 관련 있는
시사·개념의 준비 정도를 점검한다

Why

지금까지 전공 관련 시사·개념을 실제 면접에서 어떻게 질문받고 활용하는지, 그리고 이를 어떻게 대비할 수 있는지 알아보았습니다. 하지만 전공 관련 시사·개념은 그 범위가 매우 넓어서 과연 자신이 충분히 공부했는지 가늠하기 어렵습니다. 그래서 과연 본인이 제대로 충분히 공부한 것이 맞는지 점검해볼 필요성이 있습니다.

How
익힘책 면접 11번 참조

✏️ 체크리스트를 통해 준비 정도를 파악한다

다음은 합격자들의 설문 조사결과를 바탕으로 작성한 체크리스트입니다. 하나하나 점검해가며 자신이 전공 관련 시사·개념을 어느 정도 준비했는지 확인하도록 합니다.

이 체크리스트는 합격자들이 면접 전에 전공 관련 시사·개념을 어느 정도 준비했는지 조사한 결과의 교집합들을 작성했기 때문에 하나라도 해당하지 않는다면 준비 상태가 미흡하다고 볼 수 있습니다. 이 점을 유념하고 〈익힘책 면접 11번〉의

면접 What 4

체크리스트를 작성합니다.

✱ 전공과 관련 있는 시사 • 개념 체크리스트

- 전공 관련 고등교과목의 개념을 숙지하고 있다

  Yes □ / NO □

- 지원 전공에 대해 망설임 없이 설명할 수 있다.

  Yes □ / NO □

- 자신이 생각하는 지원 전공의 학문적 가치를 말로 설명할 수 있다.

  Yes □ / NO □

- 전공 관련 최근 뉴스 기사를 3가지 이상 알고 있다.

  Yes □ / NO □

- 전공 관련 이슈나 논쟁을 2가지 이상 알고, 이에 대한 나의 생각을 정리했다.

  Yes □ / NO □

- 지원 전공, 그중에서도 진로와 직접적으로 연관되는 분야에서 대표적으로 사용되는 용어를 설명할 수 있다.

  Yes □ / NO □

공식적인 자료를 바탕으로 면접 직전 준비사항을 숙지한다

Why

면접을 처음 준비할 때는 많은 어려움이 있습니다. 좋은 대답을 해야 한다는 부담 때문에 난관에 봉착하는 일도 많이 발생합니다.

이번 Step 04에서는 대학 입학처에서 발표한 공식적인 자료를 살펴보면서 대학에서 제시하는 올바른 면접 준비 방법을 알아보겠습니다. 이러한 자료를 참고한다면 대학에서 원하는 바람직한 면접 태도를 학습하고, 더욱 효율적으로 면접을 준비할 수 있을 것입니다.

How

✏️ 대학에서 발표한 면접 관련 자료를 살펴본다

서울 주요 대학 공식 자료에서 공통으로 언급하는 면접의 핵심 원칙

① 자기소개서와 생활기록부의 내용을 꼼꼼하게 숙지하기
② 진로에 대한 자신의 생각 정리해 보기
③ 질문의 핵심을 위주로 명확한 답변하기
④ 바른 자세와 자신감 있는 태도 보이기
⑤ 면접 전 상호 피드백을 통해 스스로를 점검하기

면접 What 4

면접이란 서류상의 역량을 재평가하고 서류(자기소개서, 생활기록부)에서 보이지 않았던 지원자의 장단점을 찾는 과정입니다. 그래서 서류에서 작성했던 자신의 역량에 대한 질문들을 받을 가능성이 큽니다. 이러한 질문에 잘 답변하기 위해서는 자기소개서와 생활기록부의 내용을 정확하게 숙지하고 있어야 합니다.

그리고 면접은 전공에 대한 열정과 관심이 있는 학생을 찾는 자리이기 때문에 전공과 진로에 대해 자신만의 뚜렷한 생각과 가치관이 있어야 합니다. 단순히 말을 잘하는 사람을 뽑기 위한 과정이 아니라 지원자가 어떤 생각을 하는지 확인하는 자리이므로 장황하게 이야기를 포장하기보다는 질문의 핵심을 위주로 명확한 답변을 하는 것이 중요합니다.

바른 자세와 자신감 있는 태도는 답변에 대한 신뢰성을 높이고 좋은 인상을 주기 때문에 필수적으로 갖춰야 합니다. 그리고 많은 대학 입학처에서 자신의 단점을 찾고 보완하기 위해서는 친구들, 선생님과 면접을 연습한 후 상호 피드백을 하는 것이 효과적이라고 이야기했습니다. 반복적인 상호 피드백을 통해 실제 면접에서의 실수를 줄일 수 있기 때문입니다.

위의 다섯 가지 사항들을 유의하면서 효율적으로 면접을 준비한다면 성공적으로 면접을 마칠 수 있을 것입니다.

학교	공식 자료
서울 대학교	서류기반 면접에서는 학생들이 고등학교 생활 동안 경험했던 내용을 바탕으로 면접이 진행됩니다. 제출한 서류를 바탕으로 학생의 경험을 확인하고 기본적인 학업 소양을 평가하기 위한 면접이므로 면접을 위한 별도의 준비가 필요하지 않습니다. 단지 답변하는 기술과 태도를 측정하는 면접이 아니므로 말투나 태도를 단기간 연습하기보다는 평소에 학교생활을 충실히 하여 깊고 다양한 경험을 쌓는 것이 더 중요합니다. 생활기록부나 자기소개서에 담겨있는 본인의 경험을 되돌아보고 어떤 의미가 있었는지 되짚어 생각하는 것이 가장 좋은 면접 대비 방법일 것입니다.[1] 면접은 10분 내외로 면접관 앞에서 본인의 생각을 이야기해야 하므로 평소 학교에서 토론이나 발표

	시간에 자신의 생각을 조리 있게 이야기하는 경험을 하는 것이 도움이 됩니다.③ 마지막으로 부모님이나 선생님 앞에서 본인의 경험을 이야기하는 연습도 면접 당일 지원자의 부담을 줄이는 방법입니다.⑤ [2019 서울대학교 학생부 종합전형 안내]
고려 대학교	고려대학교는 면접을 통해 지원자의 우수성을 종합적으로 평가합니다. 고려대학교에서 수학할 수 있는 기본적인 역량을 갖추었는지가 평가의 주안점입니다. 단순히 주어진 문항에 대한 학생의 답변에만 평가의 초점이 있는 것은 아니며 면접에 임하는 태도와 자세,④ 의사소통능력, 논리적 사고력 등을 종합적으로 평가합니다. 따라서 서류를 통해 보지 못했던 학생의 모습을 판단해 볼 수 있는 중요한 과정이라고 할 수 있습니다. 고려대학교 면접은 크게 일반면접과 심층면접으로 나눕니다. 일반면접은 별도의 제시문 없이 인성 위주의 면접이 이루어지지만, 심층면접은 제시문과 문항이 주어지고 이를 통해 학생의 논리적 사고력과 창의성 등을 평가하기 위한 면접 방식을 취하고 있습니다. 일반면접은 면접 문항이 입실 전에 제공되지 않고 입실 후 바로 질의·응답을 통해 이루어지며 지원자가 본교 인재상에 부합하는 기본역량을 갖추고 있는지 확인합니다. 이를 위해 학생의 평소 가치관과 사회 속에서 타인과의 관계 등을 물어볼 수 있습니다. 예를 들어 '행복이란 무엇이라고 생각하는가?', '친구를 사귀는 기준은 무엇인가?'와 같은 질문이 주어지면 지원자는 질문을 듣고 자신의 생각을 정리하여 답변하면 됩니다. 면접을 의식하여 자신을 과도하게 꾸미려고 하기보다는 솔직하게 평소의 생각이나 자신의 행동, 경험담 등을 얘기하는 것이 좋습니다. 자기 스스로 평가자의 입장이라 생각하고 학교생활기록부와 자기소개서를 보면서 명확하게 설명이 되지 않은 부분이나 자기에게 불리한 부분 등 질문이 나올 만한 사항을 미리 정리하여 이에 대한 답변을 준비하는 것이 필요합니다. 심층면접은 고사실 입실 전에 제시문과 면접 문항을 보고 답변을 준비할 시간이 제공됩니다. 제시문의 문항을 중심으로 면접이 이루어지며 제시문과 관련된 추가적인 질의가 이루어지기도 합니다. 지원 계열 및 전형에 부합하는 문항을 통해 지원자가 얼마나 논리적으로 답변을 구성하고 해당 지원 계열에 알맞은 학업역량을 준비해왔는가를 확인하게 됩니다. 고등학교 교육과정 내에서 충실히 공부했다면 큰 어려움 없이 이해할 수 있는 수준에서 출제가 이루어집니다. 면접 문제지를 받으면 문항에서 묻고자 하는 것이 무엇인지 정확하게 파악하고 논리적 일관성을 바탕으로 답변하면 됩니다.③ [고려대학교 학생부 종합전형 안내서]

연세 대학교	면접은 서류에 드러나지 않는 지원자의 논리적 사고력, 창의적 사고력 등을 확인하기 위한 과정입니다. 면접관과 지원자 간의 질의·응답을 통해 지원자의 가치관, 태도,[④] 지원동기, 지식수준, 품성 등을 평가합니다. 연세대학교의 면접평가는 크게 두 가지 형식으로써 제시문 기반 면접과 활동 기반 면접으로 구분됩니다. 제시문 기반 면접은 주어진 제시문(도표, 그래프 포함 가능)을 이해하고, 이에 대한 자신의 생각이나 경험을 논리적으로 답변하는 과정에서 지원자의 논리적 사고력을 확인하는 면접입니다.[③] 활동 기반 면접은 학교 활동을 바탕으로 다양한 질문을 통해 전공 적합성, 인성, 창의적 사고력 등을 확인하기 위한 평가입니다.[①] 학생부 종합전형에 지원하는 학생은 먼저 자신의 지원 전공에 대한 탐색을 바탕으로 자신의 삶에 대한 고민을 해보는 것이 좋습니다. 인생관 또는 삶의 목표를 고민하다 보면 주관이 뚜렷하게 형성되고 어떤 면접 질문에도 의연하게 대처할 수 있기 때문입니다.[②] 아울러 평소에 학교나 가정에서 자신의 의견을 말할 수 있는 환경과 기회를 만들어 교사, 친구, 가족으로부터 적절한 피드백을 받는 과정에서 자연스럽게 면접 준비가 이루어지고, 지원자는 자신감을 가질 수 있을 것입니다.[⑤] [2018 연세대학교 학생부 종합전형 안내서]
경희 대학교	경희대학교의 면접평가는 서류상의 역량을 재확인하는 데 가장 큰 비중을 둡니다.[①] 서류확인 면접은 1단계 서류평가에서 평가자가 지원자의 강점과 자질로 인정한 점, 서류의 진위 등을 재확인합니다. 예컨대 리더십이 탁월한 학생은 리더십 활동의 의미, 독서활동이 풍부한 학생은 독서기록에 대한 확인, 전공 적합성이 우수한 학생은 지원 학과와 관련된 활동의 의미를 면접을 통해 확인합니다. 이때 학생이 제출한 서류와 면접에서의 답변이 일치하지 않는다면 서류의 진위를 의심할 수밖에 없습니다.[①] 따라서 면접 전 제출 서류의 기록 내용을 꼼꼼히 확인하고 서류와 일치하는 답변을 할 수 있도록 연습해야 합니다.[①] **1. 서류와 답변은 일치해야 합니다!**[①] 면접에서는 서류상의 역량을 재확인하는 과정을 거칩니다. 따라서 서류에서 제시한 다양한 활동의 의미를 정확히 이해해 면접관의 질문에 서류와 일치하는 답변을 해야 합니다. **2. 당신의 스타일을 보여줍니다!**[⑤] 지원자의 스타일을 당당히 드러냅니다. 외향적인 지원자는 밝고 힘찬 말투와 표정으로 진취적인 인상을 드러내고, 내성적인 지원자는 차분함으로 사려 깊고 진중한 면을 드러낼 수 있습니다. 물론 스타일과 무관하게 자신의 생각을 충분한 논거에 따라

논리적으로 표현하는 것이 가장 중요합니다.

3. 이야기는 키워드 중심으로 정리합니다!

제출한 서류의 내용을 외워서 대답하다가 갑자기 막히면 당황하게 됩니다. 면접을 준비하면서 무조건 외우지 말고, 키워드를 중심으로 면접에서 할 이야기를 정리해두면 면접관 앞에서도 자연스럽게 답변할 수 있습니다.

4. 명확히 답하는 훈련을 충분히 합니다![3]

면접에서는 면접관이 묻는 말에 명확히 답하는 게 중요합니다. 하지만 면접 시간이 길지 않다는 사실에 주의해야 하고, 1분 이내로 짧게 핵심을 말하는 연습을 하는 것이 좋습니다. 두괄식 답변도 하나의 방법이 될 수 있습니다. 그렇다고 면접관의 질문에 '예, 아니요'처럼 단답형으로 대답하는 것은 좋지 않으므로 구체적인 사례를 들어 답하는 것이 좋습니다.

5. 좋은 태도가 좋은 인상을 남깁니다![4]

많은 사람이 태도가 바르고 긍정적인 학생을 좋아합니다. 면접관 역시 마찬가지입니다. 면접을 준비하면서 당연한 이 사실을 다시 기억합니다. 면접 중 질문을 알아듣지 못하였을 때는 "죄송하지만, 다시 말씀해주시면 감사하겠습니다"라고 정중히 부탁해도 괜찮습니다.

[Lion vol.35 2020학년도 학생부 종합전형 가이드북]

한국 외국어 대학교	대학이 면접을 통해 파악하고자 하는 것은 학생들의 기본적인 의사소통능력과 논리적 사고력입니다. 표현력이 부족하더라도, 본인이 전하고자 하는 내용의 핵심이 들어있다면 좋은 평가를 받을 수 있습니다. 대학은 말 잘하는 학생을 뽑기 위해, 또는 표현력이 좋은 학생을 뽑기 위해 면접을 보는 것이 아닙니다. 즉 말을 잘한다고 해서 면접에서 좋은 점수를 얻는 것이 절대 아닙니다. 면접에서는 유창한 말솜씨보다는 질문의 요지를 잘 파악하고 질문의 핵심 내용을 성실하게 답하는 것이 좋은 결과를 얻는 지름길이라는 것을 잊지 말아야 합니다.[3] 그리고 서류의 진위성 여부 확인도 면접의 주요 기능입니다. 지원자는 서류에서 제시한 다양한 활동의 의미를 정확히 이해하고 면접관의 질문에 서류와 일치하는 답변을 해야 합니다.[1] 그리고 면접관들이 예상치 못한 질문을 하더라도 당황하지 말고 끝까지 진솔하게 임하는 성실한 태도를 보인다면 면접을 성공적으로 마칠 수 있다는 것을 잊지 마시기 바랍니다.[4] *['2018년 고교교육 기여대학 지원사업' 학생부 종합전형 101가지 이야기]*

서울 시립 대학교	**1. 특별히 유의해야 할 것이 있을까요?** 2019학년도부터 블라인드면접으로 진행됩니다. 성명, 수험번호, 출신고교 등 신상정보가 평가에 영향을 미치지 않도록 블라인드 처리되며, 지원자도 해당 정보를 언급할 수 없습니다. 답변하는 과정에서 실수로 성명, 수험번호, 출신고교를 밝히지 않도록, 꼭 주의해야 합니다. 그리고 출신고교를 유추할 수 있는 교복 착용도 금지됩니다. 꼭 유념해주시기 바랍니다. **2. 면접에는 무엇을 입고 가야 하나요?** 면접에 정장을 차려입을 필요는 없습니다. 깔끔하고 수수한 '학생다운' 복장이라면 뭐든지 괜찮습니다. 다만 너무 화려하거나 노출이 많은 복장은 지양해주시기 바랍니다. 평소에 단정하게 입는 복장이면 아무 문제 없습니다. <div align="right">[UOS 학생부 종합전형 가이드북]</div>

Step 05

유스쿨 멘토/파트너들의
면접수기와 FAQ를 바탕으로
면접 준비에 도움이 되는 정보를 숙지한다

Why

지금까지 면접에 대한 대학 입학처의 공식적인 언급을 살펴봤습니다. 지금부터는 우리와 비슷한 상황을 겪은 실제 합격자들은 어떠한 태도로 면접을 준비했고, 합격자에게 도움이 되었던 방법은 무엇이었는지 알아보겠습니다.

이번 Step 05를 통해 실제 면접을 준비하면서 지원자들이 느끼는 의문점들을 해결할 수 있을 것입니다. 그리고 유스쿨 멘토/파트너들의 실제 경험을 토대로 한 면접수기를 통해 면접 현장의 분위기를 미리 느끼고 필요한 준비사항을 인지할 수 있습니다.

How

🖋 합격자 선배들의 조언을 살펴본다

합격자들이 작성한 면접수기를 토대로 면접 전에 숙지해두면 좋은 내용을 정리했습니다. 합격자들의 면접 준비과정과 합격자들이 면접장에서 느낀 것들을 살펴본다면 면접에 대한 두려움을 줄일 수 있을 것입니다. 그리고 선배들이 전하는 면접을 위한 '꿀팁'을 전달받아 더욱 효과적으로 면접을 준비합시다.

면접 What 4

1) 면접수기

서울대학교 농경제사회학부 최승현 멘토의 수기

조언	면접 때 교수님이 상반된 주장을 펼치면, 그것을 수용하고 두 가지 주장 모두 아우를 수 있는 답변을 한다.

면접수기

면접을 준비할 때 생활기록부의 내용을 잘 숙지하고 전공 관련 시사 · 개념들을 갖추는 것은 무척 중요합니다. 하지만 그에 못지않게 중요한 것이 바로 면접에서의 수용적 자세입니다. 면접에서는 단순히 지원자에 대해 물어볼 때도 있지만, 지원자의 생각과 가치관이 어떠한지 정확히 알기 위해 교수님이 지원자가 내놓은 의견과 다른 의견을 내놓을 수 있습니다. 이럴 땐 자신의 생각만을 고집하지 말고 교수님의 의견이 타당하다고 생각된다면 수용할 줄 아는 자세를 갖는 것이 중요합니다.

저는 수학 문제를 푸는 면접, 제시문을 활용해 의견을 내놓는 면접, 일반적인 생활기록부 기반 면접 등을 모두 겪어보았습니다. 유니스트 경영계열 면접에서 수학 문제를 풀었을 때는 한 문제를 틀렸습니다. 조금 더 생각해보고 당장에 풀 수 없을 것 같아서 당당하게 힌트를 요구했습니다. "조금만 도움을 주신다면 쉽게 풀 수 있을 것 같습니다."라고 말이죠. 교수님들은 이런 요구에 절대 불쾌해하지 않습니다. 왜냐하면 이 학교에 진학하고 나서도 저희를 가르쳐 주실 분들이기 때문입니다. 면접 과정 또한 하나의 배움의 과정이라 여기고 가르침을 주실 수도 있고, 그것을 저희가 받을 수도 있는 것입니다.

제시문 면접 과정에서는 교수님께서 지원자의 의견과 다른 의견을 내놓거나, 힌트를 주면서 더 발전된 의견을 요구하는 경우가 많습니다. 특히 교수님께서 상반된 의견을 내놓으실 때는 이것을 배척하려고 하면 안 됩니다. 설령 교수님의 의견을 이해하는데 시간이 좀 걸릴지라도 잠깐의 시간을 요구한 뒤 교수님의 의견이 타당한지 먼저 판단해야 합니다. 확실히 타당하다고 판단된다면, 교수님의 의견을 통해서 자신의 의견을 발전시켜내야 합니다. 교수님들은 단순히 시비를 걸기 위해 여러분들과 반대되는 의견을 내놓으시는 것이 아닙니다. 학생이 이 과정을 통해서 발전할 수 있는 잠재력이 있는지를 판단하시는 것입니다.

한 가지 예로 연세대학교 경제학과 제시문 기반 면접에서 저는 개발에 소외된 지역의 저출산 문제를 해결할 방법을 도출해야 했습니다. 제가 답변 준비 시간에 도출해낸 어린이집 확충 등의 의견을 말씀드렸더니 조금 더 사전적인 문제 해결 방법이 필요하다고 하셨습니다.

그러면서 교수님께선 "어린이집은 사후적인 방법일 뿐입니다. 어린이집을 무한대로 증설한다고 출산율도 무한대로 상승하지는 않습니다." 라는 말씀을 하셨습니다. 이를 통해 근본적으로 출산율을 늘리는 방법을 생각하기 시작했고, 출산에서 선행되는 가정환경 문제를 해결하는 유연근로제나 신혼 가정 전용주택 보급 등의 해결 방법을 도출해낼 수 있었습니다.

Case 2

중앙대학교 심리학과 김지민 파트너의 수기

조언	지원 학과의 교수님들을 모두 파악해 놓아야 한다.
면접수기	

면접 후반부에 "대학에 입학한 후 심리학과에서 무엇을 배우고 싶나요?"라는 질문을 받았습니다. 자기소개서 준비과정에서부터 학과 홈페이지에서 교수님들의 최근 연구 논문, 관심 주제, 심지어 얼굴까지 파악해 두었던 저는 당시 면접관이셨던 교수님의 전공 분야에 맞춰 답변의 방향을 수정하고 덧붙였습니다. 그뿐만 아니라 해당 학교에서는 심리학과가 '사회과학계열'에 소속되어 있는 것을 알고 있었기 때문에 학문적 가치에 대한 질문에도 심리학의 사회적, 과학적 측면을 강조해 답변할 수 있었습니다.

Case 3

중앙대학교 심리학과 김하루 파트너의 수기

조언	'질문'이 정확히 무엇이었는지를 잘 생각하면서 답변해야 한다.
면접수기	

면접을 볼 때 가장 중요한 것은 무엇일까요? 자신감 있게 대답하는 것, 내용을 잘 정리해서 말하는 것 등이 있겠지만 가장 기본이 되는 것은 '자신이 받은 질문이 무엇인지'를 잘 생각하면서 대답하는 것입니다. 아무리 잘 대답하더라도 질문과 상관없는 답변이면 그 질문에 대해서는 0점을 받게 되니까요.

저는 2학년 때 프로파간다(선동)에 대한 독서 PT 활동을 한 적이 있습니다. 이에 대해서 면접 때 "선동, 즉 군중심리는 나치 시절 독일 국민과 같이 안 좋은 방향으로만 흐를까요?"라는 질문을 받았습니다. 그때 저는 한 번도 생각해보지 못한 질문이어서 무척 당황했습니다. 군중심리와 관련한 부정적인 예시들만 알고 있었기 때문입니다. 그래서 답변을 해야 한다는 강박 때문에 무턱대고 말을 했다가 군중심리가 나쁜 방향으로 흐르는 경우가 많은 이유를 설명했습니다. 그러다 답변이 끝날 무렵에 적절한 예시가 생각나서 다행히 마지막에 덧붙여 말했지만 아마 교수님께서 원하셨던 답변은 마지막에 제가 덧붙여 말했던 내용에 대한 답변일 것입니다.

내가 무슨 질문을 받았는지 집중하는 것은 매우 중요합니다. 그리고 내가 할 답변이 그에 적절한 것인지 고려하는 것도 중요합니다. 면접 현장에서 이성적으로 그걸 생각하기는 쉽지 않지만, 만약 당황스러운 질문을 받거나 잘 모르는 질문을 받았을 때, 답변이 다 정리되지 않았다면 차라리 바로 대답하지 말고 "잠시 생각할 시간을 주실 수 있나요?"라고 여쭤보는 것이 훨씬 낫습니다. 바로 대답하느라 답변이 중구난방이 되거나 산으로 가는 것보다 침착하게 시간을 가지고 답변하는 편이 훨씬 깔끔하기 때문입니다.

Case 4

서울대학교 의류학과 고해인 멘토의 수기

조언	면접을 평가받는 자리라는 생각보다 내 관심 분야에 대해 견문을 넓히고 무언가를 배워가는 자리라고 생각하세요.

면접수기

먼저 말씀드리고 싶은 것은 면접을 준비하기 전에 같은 전형의 면접 후기를 찾아보라는 것입니다. 저의 경우에는 서류평가에서 거의 합·불이 정해져서 면접은 거의 형식적인 단계에 그쳤습니다. 저는 이 정보를 사전에 알고 있었기 때문에 면접 때 긴장도 덜 했고 여유롭고 자신 있는 자세로 면접에 임할 수 있었습니다.

두 번째로 말씀드리고 싶은 것은 제출한 서류를 철저히 파악하여 나올 수 있는 질문들에 대해 제대로 대비하고 있어야 한다는 것입니다. 이때 질문의 범위는 학교생활이나 전공 관련 개념으로만 한정하지 말고, 전공과 직접 관련이 없는 이슈에 대해서도 연결고리를 찾는 것을 추천합니다. 저의 경우에는 학교생활이나 전공(의류학)과 관련 없는 여성인권에 대한 질문을 받아 당황했었던 기억이 있습니다.

마지막으로 말씀드리고 싶은 것은 교수님들은 면접자들에게 전공자 수준의 대단한 기대를 하지 않는다는 것입니다. '평가'를 받는다는 생각에 압도되어 과도하게 긴장을 하는 경우가 많습니다. 물론 면접은 평가의 과정이긴 하지만, 면접관들도 학생들이 고등학교 수준에서 가질 수 있는 경험의 수준이나 지식의 깊이를 알고 있으므로 "이런 것도 모르나?"라는 생각을 하지 않습니다. 그저 제출한 서류를 뒷받침할 수 있는 수준, 전공에 대한 관심을 보여줄 수 있는 수준 정도면 충분합니다.

Case 5

중앙대학교 국제물류학과 조성민 파트너의 수기

조언	면접은 자기 자신을 어필하는 무대이기 때문에 최대한 자기 자신의 장점이나 강점을 직접 드러내라.

면접수기

면접은 대학이 학생에 대해 더 자세히 알고 싶어서 하는 것입니다. 즉 면접은 학생들을 왜 뽑아야 하고, 그들이 가진 가능성과 잠재력이 무엇인지 평가하는 무대입니다. 그래서 제한 시간 내에 우리가 고등학교 3년 동안 했었던 활동들에 대한 점검 및 개별 질문에 대한 자신의 의견을 명확히 말하는 것이 중요합니다. 그런데 이 과정에서 소극적이거나 예의가 바른 학생들은 자신을 깎아내리거나 자신의 강점을 돌려 말하는 경우가 있습니다. 짧은 시간이기 때문에 이런 것에 너무 신경을 쓰다 보면 정작 해야 할 말을 못 하는 경우가 많습니다. 그래서 최대한 자신의 장점이나 강점을 직접 드러내야 합니다.

저 같은 경우 중앙대학교 탐구형인재전형 면접에서 "친구들이나 선생님이 본인을 어떻게 생각한다고 여기십니까?" 하는 질문에 당당히 "저는 매사에 모든 일에 최선을 다하여 친구들의 모범이 된다고 생각합니다. 수상 경력에서도 알 수 있듯이 저는 많은 대회에 참여하여 성실성을 보여주었고 수업시간에도 졸지 않고 집중하는 등 친구들이 저의 이러한 모습을 본받고 싶어 했습니다."라는 다소 뻔뻔하지만 그만큼 자기애가 강하다는 것과 자신에게 확신이 있다는 것을 보여주었습니다.

여러분들도 면접을 준비하면서 스스로가 얼마나 가치 있는 존재인지 생각해보면서 스스로가 제일 잘났다는 마음으로 자신 있게 면접에 임하시길 바랍니다.

Case 6

한국외국어대학교 영어통번역학과 정은정 파트너의 수기

조언	면접 대비를 200% 이상으로 준비해야 실제 면접에서 제대로 실력 발휘할 가능성이 커진다고 생각합니다.

면접수기

면접의 분위기상 아무리 교수님들이 분위기를 풀어주려고 해도 입이 타는 것처럼 긴장되기 마련입니다. 저의 경우는 교수님께서 정말 편하게 대해주셨음에도 긴장을 많이 했습니다. 면접을 대비하면서 조금이라도 덜 본 부분에서 질문이 나온다면 쉽게 당황할 수 있으므로 어떠한 질문이 나오더라도 당황하지 않기 위해서는 "이 정도까지 해야 하나?"라는 의문이 생길 정도로 구체적이고, 세세한 부분까지 대비해야 합니다. 내가 쓴 자기소개서와 생활기록부를 수십 번 읽어보고 작은 주제로 나누면서 전부 대비를 해야 합니다.

다음으로 중요한 점은 '말하기'입니다. 아무리 글로 열심히 준비하고 암기한다 하더라도 말로 뱉어내는 것을 연습하지 않으면 면접에서 막힐 수 있습니다. 반드시 말하기 연습을 충분히 하시길 바랍니다. 그리고 면접장에서는 말에 핵심을 담아 간결하고 자신 있게 말해야 합니다. 답변이 너무 장황하고 길면 면접관들도 "그래서 하려는 말의 핵심이 뭔데?" 라고 생각할 수 있습니다.

Case 7

이화여자대학교 화학신소재공학과 박소현 파트너의 수기

조언	질문에 막히지 않고 자신 있게만 이야기해도 반은 성공한 것입니다.

면접수기

저는 재수를 했기 때문에 두 번의 면접 경험이 있습니다. 두 시기의 면접 모두 자원동기, 자기소개, 장단점과 같은 보편적인 질문을 받았습니다. 저의 첫 번째 면접(고3)과 두 번째 면접(재수)을 비교하면, 고3 때는 면접에서 굉장히 떨었고 질문에 대한 답변에 자신감이 없었습니다. 심지어 질문 하나는 답변조차 하지 못했습니다. 재수하면서 다시 면접을 봤을 때는 이를 보완하여 자신 있고 침착하게 질문에 답하였습니다. 두 면접 모두 문제에 대한 답변의 질은 크게 다르지 않았지만, 질문에 대하는 태도가 달랐기 때문에 답변에 질적인 차이가 발생했던 것입니다. 여러분들도 침착하고 자신 있게 자신의 이야기를 풀어나간다면 어렵지 않게 합격할 수 있을 것입니다.

연세대학교 영어영문학과 임다현 파트너의 수기

조언	자신의 주장을 명확히 정의하고 이를 논리적으로 설득할 수 있어야 한다.

면접수기

저는 생활기록부 면접, 토론 면접, 제시문 면접을 모두 준비했습니다. 이러한 과정에서 느낀 것은 자신의 주장이나 가치관을 서두에 밝힌 후 답변 과정에서 이를 논리적으로 풀어가는 것이 중요하다는 것입니다.

고려대학교 영어영문학과 토론 면접에서는 '동아리 탐구 대회에 참가시킬 팀원들을 각자의 특성을 고려하여 선택하고 그중에서 리더를 뽑아라'라는 제시문을 받았습니다. 입론문에서 저는 협동 과제이기 때문에 의사소통능력을 발휘하여 조직의 화합을 도모하는 것이 중요하다는 점을 강조했습니다. 따라서 상대측에서 "주도성이 팀에 필요한 능력이 아닌가"라는 질문을 했을 때 저는 "주도성은 지나친 자기주장으로 이어질 수 있으며 이는 오히려 팀의 사기를 저하시킬 수 있다. 따라서 의사소통능력을 발휘하여 팀원이 수평적으로 자신의 의견을 제시할 수 있는 분위기를 조성하는 것이 필요하다"고 답변하여 입론에서 밝힌 저의 주장을 답변에 활용했습니다. 그리고 최종 발언에서 상대측의 의견을 수용하면서도 이러한 저의 주장을 다시 밝히며 마무리했습니다.

연세대학교 영어영문학과 제시문 면접에서 저는 'VR과 도덕성의 상관관계'에 관한 제시문을 받았습니다. 저는 VR로 대표되는 미디어를 통해 학생들의 능동적인 정보 수용력이 낮아질 것이라고 주장했습니다. 교수님께서 이에 대한 설명을 요구하시자 저는 "과거 스마트폰과 같은 매체가 없었을 때는 책이나 신문을 통해 스스로 필요한 정보를 탐색했지만, 현재는 노력하지 않아도 수많은 정보를 얻을 수 있기에 학생들의 정보 탐색능력이 저하되고 있습니다"라고 답했습니다.

이처럼 제시문에 대한 자신의 가치관을 정립하여 이를 바탕으로 답변하면 면접관에게 답변의 논리성을 어필할 수 있습니다. 하지만 주의해야 할 점은 논리 없이 주장만을 고집하는 것은 위험할 수 있습니다. 교수님이나 토론 상대의 질문이 자신의 주장과 상반되었을 때 이를 수용하고 주장의 일부분을 수정하더라도 논리적인 뒷받침이 있다면 좋은 인상을 줄 수 있습니다.

이화여자대학교 국어국문학과 김수빈 파트너의 수기

조언	긴장하지 않는 연습을 많이 한다.

면접수기

면접에서 어떤 질문이 나올지는 아무도 예상하지 못하기 때문에 어떤 질문을 어떤 분위기에서 받더라도 웃으면서 긴장한 티를 내지 않는 연습을 하는 것이 가장 중요하다고 생각합니다.

고려대학교의 면접은 지시문을 읽어 분석하고 자신의 의견을 말하는 면접과 학생부를 기반으로 한 면접으로 이루어져 있었습니다. 지시문을 분석하는 면접에서는 매우 딱딱한 분위기와 시간 압박 등 지원자에게 큰 부담을 주었고, 다음의 학생부 기반 면접에서는 면접관들의 호응이 있어서 친절한 분위기였습니다. 다른 면접자들의 후기를 보아도 모두 같은 분위기였다고 합니다. 즉 첫 번째 면접에서는 학생이 딱딱한 분위기 속에서 얼마나 자신의 역량을 잘 표출할 수 있었는지를 평가하려 했다고 생각합니다. 제시문 면접에 대해 더 덧붙이자면, 제시문은 고등학교 교과서의 개념을 최대한 다루며 이를 사회문제와 연결지어 해결방안을 찾으라고 했습니다. 사회문제를 해결하는 방안에는 무엇이 옳고 그르다는 정확한 판단 기준은 없다고 생각했습니다. 그래서 자신이 어떤 생각을 하고 있든 자신의 주장을 유연하게 펼치면 좋을 것입니다.

총 세 차례의 면접 이후 느낀 점은 학교가 학생부의 세부능력 및 특기사항 속 전공 지식이라던가 학생부 활동의 진위를 가린다기보다는 학생이 스스로 가지고 있는 가치관이나 진로 문제에 대해 궁금해한다는 것입니다. 세 면접 모두 "이 대학 과정 이후 어떤 직업을 가지고 싶은가?", "본인의 꿈을 어떻게 이룰 수 있을 것인가?", "본인의 인생에서 무언가를 목표하고 성취한 경험은 무엇인가?"와 같이 면접자의 생각을 물어본다는 점입니다. 스스로 자신의 인생과 삶에 대한 주체적인 가치관을 이야기할 수 있도록 연습하는 것이 중요하다고 생각합니다.

2) FAQ(자주 묻는 질문)

Questions 1

면접학원에 다녀야 하나요?

면접학원은 면접을 준비하는 많은 학생이 고민하는 것 중 하나입니다. 짧게는 면접 1주일 전, 길게는 한 달 전부터 학원가에서는 면접특강을 진행하기 시작하는데 짧은 시간 안에 면접학원에서 실력이 비약적으로 상승할지에 대한 의문, 면접을 준비하는 데에 두려움 등으로 인한 선택의 충돌 사이에서 면접학원에 다닐지에 대한 선택을 주저합니다.

유스쿨 합격자들을 대상으로 한 설문에서 합격자들의 약 73.2%는 면접학원에 다니지 않아도 된다고 답변했고, 14.6%는 면접학원에 다닐 필요가 있다고 답변했습니다. 그 외에는 사람의 특성에 따라 달라진다고 답했습니다.

면접학원에 다니지 않아도 된다는 답변에 대한 근거는 혼자서 준비하기 충분하다거나, 친구들과 연습하는 것이 더 편해서, 효과에 대한 확신이 부족해서, 가격대비 효율에 대한 의문 등이 차지했습니다. 반면 면접학원에 다녀야 한다는 답변에 대한 근거로는 학원의 데이터를 통해 제시문 면접의 경우 도움을 받을 수 있다는 점, 다양한 시각의 질문을 접할 수 있고 실제 상황과 유사한 모의면접을 경험할 수 있다는 점을 들었습니다.

Questions 2

면접이 있는 학생부 종합전형에 지원하는 것이 제게 유리한 선택일까요?

〈면접이 있는 전형에 지원하는 것을 추천하는 경우〉

1. 서류에서 자신의 역량을 충분히 표현하지 못했다고 생각하는 학생

글에서 드러낼 수 없는 특별한 경험이 있거나 생활기록부 및 자기소개서에서 미처 다루지 못한 부분에 대해 추가로 표현할 기회를 얻고자 한다면 면접이 있는 전형에 지원하는 것이 좋습니다.

2. 서류평가 외 별도의 절차를 통해 자신의 역량을 표현할 수 있는 학생

서류평가에서 충분히 자신의 강점을 표현했다고 생각하더라도 면접을 통해 자신의 표현능력과 비판적·논리적 사고능력을 발휘하고자 한다면 면접이 있는 전형에 지원하는 것이 좋습니다.

3. 지원 전략상의 이유로 서류평가만으로 합격하는 것을 방지하고자 하는 학생

속칭 '수시 납치'를 방지하고자 하는 학생들에게 적용되는 조건입니다. 수시에 합격하면 정시에서 어떤 성적을 받더라도 정시에 지원할 수 없기 때문에 수시 납치를 방지하기 위해서는 면접이 있는 전형에 지원한 뒤 수능 성적을 고려하여 면접 참가 여부를 선택하는 것이 좋습니다.

〈면접이 없는 전형에 지원하는 것을 추천하는 경우〉

1. 면접 전형 준비에 부담을 느끼는 학생

자신이 대학에서 제시하고 있는 표현능력의 기준을 충족하지 못한다고 생각하거나 말하기로 평가받는 것 자체를 부담스러워하는 학생 또는 다른 사람 앞에서 말할 때 지나치게 긴장을 많이 하는 학생은 면접이 없는 전형을 지원하는 것이 좋을 수 있습니다.

2. 면접을 보는 것이 불리하게 작용할 수 있다고 판단되는 학생

생활기록부에 과장된 내용이나 읽은 지 오래된 독서기록 등이 있다면 면접에서 답변하기 곤란한 질문을 받을 가능성이 있습니다. 만약 자신의 생활기록부에 있는 소재를 질문으로 받았을 때 기재 사실과 관련 없는 답변을 하는 등 미숙한 대처로 기재 내용에 대한 신뢰도를 낮추는 상황이 발생하면 면접에서 탈락을 면치 못할 수 있기 때문입니다.

3. 서류만으로 평가받는 것이 유리하다고 판단되는 학생

면접은 서류평가에서 충분히 서술되지 않은 부분에 대해 언급할 수 있는 또 다른 기회입니다. 생활기록부나 자기소개서 등 서류의 준비 정도를 검토할 때 서류에서 본인의 역량과 우수성을 아낌없이 표현했다면 굳이 면접이 있는 전형을 선택하지 않아도 괜찮습니다.

Questions 3
수능 이전에 면접이 있는 학생부 종합전형에 지원해야 하나요?

〈수능 이전에 면접이 있는 전형에 지원하는 것을 추천하는 경우〉

1. 지망 1순위 대학의 학생부 종합전형이 수능 이전에 면접이 있는 학생

수시와 정시를 병행하는 상황이라면 되도록 수능 후에 면접을 진행하는 학교의 학생부 종합전형에 지원하는 것이 좋습니다. 하지만 지망 1순위 대학이 수능 이전에 면접을 한다면 대학을 포기할 수는 없으므로 별다른 방법이 없습니다.

2. 수능 이전에 면접을 충분히 준비할 수 있는 시간적 여유가 있는 학생

수시 지원 전략이나 수능 준비 정도를 고려할 때, 수능 이전에 면접 준비를 위한 시간이 충분하다면 해당 전형과 학교에 지원해도 괜찮습니다. 다음 유형의 학생은 대체로 수능 이전에 면접 준비를 할 시간이 충분하다고 할 수 있습니다. ① 수시에만 집중하는 경우, ② 수시와 정시를 병행하는데 수시에 하향 지원하거나 수능 최저학력 기준이 높지 않은 경우, ③ 모의고사 성적의 백분위와 원점수가 꾸준하게 유지되고 있어서 면접을 위해 3~4일의 시간을 투자해도 수능 준비에 큰 지장이 없다고 판단되는 경우

〈수능 이후에 면접이 있는 전형에 지원하는 것을 추천하는 경우〉

1. 수능 이전에 면접을 충분히 준비할 수 있는 시간적 여유가 없는 경우

수시 지원 전략이나 수능 준비 정도를 고려할 때 수능 이전에 면접을 준비할 시간이 없다면 아예 면접이 없거나 수능 이후에 면접이 있는 학교 및 전형에 지원하는 것이 좋습니다. 다음 유형의 학생은 수능 이후에 면접이 있는 학교에 지원하는 것이 좋습니다. ① 모의고사 성적이 일정하지 않고 수능 준비가 완벽하지 않아서 정시에 대한 부담이 큰 경우, ② 인·적성과 같은 서류기반 면접이 아니라 별도의 추가 학습을 필요로 하는 제시문 면접인 경우, ③ 수시에 상향 지원하거나 수능 최저학력 기준이 높아서 정시에 대한 부담이 큰 경우

2. 지원 전략상의 이유로 수능 성적을 고려하여 면접에 선택적으로 참여하고자 하는 경우

속칭 '수시 납치'를 방지하고자 하는 학생들에게 적용되는 조건입니다. 수시에 합격하면 정시에서 어떤 성적을 받더라도 정시에 지원할 수 없기 때문에 수시 납치를 방지하기 위해서는 면접이 있는 전형에 지원한 뒤 수능 성적을 고려하여 면접 참가 여부를 선택하는 것이 좋습니다.

Questions 4

면접 때 해야 하는 행동과 해서는 안 되는 행동은 무엇인가요?

면접의 핵심은 예의와 자신감입니다. 예의 바르고 알맞게 자신감 있는 행동은 권장하지만, 예의와 자신감을 모두 갖추지 못한 행동을 해서는 안 됩니다.

구체적인 사례를 들자면 면접의 시작과 끝에 인사하는 것, 면접관의 질문을 경청하고 말을 자르지 않는 태도, 노크와 지시사항의 준수 등은 예의의 문제입니다. 이러한 사소한

면 접 What 4

사항을 잘 지키는 것이 성공적인 면접의 첫걸음이라고 할 수 있습니다. 면접관과의 눈맞춤, 크고 또렷한 목소리와 적절한 손짓을 곁들이는 것, 추가 질문이나 마지막으로 하고 싶은 말을 물었을 때 이에 대한 적극적 대응, 단점에 대한 질문이나 지원자를 공격적으로 압박하는 상황에 당황하지 않는 태도 등은 면접에 필수적으로 요구되는 자질입니다.

반면 무성의하게 답변하거나 질문을 제대로 듣지 않는 것, 인사와 표정 관리를 소홀히 하는 것은 예의에 어긋나는 행동으로 절대 해서는 안 됩니다. 그리고 위축된 태도를 보이거나 눈을 마주치지 않고 발언 기회에 적극적으로 응하지 않거나 당황하는 모습을 보이는 것은 자신감의 부족을 드러냅니다. 반대로 자신감이 지나쳐 거만하거나 면접관을 이기려 드는 태도 역시 좋지 않습니다.

Questions 5

수능과 면접 준비는 어떻게 병행해야 하나요?

합격자들은 입시 전략상 정시의 비중이 큰 경우에는 면접 응시를 위해 필요한 최소한의 준비로 생활기록부와 자기소개서를 꼼꼼하게 읽으라고 조언했습니다. 인·적성 면접의 주된 내용은 본인이 한 활동과 관련된 질문입니다. 따라서 시사 상식, 전공 심화 내용 등의 부가적인 요소보다는 본인의 생활기록부와 자기소개서를 완벽히 숙지하고 여기에서 출제될 수 있는 질문에 대한 예상 답변을 준비하면 최소한의 노력으로 최대한의 효과를 볼 수 있습니다.

반면 정시보다는 수시에 중점을 두고 입시를 준비하는 경우에는 수능 준비는 최소한으로 유지하면서 면접 전까지 면접을 위해 최대한의 준비를 해야 합니다. 면접 준비도 다른 입시 준비처럼 다다익선이기 때문에 최대한의 기준을 정할 수는 없지만, 유스쿨 멘토/파트너들은 다음 사항을 준비할 것을 추천했습니다. ① 자기소개서와 생활기록부의 내용 숙지하여 이를 바탕으로 예상 질문 및 답변 준비, ② 대학과 학과의 특성·비전·인재상 숙지, ③ 전공과 관련된 영역의 시사 숙지, ④ 면접에서 마지막으로 하고 싶은 말 준비

전공과 관련 없는 책도 면접 때 준비해야 하나요?

예, 준비하는 것이 좋습니다. 유스쿨 합격자들의 12.2%는 면접에서 전공 및 진로와 관련이 없는 독서기록활동에 대해 질문을 받은 경험이 있다고 답변했습니다. 합격자의 사례를 보면 전공 및 진로와 특별한 관련이 없는 고전, 베스트셀러, 교내 수업에서 활용한 책에 대한 질문을 받은 경우가 있었습니다.

질문의 절반은 책을 읽게 된 이유와 책의 내용을 간단히 소개하고 그 내용 중에서 인상적인 부분을 말해보라는 질문이었고, 나머지 절반은 그 책이 다루고 있는 핵심적인 쟁점 또는 개념을 설명하거나 작가의 문제의식에 대해 어떻게 생각하는지 등을 구체적으로 물어보는 질문이었습니다. 전체의 12.2%에 불과하지만, 미리 생활기록부의 독서기록에 기재된 책에 대해 간단하게라도 준비를 하는 것을 추천합니다.

그렇다면 이러한 책은 어떻게 준비해야 할까요? 오래전에 읽었거나 읽지 않았을 수도 있는 책을 면접 전에 모두 읽는 것은 불가능합니다. 앞서 언급했던 질문 유형에서 대략적인 답을 얻을 수 있습니다. 만약 여러분이 작성한 책에 대해 충분한 답변을 할 수 없다고 생각한다면 사전 조사를 통해 ① 책의 내용에서 인상 깊게 읽은 부분, ② 책에서 다루는 핵심적인 문제의식, ③ 이에 대한 자신의 의견을 정리하는 것이 좋습니다.

한 질문당 답변 시간은 얼마가 적당한가요?

면접에서 한 질문당 적정 답변 시간은 면접을 준비하는 학생들이 한 번쯤은 고민해봤을 법한 질문입니다. 유스쿨 합격자들의 설문 결과 가장 많이 나온 의견은 30초에서 1분 사이였습니다. 이 정도면 답변에 필요한 내용을 담기 충분하면서도 간결하기 때문입니다. 만약 30초보다 짧으면 답변이 너무 얕을 수 있고, 1분보다 길면 자칫 지루해질 수 있습니다. 그러나 이는 평균일 뿐 질문에 따라 유동적으로 답변 시간을 조절해야 합니다.

예를 들어, 단순 교과목 개념을 묻는 말에는 10~20초 내로 짧게 답하고, 그 대신 본인이 자신 있는 부분에 관해 묻는 말에는 1분 이상 시간을 갖고 답변하는 등 한정적인 면접 시간을 전략적으로 활용해야 합니다. 합격자들은 답변 시간보다 중요한 것은 답변이 쓸데없이 장황하거나 군더더기가 있지 않고 꼭 필요한 내용만 담는 것이라 말했습니다. 따라서 지원자는 최대한 많은 예상 질문을 뽑아서 답변을 써보는 것이 매우 중요합니다.

Questions 8

면접 전에 지원 학과 교수님들의 얼굴과 논문들을 보고 가야 하나요?

유스쿨 멘토/파트너들의 설문 결과 절반 정도가 면접 전에 교수님 얼굴이나 연구실적 등을 조사했다고 답했습니다. 하지만 대부분 다른 면접 준비가 모두 끝나고 난 뒤에 부가적으로 한 것이었고, 합격자 중 81.3%가 큰 도움이 되지 않았다고 답했습니다.

따라서 만약 본인이 모든 면접 준비를 완벽하게 끝내고도 시간이 남았다면 해도 좋지만, 다른 면접 준비가 미흡한 상태에서 지원 전공의 교수님을 조사하는 것은 좋지 않은 선택입니다. 그리고 조사를 하게 되더라도 교수님들의 얼굴을 익히는 정도만으로도 충분하다고 합격자들은 말했습니다.

Questions 9

면접관과 의견 차이가 생겼을 때, 바람직한 태도는 무엇인가요?

면접에서 면접자가 어떤 의견을 얘기했을 때 면접관이 반문하는 경우가 종종 있습니다. 이럴 때 합격자들은 근거를 제시하면서 본인의 주장을 고수했다고 대답했습니다.

면접자의 의견을 묻는 질문에서 면접관들이 반대 의견을 제시하는 하는 경우는 면접자의 주장에 대한 근거가 부족하다고 느꼈기 때문일 가능성이 큽니다. 정답이 없는 질문에서 의견을 물어본 것이기 때문입니다. 이때 우리는 자신이 틀린 것은 아닌지 걱정하지 말고 본인의 주장에 대한 근거를 차분하게 제시해야 합니다. 실제로 많은 합격자들이 차근차근 자신의 주장에 대한 근거를 이야기했고 교수님들을 수긍시켰다고 했습니다.

면접에서 교수님의 반문은 충분히 당황스러운 상황처럼 느껴질 것입니다. 그러나 많은 합격자들이 이러한 경험이 있으며, 논리적으로 자신의 주장을 펼쳐나간다면 성공적인 면접이 되리라는 것을 유념하시기를 바랍니다.

Questions 10

학교에서 면접 스터디를 하는 것이 도움이 될까요?

유스쿨 설문 결과 합격자들의 78%가 면접 스터디를 진행했습니다. 그리고 면접 스터디를 진행했던 합격자 중 87.5%가 도움이 되었다고 응답했습니다. 도움이 된다고 답한 합격자들에게 어떤 부분에서 도움이 되었냐고 물었을 때 다음과 같이 답하였습니다.

① 면접 스터디를 통해 말하기 연습을 반복적으로 진행할 수 있었다.

② 피드백을 통해 답변할 때의 잘못된 습관을 고칠 수 있었다.

③ 질문에 대해 생각하고 답변하는 능력을 향상시킬 수 있었다.

④ 서로 예상 질문을 교환하면서 혼자서는 생각하지 못했던 질문들도 발견할 수 있었다.

⑤ 친구들의 다양한 답변을 듣고 더 나은 답변을 생각해 낼 수도 있었다.

물론 친구들과 묻고 답하는 것이기 때문에 면접만큼 긴장되지는 않지만, 면접 스터디를 하면서 단순히 글로 생각을 정리하는 것보다 말로 주장을 차근차근 펼쳐나가는 연습을 하는 것 자체로 많은 도움이 됩니다.

Questions 11

면접을 준비하면서 작성한 대답을 모두 외워야 하나요?

많은 학생들이 면접 답변을 어느 정도로 외워야 하는지 고민합니다. 답변에 키워드만 외워 가는 경우와 모든 답변을 외워 가는 경우 둘 다 장단점을 가지고 있습니다.

경희대학교의 *[Lion vol.35 2020학년도 학생부 종합전형가이드북]*에서는 이러한 질문에 대한 해답을 제시했습니다.

'제출한 서류의 내용을 외워서 대답하다가 갑자기 막히면 당황하게 되겠죠. 면접을 준비하면서 무조건 외우지 말고, 키워드를 중심으로 면접에서 할 이야기를 정리해두면 면접관 앞에서도 자연스럽게 답변할 수 있을 거예요.'

유스쿨 합격자들의 60% 역시 면접 대답을 모두 외워야 하는가에 대한 질문에 키워드만 외우는 것을 추천했습니다. 면접관마다 조금씩 원하는 답변의 방향이 다를 수 있고 답변을 하다가 기억이 나지 않으면 크게 당황하여 면접 전체적으로 자신감을 잃을 수 있기 때문이라고 답했습니다.

면접 What 4

부록

학생부 종합형 익힘책

part 1 자기소개서

part 2 면접

익힘책
자 기 소 개 서

자기소개서 1번

＊ **나의 최종 목표** (※ 2개 목표 권장)

＊ **나의 최종 목표를 정의하는 과정에서 떠오르는 생각을 자유롭게 적어 주세요.**

자기소개서 2번

＊ **단계별 목표 달성을 위한 타임라인 작성** (※ 2개 목표 권장)

＊ **단계별 목표의 해야 할 일 구체화** (※ 목표별로 구체적 작성 권장)

단계별 목표 1
해야 할 일

단계별 목표 2
해야 할 일

단계별 목표 3
해야 할 일

단계별 목표 4
해야 할 일

자기소개서 3번

✱ 지원 희망 전공의 기초 정보 조사 (※ 3개 학교 · 학과 조사 권장)

대학 및 학과	
교육 목표	
졸업 후 진로	

대학 및 학과	
교육 목표	
졸업 후 진로	

자기소개서 4번

✱ 학과 교육과정 중심 조사 (※ 5개 학교 · 학과 조사 권장)

_____대학교 _____학과(학부)

관심 있는 교과목	
관심 있는 이유	
배우는 내용	
최종 목표 달성에 어떤 도움을 주는가?	

관심 있는 교과목	
관심 있는 이유	
배우는 내용	
최종 목표 달성에 어떤 도움을 주는가?	

✳ 학교 · 학과 프로그램 중심 조사 (※ 4개 학교 · 학과 조사 권장)

프로그램명	프로그램이 나의 최종 목표 달성에 주는 도움

✳ 다중전공 및 세부전공 조사 (※ 3개 학교 · 학과 조사 권장)

– 해당 학교 · 학과(부) 진학 시에, 다중전공 수료를 희망하는가?

Yes □ / No □

– 해당 학과(부)에서는 세부전공을 운영하는가?

Yes □ / No □

관심 있는 다중 · 세부 전공	관심 있는 이유

자기소개서 5번

✱ 해당 대학과 전공에 입학해야 하는 이유 (※ 3개 학교 · 학과 조사 권장)

우선 순위	대학	전공	이유

① 전공 분야 및 인재상과 관련된 활동인가?

② 열정을 가지고 적극적으로 참여한 활동인가?

③ 배운 것과 느낀 것을 통해 나를 변화시킨 활동인가?

④ 나의 다른 교내 활동과 연관성이 있는 활동인가?

⑤ 구체적인 결과가 있어서 자랑할 만한 활동인가?

⑥ 나만의 장점을 보여주는 활동인가?

✱ 의미 있는 활동 정리 (※ 30개 활동 정리 권장)

(자율활동 · 동아리활동 · 봉사활동 · 진로활동 · 세부능력 및 특기사항 · 독서활동)

활동명	활동일시	점수	점수 기준

자기소개서 7번

(※ 15개 활동 구체화 권장)

✳ 계기

✳ 역할수행

✳ 결과

✱ 나의 진로 스토리 (※ 학과별 스토리 작성 권장)

강조한 점

본인만의 특별한 진로 스토리

✱ 진로 스토리 자가 점검하기

고려해야 할 점	주의해야 할 점
• 자신의 관심과 열정 ············· ☐	Q1. 물질적인 목적이나 수동적으로 선택하게 된 계기를 강조하지 않았는지? OK ☐ / NO ☐
• 3년간 진로희망의 유기적 연결 ········· ☐	Q2. 활동을 억지로 스토리에 끼워 넣지는 않았는지? OK ☐ / NO ☐
• 진로희망 변경의 명확한 이유 ········· ☐	Q3. 지원 학과에 과도하게 집착하여 진로를 설정하지는 않았는지? OK ☐ / NO ☐
• 자신이 추구하는 방향 ·········· ☐	Q4. 너무 특정 역량만을 강조하지는 않았는지? OK ☐ / NO ☐
• 자신에 대한 정의 ·········· ☐	Q5. 누군가의 진로 스토리를 따라 하지 않았는지? OK ☐ / NO ☐
• 자신만의 고유함 ·········· ☐	
• 발전적인 스토리 ·········· ☐	
• 진로희망 사항의 자세한 서술 ········· ☐	
• 생기부 주요 내용 사용 ········· ☐	

자기소개서 9번

＊ 1번 문항에 활동 소재를 구체화하는 과정 1 (※ 6개 활동 권장)

활동	지적 호기심

* 1번 문항에 활동 소재를 구체화하는 과정2 (※ 4개 활동 권장)

활동	지적 호기심

지적 호기심을 해소한 과정 및 배우고 느낀 점

활동	지적 호기심

지적 호기심을 해소한 과정 및 배우고 느낀 점

자기소개서 10번

＊ 2번 문항에 활동 소재를 구체화하는 과정1 (※ 8개 활동 권장)

활동	어떤 전공 적합성이 드러나는가?	어떤 발전 가능성이 드러나는가?

＊2번 문항에 활동 소재를 구체화하는 과정2 (※ 과정1에서 구체화한 활동 작성)

순위	활동	계기	목표(O/X)

＊2번 문항에 활동 소재를 구체화하는 과정3 (※ 4개 활동 권장)

활동	목표
목표 달성 과정 및 배우고 느낀 점	

✷ 3번 문항에 활동 소재를 구체화하는 과정1 (※ 4가지 인성 요소 필수)

인성 요소	해당 인성 요소에 대한 본인의 가치관
나눔	
갈등관리	
배려	
협력	

✷ 3번 문항에 활동 소재를 구체화하는 과정2 (※ 인성 요소 중 3개 권장)

활동	
해당 가치관을 가지게 된 과정	

자기소개서 12번

✻ 4번 문항의 '지원동기'에 활동 소재를 구체화하는 과정1 (※ 2가지 진로 필수)

꿈(진로)	해당 꿈을 가지게 된 계기	고민하고 노력한 과정

✻ 4번 문항의 '지원동기'에 활동 소재를 구체화하는 과정2 (※ 2가지 진로 권장)

꿈(진로)	

해당 꿈을 가지게 된 계기

진로에 대해 고민하고 노력한 과정 및 배우고 느낀 점

부록 학생부 종합형 익힘책

＊4번 문항의 '학업계획'에 활동 소재를 구체화하는 과정1(※ 2가지 계기 필수)

학과/학부	학업에 관심을 가지게 된 계기	탐구 과정 및 방식

＊4번 문항의 '학업계획'에 활동 소재를 구체화하는 과정2(※ 2가지 계기 권장)

학과/학부	
학업에 관심을 가지게 된 계기	
구체화하는 과정	

✳ 4번 문항의 '본인에게 영향을 미친 소재 및 경험'을 구체화하는 과정1(※ 3가지 소재 필수)

소재	해당 소재를 접하게 된 계기	변화된 본인의 가치관(생각)

✳ 4번 문항의 '본인에게 영향을 미친 소재 및 경험'을 구체화하는 과정2(※ 3가지 소재 권장)

소재	
해당 소재를 접하게 된 계기	
구체화하는 과정	

익힘책
면접

면접 1번

✳ **학교 및 학과의 인재상 조사** (※ 서류에 합격한 학교·학과 필수)

학교 및 학과	인재상

면접 2번

✻ 인재상 예상 답변 작성 (※ 서류에 합격한 학교·학과 필수)

학교 및 학과		인재상	
관련 활동			
배우고 느낀 점			

학교 및 학과		인재상	
관련 활동			
배우고 느낀 점			

면접 3번

✽ 자기소개 면접 답변 구성 요소 체크리스트

(※ 서류에 합격한 1지망 학교·학과 필수, 그 외 학교·학과 권장)

자기소개	중심주제	• 확고한 진로 ☐, • 전공 적합성 ☐, • 학교 · 학과의 특징 및 기초정보 ☐
	활용 소재	• 진로 · 미래계획 ☐, • 교내활동 ☐, • 인성 ☐, • 학업에 기울인 노력 ☐, • 장 · 단점 ☐

✽ 자기소개 면접 답변 준비

중심주제	활용 소재	나의 활동들
답변 작성하기		

✳ 지원동기 면접 답변 구성 요소 체크리스트

(※ 서류에 합격한 1지망 학교 · 학과 필수, 그 외 학교 · 학과 권장)

지원동기	중심주제	• 학교 및 학과의 필요성 □, • 전공 적합성 □, • 지원 결심의 시작점 □
	활용 소재	• 진로 · 미래계획 □, • 교내활동 □, • 학업계획 □

✳ 지원동기 면접 답변 준비

중심주제	활용 소재	나의 활동들

답변 작성하기

＊ 학업계획 면접 답변 구성 요소 체크리스트

(※ 서류에 합격한 1지망 학교 · 학과 필수, 그 외 학교 · 학과 권장)

학업계획	중심주제	• 확고한 진로 □, • 전공 적합성 □, • 학업 및 탐구 역량 □
	활용 소재	• 진로 · 미래계획 □, • 교내활동 □, • 학업에 기울인 노력 □, • 학교 · 학과의 특징 및 기초정보 □

＊ 학업계획 면접 답변 준비

중심주제	활용 소재	나의 활동들

답변 작성하기

✱ 마지막으로 하고 싶은 말 면접 답변 구성 요소 체크리스트

(※ 서류에 합격한 1지망 학교 · 학과 필수, 그 외 학교 · 학과 권장)

마 지 막 발 언	중심주제	이미지 각인 ☐
	활용 소재	• 진로 · 미래계획 ☐, • 학업계획 ☐, • 장 · 단점 ☐, • 학업에 기울인 노력☐, • 의지와 간절함 ☐, • 말하지 못한 소재에 대한 보충 ☐, • 학교 · 학과의 특징 및 기초정보 ☐

✱ 마지막으로 하고 싶은 말 면접 답변 준비

중심주제	활용 소재	나의 활동들
답변 작성하기		

✳ 면접 방식 · 평가 기준 정리 및 분석(※ 서류에 합격한 학교·학과 필수)

학교 및 전형		학과	
면접 방식		면접 평가 기준	
자체 분석			

학교 및 전형		학과	
면접 방식		면접 평가 기준	
자체 분석			

면접 8번

＊ 활동 정리 및 중요도별 분류 (※ 생활기록부 내 전체 활동 필수)

활동명	능동적 참여 여부	면접 평가 기준 연관성	구체화 정도
			상세/간략/숙지
			상세/간략/숙지
			상세/간략/숙지
			상세/간략/숙지
			상세/간략/숙지
			상세/간략/숙지
			상세/간략/숙지
			상세/간략/숙지
			상세/간략/숙지
			상세/간략/숙지

✳ (   )순위 활동 – 생활기록부의 활동 구체화

(1순위 활동 구체화 필수, 그 외 N순위 활동 구체화 권장)

활동명	활동일시

생활기록부 활동 구체화하기

• 계기

• 역할수행

• 어려움과 극복 과정

• 결과

면접 10번

＊ 예상 질문 및 꼬리 질문 대비 (※ 30개 질문 대비 권장)

예상 질문	
답변 Keyword	
꼬리 질문	
답변 Keyword	

예상 질문	
답변 Keyword	
꼬리 질문	
답변 Keyword	

학생부 종합형 익힘책

예상 질문	
답변 Keyword	
꼬리 질문	
답변 Keyword	

예상 질문	
답변 Keyword	
꼬리 질문	
답변 Keyword	

✳ 전공과 관련 있는 시사 · 개념 체크리스트

- 전공 관련 고등교과목의 개념을 숙지하고 있다

  Yes □ / NO □

- 지원 전공에 대해 망설임 없이 설명할 수 있다.

  Yes □ / NO □

- 자신이 생각하는 지원 전공의 학문적 가치를 말로 설명할 수 있다.

  Yes □ / NO □

- 전공 관련 최근 뉴스 기사를 3가지 이상 알고 있다.

  Yes □ / NO □

- 전공 관련 이슈나 논쟁을 2가지 이상 알고, 이에 대한 나의 생각을 정리했다.

  Yes □ / NO □

- 지원 전공, 그중에서도 진로와 직접적으로 연관되는 분야에서 대표적으로 사용되는 용어를 설명할 수 있다.

  Yes □ / NO □

선배들의 응원 한마디

누구나 꿈을 향한 길을 찾고 걸을 수 있는
사회를 만들겠습니다.

지금 당장 입시를 준비하는 학생들의 고통을 조금이나마 덜어주고 싶었기에 명문대 100인의 선배들이 밤낮을 가리지 않고 회의와 분석을 거쳐 <학생부 종합형 교과서>를 집필하였습니다. 막막한 수시 입시의 길을 저희와 함께 걸어가기를 바랍니다.

― 중앙대학교 교육학과 손정호

<학생부 종합 교과서>는 선배들의 소중한 합격자료를 담고 있습니다. 이 책에서 제시하는 좋은 방법들을 바탕으로 입시에 성공하여 그 과정에서 본인의 경험을 다른 친구와 후배들에게도 나눠주길 바라는 마음으로 좋은 결과가 있기를 응원하겠습니다.

― 연세대학교 경영학과 강지훈

여러분들이 원하는 목표를 달성하게 되었을 때, 이 책에서 받은 수많은 멘토/파트너들의 응원을 기억하며 불평등한 세상을 평등하게 바꿀 수 있는 어른으로 성장해나가기를 바랍니다.

― 이화여자대학교 과학교육과 김유진

"수시 입시 준비에 들이는 돈은 이 책 한 권 값으로 끝낼 수 있게 하자!"라는 마음가짐으로 집필에 임했습니다. 이 책을 믿고 따라오시어 성공적으로 진학을 마무리하시길 바랍니다.

― 서울대학교 의류학과 고해인

저마다의 고민과 좌절로 힘겨운 시기를 보내고 계실 여러분께 이 책이 조금이나마 도움이 되었으면 합니다. 공부에 왕도(枉道)는 없다지만, 정도(正道)를 따라 성실히 걸어간다면 언젠가 원하는 곳에 도달하시리라고 믿습니다.

- 연세대학교 교육학과 김승혜

수시를 처음 만났을 때 어디서, 어떻게 시작해야 할지 막막할 것입니다. 특히 혼자서 수시 준비를 하는 친구들에게 수시는 너무 큰 장벽으로 느껴질 것입니다. 그 장벽을 넘는 데 저희가 여러분의 사다리가 되어 꿈에 한 발짝 더 나아가는 데 도움이 되어 드리겠습니다.

- 이화여자대학교 영어교육과 김여경

이 책을 통해 여러분들도 입시 준비를 어렵지 않게 해낼 수 있다는 자신감과 위안을 얻을 수 있으면 좋겠습니다. 그리고 그 믿음으로 힘든 수험생활을 당당히 버텨낼 수 있었으면 좋겠습니다.

- 서울대학교 아시아언어문명학부 김지은

수시를 준비하는 많은 수험생에게 과거 저희가 겪었던 어려움을 조금이나마 덜 겪길 바라는 마음에서 이 책을 집필하였습니다. 이 책을 통해 조금이라도 수시 준비에 도움을 받으셨으면 좋겠습니다. 수시를 준비하는 모든 수험생 여러분 파이팅!

- 서강대학교 생명과학과 김효진

나의 다짐

나는 [   ]대학교, [   ]학과/부의
대학생이 될 것이다.

이 책을 후원해주신 분들

290, 강경희, 강지훈, 김가현, 김경래, 김민걸, 김민정, 김세린, 김승주, 김여경, 김유진, 김유찬, 김정모, 김준채, 김지민, 김지은, 김하루, 김현수, 김현지, 김희연, 노승규, 문세희, 배상민, 배연, 배유림, 백인수, 변재일, 선종민, 손정호, 안은진, 양동률, 유충연, 이소현, 이예현, 이정숙, 장문성, 장소연, 장희진, 정예은, 정은정, 조성민, 최승현, 최원정, 황찬희, 그리고 익명의 후원자분들

책임 집필진

손정호(중앙대 교육학과)   강지훈(연세대 경영학과)   김유진(이화여대 과학교육과)

집필진

고해인(서울대)	김승혜(연세대)	김여경(이화여대)	김지은(서울대)	김형국(동국대)	김효진(서강대)
박인구(중앙대)	박재훈(경희대)	배유림(숙명여대)	신우진(경희대)	유충연(고려대)	이도영(경희대)
이예현(숙명여대)	임소정(성균관대)	장희진(경희대)	정예은(경희대)	장서연(고려대)	장소연(중앙대)
조용준(고려대)	진경배(경희대)	최승현(서울대)	허지원(서강대)		

집필 파트너

강가은(중앙대)	강민정(서울대)	고유정(세종대)	곽정원(서울대)	권도연(한양대)	권연수(중앙대)
김가현(고려대)	김경래(광운대)	김규린(건국대)	김남균(중앙대)	김도인(성신여대)	김민걸(동국대)
김민성(동국대)	김세린(이화여대)	김수빈(이화여대)	김수연(홍익대)	김승주(고려대)	김영주(한국외대)
김유진(연세대)	김유찬(광운대)	김재우(한양대)	김정모(서강대)	김주환(연세대)	김지민(중앙대)
김지현(경인교대)	김창영(성균관대)	김태웅(아주대)	김태정(한양대)	김하루(중앙대)	김해승(고려대)
김희연(홍익대)	남은주(성균관대)	노승규(서울시립대)	류금성(인하대)	박규원(경희대)	박민솔(숙명여대)
박소현(이화여대)	배연(고려대)	백인수(서울과기대)	변재일(중앙대)	선종민(한양대)	송채연(고려대)
안은진(서강대)	양동률(중앙대)	양인선(중앙대)	양찬형(고려대)	엄성현(중앙대)	오현지(숙명여대)
이민섭(경희대)	이민정(이화여대)	이성준(연세대)	이소현(연세대)	이솔(고려대)	이재희(서울대)
이정숙(중앙대)	인바다(경희대)	임다현(연세대)	장문성(한양대)	장수봉(서울대)	전우석(서울대)
정성원(중앙대)	정은서(서울대)	정은정(한국외대)	조상원(성균관대)	조성민(중앙대)	조성빈(인하대)
조수연(경희대)	조원휘(인하대)	지윤서(중앙대)	최원정(한양대)	허예인(한국외대)	허완호(서울대)
형재성(중앙대)	홍연진(숙명여대)	황상일(중앙대)	황찬희(서울대)		

학생부 종합형 교과서

1판 1쇄 펴냄 | 2019년 7월 12일
1판 2쇄 펴냄 | 2019년 11월 15일

지은이 | 손정호 외 유스쿨 100인
발행인 | 김병준
편   집 | 김경찬
마케팅 | 정현우·김현정
디자인 | 종이비행기·이순연
발행처 | 상상아카데미

등록 | 2010. 3. 11. 제313-2010-77호
주소 | 경기도 파주시 회동길 37-42 파주출판도시
전화 | 031-955-1337(편집), 031-955-1321(영업)
팩스 | 031-955-1322
전자우편 | main@sangsangaca.com
홈페이지 | http://sangsangaca.com

ISBN 979-11-85402-24-6 43370

이 도서의 국립중앙도서관 출판예정도서목록(CIP)은
서지정보유통지원시스템 홈페이지(http://seoji.nl.go.kr)와
국가자료종합목록 구축시스템(http://kolis-net.nl.go.kr)에서
이용하실 수 있습니다. (CIP제어번호 CIP2019024862)